国家治理现代化丛书
丛书主编◎姜晓萍

城市群公共服务协同供给研究

李晓梅◎著

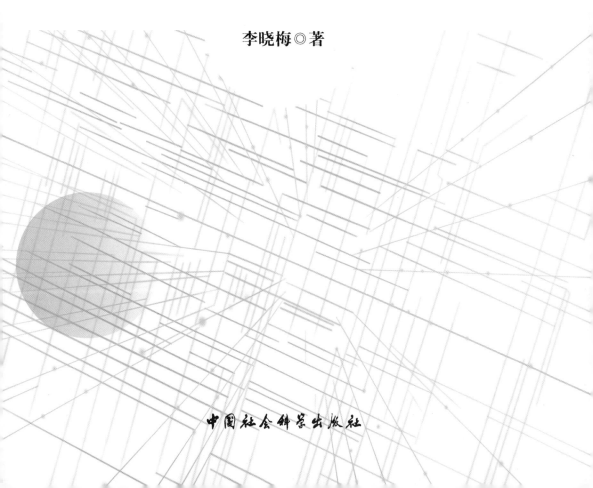

中国社会科学出版社

图书在版编目（CIP）数据

城市群公共服务协同供给研究／李晓梅著．—北京：中国社会科学出版社，2022.5

（国家治理现代化丛书）

ISBN 978-7-5203-9702-5

Ⅰ.①城…　Ⅱ.①李…　Ⅲ.①城市群—公共物品—供给制—协同—研究—中国　Ⅳ.①F299.241

中国版本图书馆 CIP 数据核字（2022）第 022461 号

出版人　赵剑英
责任编辑　李凯凯
责任校对　冯英爽
责任印制　王　超

出　　版　中国社会科学出版社
社　　址　北京鼓楼西大街甲 158 号
邮　　编　100720
网　　址　http://www.csspw.cn
发 行 部　010-84083685
门 市 部　010-84029450
经　　销　新华书店及其他书店

印　　刷　北京明恒达印务有限公司
装　　订　廊坊市广阳区广增装订厂
版　　次　2022 年 5 月第 1 版
印　　次　2022 年 5 月第 1 次印刷

开　　本　710×1000　1/16
印　　张　15.75
插　　页　2
字　　数　251 千字
定　　价　85.00 元

前　言

实施区域协调发展战略是新时代国家重大战略之一。由若干大中小城市形成的城市群落正在成为承载发展要素的主要空间，我国的区域发展战略也在20世纪由行政区域政策逐步转向现在的功能区域政策，地方政府合作无疑是跨域治理有效的关键要素和机制支撑，地方政府间合作也由经济领域扩展至流域治理、生态补偿、公共服务供给等方面，并表现为召开联席会议、签订战略协议、共建重点项目、互认资质标准、共享资源信息、联合跨域行动等一系列合作行为。

随着城市群合作进程的不断加快，公共服务共建共享已成为城市群健康发展的关键支撑。不同于经济领域中的地方利益导向和公共事务治理领域中的目标完成导向，公共服务领域的政府合作受回应压力和权威规划双重驱动。鉴于公共服务领域同其他领域府际合作的差异性，有必要在厘清城市群公共服务府际合作逻辑的基础上，对其合作行为差异机制进行系统研究。一方面有助于科学认识城市群地方政府合作行为，另一方面有助于推进区域合作研究的纵深拓展。

我国城镇化已进入城市群阶段。全国第七次人口普查数据显示，2020年我国城镇化率达63.89%，较2010年第六次人口普查上升14.21个百分点；人口流动规模持续扩大，2020年我国流动人口达3.76亿人，10年间增长了将近70%，且主要流向长三角、珠三角、成渝地区双城经济圈等主要城市群，城市群人口集聚效应更加显著。人口流动目的也由找到就业岗位提高收入，转变为提高收入与子女教育、宜居等公共服务便利性相结合，人口流动的这一趋势对城市群公共服务有效供给提出了巨大挑战。因此，科学认识城市群公共服务府际合作行为，创新城市群内部公共服务府际合作供给机制，满足多元异质动态的公共服务需求，实现公共服务资源的均衡配置尤为迫切。

2020 年 10 月，在《中共中央关于制定国民经济和社会发展第十四个五年规划和二〇三五年远景目标的建议》中，国家整体布局强调推进以城市群为主体、以县城为重要载体的城镇化建设。在百年未有之大变局和新发展格局下，规划不再强调建设具有国际竞争力的世界级城市群，不再强调经济一体化发展，更强调城市群发展质量和城市群给居民带来的宜居满意度，即公共服务供给能否满足公共需求的全面、快速增长。具体表现为：统筹推进基础设施建设，强调区域协调发展，推进以人为本的新型城镇化。“十四五”规划发布后，国务院办公厅、市场监管总局、文化和旅游部、科技部、交通运输部、医疗保障局、税务总局等部门均立即对城市群发展的几大问题给出了针对性的指导意见。包括：大力开展质量基础设施“一站式”服务，面向企业、产业、区域特别是中小企业提供全链条、全方位、全过程质量基础设施综合服务；培育数字文化产业发展集聚区，扩大优质数字文化产品供给；加强革命老区与中心城市、城市群合作，共同探索生态、交通、产业、园区等多领域合作机制；试点省际普通门诊费用跨省直接结算服务，加快落实异地就医结算制度；创新推出便民办税缴费举措，着力提升纳税人缴费人满意度和获得感；建设现代化高质量综合立体交通网，加快提升城市群、都市圈交通承载能力等。

城市群不仅是单个政府在空间区域的组合，其本质是要素资源在一定空间区域的融合，具有新的治理形态和治理机制。要素流动不仅带来工业产业的区域集聚，也是生产生活结构的调整，推动地方政府进行公共服务供给的调适，行使政府职能、制定区域政策，于是城市群发展过程中政府的角色日益重要、作用日益凸显。学界逐渐把城市群看作一个整体、一个系统、一个全新的城市形态和一个治理单元，内部需要进行功能组合和重塑，外部需要适应环境变化，因此城市群治理成为一个重要的研究主题，重点是城市群中各城市单元公共服务供给的系统整合。

基于此背景，本书遵循“制度演进—理论建构—实证解释—制度反思”的研究框架。第一，通过城市群治理变迁历程的系统研究，梳理城市群阶段性治理特征，以及我国主要的公共服务协同供给模式，全面呈现我国城市群公共服务协同供给的治理情境；第二，在研究文献回顾和综述基础上，尝试从理论上厘清城市群公共服务协同供给内涵和供给特征，明晰我国城市群公共服务协同供给的治理重点；第三，聚焦成渝地区双城经济圈，对公共服务供给现状、特征及差异进行了系统描述；第四，通过网络爬虫获取研究文件资料，借助 NVivo 质性分析软件及 Ucinet 社会网络分析软件，描绘了成渝地区双城经济圈公共服务协同供给的发展脉络、演化趋势和网络特征；第五，基于权威服从和效率考量逻辑关系的解释框架，将公共服务协同度作为被解释变量，构建负二项回归计量模型，验证了成渝地区双城经济圈公共服务协同供给网络差异的主效应和调节效应，并具体分析了协同供给网络形成中的初始条件识别机制、合作权责承诺机制、实施执行监测机制和协同效能评价机制生成机理和运行逻辑。

目　录

第一章

绪　论

第一节　研究背景及意义

一　研究背景

全球化对城市发展的影响，使得传统意义上单一的城市中心已经不能满足竞争的需要，区域城市网在全球市场中获得竞争优势已经成为备受关注的发展模式（Jonas & Ward，2007；Scott，2001；Scott & Storper，2003；Vogel，2010）。我国的区域发展战略也在20世纪由行政区域政策逐步转向现在的功能区域政策，特别是以经济行动为牵引的经济区、城市群、城市带、都市圈等已成为我国要素集聚、资源流动和创新发展的主要空间。在这一功能性空间中，公共服务供给行政性和需求区域性之间的矛盾，从根本上推动了府际合作的研究和实践。而对于地方政府合作行为的研究，既是城市群治理实践的起始条件（Ansell & Gash，2008），也是理论研究的逻辑起点（Woods & Bowman，2018）。

我国城镇化已进入城市群阶段。全国第七次人口普查数据显示，2020年我国城镇化率达63.89%，较2010年第六次人口普查上升14.21个百分点；人口流动规模持续扩大，2020年我国流动人口达3.76亿人，10年间增长了将近70%，且主要流向长三角、珠三角、成渝地区双城经济圈等主要城市群，城市群人口集聚效应更加显著。人口流动目的也由找到就业岗位提高收入，转变为提高收入与子女教育、宜居等公共服务便利性相结合，人口流动的这一趋势对城市群公共服务有效供给提出了巨大挑战。因此，科学认识城市群公共服务府际合作行为，创新城市群内部公共服务府际合作供给机制，满足多元异质动态的公共服务需求，实现公共服务资源的均衡配置尤为迫切。

2020 年 10 月，在《中共中央关于制定国民经济和社会发展第十四个五年规划和二〇三五年远景目标的建议》中，国家整体布局强调推进以城市群为主体、以县城为重要载体的城镇化建设。在百年未有之大变局和新发展格局下，规划不再强调建设具有国际竞争力的世界级城市群，不再强调经济一体化发展，更强调城市群发展质量和城市群给居民带来的宜居满意度，即公共服务供给能否满足公共需求的全面、快速增长。具体表现为：统筹推进基础设施建设，强调区域协调发展，推进以人为本的新型城镇化。“十四五”规划发布后，国务院办公厅、市场监管总局、文化和旅游部、科技部、交通运输部、医疗保障局、税务总局等部门均立即对城市群发展的几大问题给出了针对性的指导意见。包括：大力开展质量基础设施“一站式”服务，面向企业、产业、区域特别是中小企业提供全链条、全方位、全过程质量基础设施综合服务；培育数字文化产业发展集聚区，扩大优质数字文化产品供给；加强革命老区与中心城市、城市群合作，共同探索生态、交通、产业、园区等多领域合作机制；试点省际间普通门诊费用跨省直接结算服务，加快落实异地就医结算制度；创新推出便民办税缴费举措，着力提升纳税人缴费人满意度和获得感；建设现代化高质量综合立体交通网，加快提升城市群、都市圈交通承载能力等。

2020 年 10 月 16 日，中共中央政治局召开会议，审议《成渝地区双城经济圈建设规划纲要》，将成渝之间的高质量合作视作构建以国内大循环为主体、国内国际双循环相互促进的新发展格局的一项重大举措，也将成渝双城经济圈建设提升至国家级区域发展战略。成渝地区历史同脉、文化同源、地理同域，曾隶属同一行政区划，无论是民间交流合作，还是官方协同发展都源远流长且非常稳定，2003 年开启的西部大开发总体规划，到 2011 年的成渝经济区发展规划，再到 2016 年的成渝城市群发展规划，直至成渝双城经济圈概念的提出，成渝两地之间的经济联系与经济合作日益密切。2020 年成渝地区双城经济圈建设作为国家战略提出，在宏观战略层面凸显了成渝地区双城经济圈在区域协调发展中的重要地位，也意味着推动成渝地区双城经济圈发展的任务紧迫性。在微观地方政府行为层面，明确了区域协同发展和城市治理的重点和目标，坚定了各级地方政府区域合作的决心，表现为各级地方政府纷纷将成渝地区双城经济圈区域合作作为年度重点工作大力推动。四川省人民政府办公厅明确将“推动成渝地区双城经济圈建设”作为年度重点工作，纳入《2021 年度市（州）政务目标考评指标》和《2021 年度省政府系统部门（单位）绩效考评指标》，在省政府系统部门中牵头考核单位为四川省发展改革委，指标权重为 2%，四川省所辖 21 个地（市、州）均相应按 2% 的权重，将“推动成渝地区双城经济圈建设”作为 2021 年度重点工作；重庆市在《2021 年市政府工作报告目标任务分解方案》中，将成渝协同作为“十四五”时期重点工作和 2021 年重点工作，并具体明确为建设成渝综合性科学中心、推动成渝基础设施互联互通、产业发展协作协同、生态环保联建联治、改革开放共促共进、城乡建设走深走实、公共服务共建共享、提升主城都市区发展能级和综合竞争力、加快形成优势互补高质量发展的区域经济布局等领域和具体任务。在规划引领、考核导向、责任明确、任务分解等机制推动下，成渝地区双城经济圈公共服务协同供给行为更加频繁。

随着区域一体化的推进和人口流动性的增强，跨区域公共服务建立和完善成为重要议题，协同合作内容也从经济向公共服务等领域持续纵深发展，呈现出合作范围广泛、协同主体多元等特征，尤其是地方政府间在公共服务合作中产生了大量合作协议及政策文本，对区域公共服务协同发展具有明显的政策导向作用。跨区域公共服务是打破行政区划壁垒，实现区域一体化的必然要求，也是服务型政府建设的重要一环，优化跨区域公共服务的意义不仅在于化解跨行政区公共服务供给不足、不均衡、边缘化、碎片化等问题，还在于弱化地方政府的“地方主义”倾向。成渝地区出现的大量公共服务府际协议和区域一体化治理机制，是城市间合作要素流动的必然产物，体现了跨区域公共服务的协同供给过程，深刻影响着成渝两地间的协同治理格局。

我国目前及今后一个阶段都处于以城市圈层为主体形态的城市化快速发展阶段，城市圈层内部产业分工向功能性分工演进，城市间依赖性增强，势必会加强城市间资源流动，使城市内部的公共服务供给处于一种更高效快速的动态联系过程中。

二 研究意义

实施区域协调发展战略是新时代国家重大战略之一，公共服务供给效率提升和公共服务资源优化配置是区域协调发展的核心领域，跨区域的统筹合作和协调联动机制是区域协调发展的体制支撑。当前，城市群正在成为承载发展要素的主要空间形式，城市群公共服务共建共享和府际协同治理机制亟待科学考察和系统研究。

目前国内关于城市群地方政府间合作的解释框架主要从横向组织间集体行动视角，提出了交易成本、互动博弈等理论解释框架，认为地方政府合作行为是横向组织之间的理性计算。在我国体制框架下，学者们基于我国宏观区域协调发展战略规划的治理实践，将纵向权威推动纳入地方政府合作达成解释框架，认为纵向权威干预对地方政府横向合作产生了补充性作用，纵向权威通过干预地方政府合作，降低横向合作成本而推动集体性共识形成，最终达成合作行为，纵向权威在地方政府合作中发挥的是调节作用。

在我国城市群治理实践中，经济行动牵引的区域城市网和地方政府双边关系生成的基本解释逻辑是效率机制，是地方政府在成本和收益测算中的自利性选择，国家层面规划的区域合作范围对关系形成有一定的干预和影响。而对于流域环保、生态补偿、区域应急、公共服务等公共治理领域而言，自上而下权威推动的权力机制运行逻辑明显，地方政府合作行为更多是完成工作任务达标绩效考核的服从性选择。现有解释框架对公共治理领域城市群地方政府间合作治理路径的解释力较弱，实证研究以案例分析为主，对地方政府合作生成机制的规律性认识和逻辑解释不够。随着我国区域协调发展的推进和城市群功能的演进，亟须构建符合中国城市群演进规律的综合组织内部和组织外部影响因素的解释模型，对城市群地方政府合作机制运行情况及面临的困境进行详细梳理和深入剖析，并将研究方法由“案例描述”拓展为“模型验证”，科学描述城市群地方政府合作生成机制。

本书拟重新审视纵向权威在城市群地方政府合作行为解释框架中的作用及影响路径。遵循“逻辑—机制—制度—行为”的分析思路，以成渝地区双城经济圈为实证案例，系统描述城市群公共服务协同供给特征，全面呈现城市群公共服务协同供给网络特征，并构建统计模型，实证检验城市群公共服务协同供给网络差异的影响因素和作用机制，以期对我国城市群地方政府合作研究提供一个更具解释力的理论框架，拓宽我国区域发展、城市群治理、地方政府治理和公共服务研究。实践上希冀对中央和地方政府系统认识城市群公共服务治理情境，科学判断城市群府际协同治理的重点领域和机制障碍，进一步明晰新形势下促进区域协调发展、优化公共服务资源配置的思路和主要举措，发挥作用。

第二节　国内外研究进展

一　城市群公共服务

城市群是城镇化发展到了高级阶段，在城市区域化和区域城市化过程中，随着城市的高度集聚发展，城市的功能影响范围超过行政边界，城市区域的经济社会联系与协作出现并逐步加强而出现的一种社会空间组织形式。发展经济学家从产业结构演进的角度研究了城市的发展（Lewis，1954；Kuznets，1966；Todaro，1969；Lall et al.，2006）；区域经济学家则进一步研究了城市规模等级分布规律（Friedmann，1966；Mills & Hamilton，1984），指出城市发展和空间聚集是相互影响的自我增强过程（Krugman，1995；Martin，1999），是从低水平空间均衡到单中心增长极再到高水平多中心均衡的演化过程（Friedmann，1966）。蒂伯特（Tiebout，1956）明确提出了区域公共服务供给与城市发展的理论，即著名的“用脚投票”机制，并得到了众多学者的研究验证（Oates，1969；Quigley，1985；Rapaport，1997；Bayoh et al.，2006；Dahlberg et al.，2012）。

我国学者对城市群公共服务的研究成果非常丰富，时效性也很强，主要集中在城镇体系和主体功能区划背景下的人口基本公共服务均等化，空间视角的公共服务配置均衡化，以及城市群公共服务供给水平和供给效率等。

（一）流动人口均等服务视角的城市群公共服务配置

国外学者较早关注到公共服务对人口流动的影响。蒂伯特的“用脚投票”理论最早提出公共服务对人们居住地选择的影响，认为居民会倾向于选择最符合其公共产品偏好的地区居住。政府公共服务支出或基础设施不仅能够吸引外来人口的流入，也会直接促进人口迁移（Dustmann & Okatenko，2014）。国内对“用脚投票”的研究兴起于20世纪，通过数据检验中国特殊背景下的“用脚投票”机制的经验研究逐步展开。

“十三五”时期以来，我国流动人口的流出地和流向随着户籍制度改革与城镇化水平提升发生了显著变化，人口流动的新趋势对公共服务的发展提出了新要求。人口不仅是在城乡间的流动，城市间、区域间的流动趋势也逐渐增强；人口迁移流动目的地选择的影响因素中，从以就业机会、经济发展水平为主要因素（周吉节，2000；王桂新等，2012；巫锡伟等，2013）到优质公共服务配套成为越来越重要的因素，公共服务差异是促进人口异地城市化的显著因素（夏怡然，2015；李一花，2017；黄燕芬，2018），公共服务资源分布与分配的不均衡、供给与需求的不匹配成为社会矛盾的主要来源。

综合来看，国内学者关于公共服务与人口流动的研究中，现有文献或使用省际数据或人口普查数据的横截面宏观视角，或对城市面板数据进行分析，多考虑到了城市间公共服务差异是造成人口集聚非均衡性的重要因素。一是基于公共服务支出视角，汤韵（2009）和侯慧丽（2016）发现政府对公共服务的支出对人口流动的正向影响，不同规模城市在公共支出方面存在的规模效应吸纳人口的作用大小不同，人口流动对公共服务转移支付的挑战加大，考虑转移支付对公共服务供给差异的影响关系到公共服务均等化的实现（陈仲常、董东冬，2011；刘尚希，2012）。二是基于城市公共服务本身内容，姚永玲（2014）、刘金凤（2019）、王伟同（2016）等以多维度评价公共服务供给对人口流动的影响，人口在流动过程中会面临明显的公共服务供给差异，这也关系到公共服务的地区间均等化是否有利于缓解劳动力的区域集聚。有文献尝试以流动人口个体为研究对象，以有限的公共服务测量指标考察流动人口在流入城市获得的城镇职工养老保险或住房公积金等公共服务项目对其居住或迁移意愿的影响效应（汪润泉、刘一伟，2017；王晓峰、温馨，2017）。

（二）区域协调发展视角的城市群公共服务配置

由于经济竞争式的发展模式和属地化的公共服务供给模式，各地方政府的公共服务投入和供给严格限制于本行政区域范围之内，造成了区域间公共服务碎片化的结构特征和较为显著的公共服务差异（于迎、唐亚林，2018）。

一是区域公共服务空间配置的研究。各研究从不同层面对国内公共服务的均衡配置问题进行探讨，已有关于公共服务发展水平时空差异的研究包括省际、县级政府、城市、农村等多个层面，涉及公共服务的多个领域，指标构成也从客观数据向主客观结合的综合指标体系转变。学者关注区域公共服务或基础设施的测度、空间配置格局以及公共服务设施的可及性（王新民，2011；陶卓霖，2014；Dell'Ovo，2018），考察公共服务设施在客观物理层面的空间布局，以及这种设施布局对于居住点的溢出效应（李敏纳，2009；赵林，2015；辛冲冲，2019）。基础设施和公共服务等因素的高速增长，正在取代产业分工、市场融合等因素，成为推动区域协同发展的主要动力（顾海兵，2017）。

二是区域公共服务空间差异的研究。近年来，学界对有关公共服务空间分异的研究逐渐由城乡差异、沿海—内陆差异等二元空间转向不同经济水平的城市空间或城市中心—城市边缘—郊区等多元空间（高军波，2011），空间视角的微观化反映区域空间结构的碎片化与公共服务不均衡之间的映射关系，公共服务碎片化既成为城市空间结构片段化的外在表征之一，又进一步形塑了空间的不平等（唐任伍、赵国钦，2012；范柏乃，2015）。我国城镇化发展存在不均衡现象，城市化发展带来社区和经济的不平等，户籍制度、受教育程度、性别、民族等因素导致就业、受教育的机会也不均等，这必然导致公共服务供给的不均等（吴伟平、刘乃全，2016；李尧，2020；Golley & Taokong，2018）。

三是关于区域公共服务的居民满意度研究。主要关注城市居民对公共服务供给的主观评价差异性（尹境悦，2015；李斌，2018）。整体上，我国城市居民的公共服务满意度评分低于农村，西部地区的公共服务满意度评分最高，东部地区次之，中部地区最低（郑建军，2019）。不同规模城市居民主观幸福感具有差异（冯亚平，2015），性别、收入水平、受教育程度等个体因素都对公共服务满意度具有显著影响（蔡秀云，2012；任晓林、葛晓龙，2019），制度因素如政府职能转变也有利于增加居民对公共服务的满意度（张会萍，2011；李敬涛、陈志斌，2015）。对城市管理者来说，提升市民城市的公共服务体验以增强影响他们迁徙决策的城市归属感更为直接正当（何艳玲，2016）。

（三）城市群内部府际公共服务水平差异

国内学者研究城市群内部府际公共服务水平差异的成果，一是关于城市群内部府际公共服务水平的评估研究。珠三角、长三角、京津冀城市群的公共服务体系运行状况良好，值得其他城市群学习和借鉴（曾鹏，2014），但京津冀、长三角等城市群内公共服务水平极为不均衡（武义青，2017；许恒周，2018；许莉、万春，2020），公共服务水平的巨大落差不仅阻碍了区域内要素资源自由流动，也加大了区域协同发展难度。长江中游城市群整体的基本公共服务均等化水平在2008—2013年略有上升，但在某些方面依然差异较大，区域内部差异特别是武汉城市圈的内部差异是长江中游城市群基本公共服务非均等化的主导因素（张建清、王艳慧，2016）。

二是城市群内部府际公共服务水平差异的原因研究。城市群内部各城市间的供给效率水平存在差异（曾鹏、张凡，2017），张树剑、黄卫平（2020）以粤港澳大湾区为例，内地与港澳地区公共服务的体制差异对区域融合发展造成了不利影响；其他原因还有地方经济水平、政策差异（允春喜，2013），公共服务领域的财力等资源配置不均（王延杰，2016），公共产品供给主体责任不清（王再文，2010），行政壁垒和地方保护主义（王艳慧，2015）等。

三是提升城市群内府际公共服务水平的方向研究。各项研究突出重点，京津冀、长三角、珠三角这类的公共服务供给水平较优的城市群区域，要更全面地考虑不同社会群体、城市与农村、经济发达城市和相对较落后城市之间的平等性，对城市群公共服务均等化情况进行考量以推动区域协调发展。要优化各地方政府的财政机构，加大投入和提高覆盖面（曾鹏，2014；许莉、万春，2020）；充分利用区域内的教育和市场资源，加大人才的协作培养（石敏俊，2017）；加强对区域合作的结果评估管理，坚持激励约束与绩效改进，完善公众参与和问责机制改革考核标准（王佃利，2015）。公共服务供给水平较差的城市群应多措并举，经济快速发展带动财政收入的不断增加，并提高政府全面履行职能的能力。还有学者提出建设超越经济发展的包容性发展城市群（原倩，2020），探索政府引导社会资本进入公共服务项目的发展新模式（齐岳，2020；曹海军，2015），应用大数据资源在智慧城市群进行公共服务治理（李磊，2020）。

二　公共服务有效供给

关于公共服务供给问题的研究一直是学界高度关注的议题，学者的研究重点主要集中在经济高速发展过程中，公共服务供给水平是否满足了不同群体的实际需求，即是否得到了有效供给。亚当·斯密（Adam Smith，1776）在论及国家义务时，第一次提出公共服务的公平供给是国家的义务和不可推卸的职责，社会公众对公共服务的需求，使得政府有义务提供最低限度、必要的公共服务。这既是关于公共服务的早期界定，也是关于公共服务均等化（公平供给）在西方世界较早的思想渊源。

关于何为公共服务的有效供给，学术界主要从公共服务供给主体、公共服务供给机制和公共服务监测评价等方面展开研究。

（一）关于公共服务供给主体的研究

1. 公共服务供给的政府职责

经济学的公共产品理论较早认识到公共产品供给的市场失灵，并从消费特点界定了公共产品使用上的非排他性和利益上的非竞争性。后来在较长时期内，公共服务被等同于公共产品，或作为其中的具体内容很少有单独的概念界定（黄新华，2014）。赫希曼（Hirschman，1970）指出公共服务不是市场自由交易产品，公共服务的需求者和使用者无法在市场上自由挑选和随意购买公共服务，公共服务的交易是在消费者（需求者）权利有限的准市场中进行的，依赖特定的服务机构或服务提供组织来选择服务，进一步指出公共服务消费的特殊性和公共服务供给的市场无力性。奥斯特罗姆夫妇（Ostrom V. & Ostrom E.，1971）则明确指出公共服务除了非排他性，还具有不可分性和不可衡量性等性质，既可由公共部门来提供，也可由私人部门来提供。

法国学者莱昂·狄骥在其著作《公法变迁》中，提出以公共服务定义国家，认为公共服务具有除非通过政府干预，否则便不能得到保障的特征，而任何与促进和实现社会团结密切相关，且必须由政府来规范和控制的活动，就是一项公共服务（钱渊、方宁，2004）。由此，公共服务是国家存在的逻辑起点之一，公共服务的交付具有政治性，政府作为公共组织必须通过法治和公平分配社会资源来确保这些权利，这与经济学视角的消费概念有着根本区别，公共服务的使用者也不再被简单视为市场活动中的消费者，提供公共服务也被作为政府核心职能。萨缪尔森（Samuelson，1954）把政府的公共服务职能描述为“政府要在高效、高水平地提供公共产品和公共服务时，满足公众的公共需求、提高社会资源配置效率”。公共服务体现了人类社会保护弱者、实现公平的伦理要求，公共服务的制度安排是实现国家公平正义的最佳手段和路径，代表了有关社会正义的公共精神和价值理念（于凤荣，2008）。

公共管理逻辑的公共服务概念内涵超越了经济学公共产品性质的逻辑，陈振明（2011）综合政治学、法学、经济学等学科对公共服务的界定，将已有观点归纳为公共物品、公共利益、公共组织等解释维度。公共服务是为了满足公众的需求和实现更加广泛的公共利益，由政府或公共部门向社会提供的全部物质产品以及精神产品，表现为政府或公共部门与公众之间的权利、义务和责任关系（姜晓萍、陈朝兵，2018）。公共产品供给与消费的公共性角度强调公共服务的公共价值，“公共”是公共参与，是居民、经济组织、社会组织和公共组织共同创造公共利益和公共价值的过程，并不仅仅是政府的行为。因此，公共服务的对象是整体社会，而非某特定类别群体，不仅要强调“服务”取向，更要强调“公共价值”，培养公众参与的公共精神，而非消费精神（杨雪冬，2007）。孔繁斌（2018）认为不论是哪种公共服务模式，如英国和北欧的“普遍公平型”、新加坡的“效率导向型”和美国的“最低保障型”，都必须满足公共服务成功运转的三个充分必要条件，即突破公共资源的有限性，突破集体行动的困境，以及平衡公共价值的冲突。

公共财政理论重点分析公共产品供给的中央政府和地方政府分离。美国经济学家蒂伯特（Tiebout，1956）摒弃以往隐含地假设只有中央政府才是公共品供给者的思维方式，转而从地方政府的视角理解公共品供给行为，居民依据公共产品供给与自身需求偏好匹配做出迁移决策，选择意愿社区，“用脚投票”模型将地方政府的公共品供给看作公共产品生产和交易过程。麦圭尔（McGuire，1974）进一步把居民对社区公共产品的收益和成本付出纳入迁移效用决策模型，用一个更为精细和具体的模型刻画了居民理性权衡公共产品类型和水平，选择社区的行为。这两个模型均是以人口充分流动为存在前提，为更好发挥城市政府改善公共产品供给职能，需进一步深化改革以创造地方政府与中央政府激励相容的条件，完善中央与地方的财力和支出责任划分，使地方既有必要的提供公共服务的能力、责任和自主权，又能通过吸引人口和其他要素促进经济增长保持财力可持续性，良好界定公共财政的功能及其界限，避免地方公共品供给中的逐利性和恶意竞争，推动城市政府从高速增长时期以资本为中心的招商引资，转向高质量发展阶段以人为中心的公共品供给改善（蔡昉，2020）。

2. 需求获取局限下的中央政府供给效率偏低

政府原有的单一化、垄断性公共服务供给模式带来了许多困境，要求政府创新公共服务供给模式。市场经济时期，政府服务的“大包大揽”难以适应地区经济社会的发展。新时期公众的公共服务需求具有多元化、复杂化的特点，公众对政府提供公共服务的要求越来越高。

从地方政府的角度而言，相较于中央政府，其更接近公共需求的表达层面，更了解属地内公民的公共服务需求偏好（张紧跟，2018）。中央政府在掌握地方居民需求偏好方面具有信息相对劣势，中央政府了解公众、社会需求具有局限性，且获取偏好信息成本较高，易造成偏好误识，降低公共服务供给的精准度，因此，中央政府集中供给公共服务是不现实的，发挥地方政府的信息优势有助于提高地方政府公共服务供给效率（Oates，2005）。

地方政府及居委会工作人员数量有限，在政府下派大量行政任务无法完成时，基层政府与社区居委会难以承担全部公共服务职能。在人口高度密集化或外来人口密集的地区，社区老年人服务、外来工问题、家庭婚姻问题、社区犯罪人员矫正及青少年教育等已成为当地政府与居委会无法供给的服务领域。在此背景下，不足以为基层民众提供优质的社会服务，仅仅依靠政府直接供给难以满足公众的现实需求。

3. 财政分权机制下地方政府供给动力的弱化

有学者研究得出财政分权与公共服务供给效率间并不存在正向关系，甚至财政分权会抑制公共服务供给效率提升（Sow & Razafimahefa，2014）。

在财政分权的制度背景下，现有研究大多是利用激励理论来分析各级政府的公共服务供给行为及其结果（宋敏、杨宝利，2014）。财政分权机制下的财政与政治激励约束地方政府行为，助长投资偏向，扭曲地方政府支出，抑制公共服务供给效率提升。中央政府的均衡性转移支付在扮演中央政府“援助之手”的同时，使地方政府陷入软预算约束的“激励陷阱”，由于信息不对称和财政外部性产生的公共池塘效应，弱化了对地方政府行为的激励和约束，无法阻止地方政府“粘蝇纸效应”及“财政公地掠夺”，造成地方财政支出过度扩张，在预算制度改革后，为缓解过度扩张所造成的财政压力，地方政府将有限资金投向房地产业、建筑业，以发展高税收行业，促进经济快速增长，从而忽视公共服务供给需求，弱化公共服务供给动力（Han & Kung，2015）。地方政府对涉及民生的公共服务供给呈现出“趋中”的态势，公共服务投入资金的多少大致上趋为中位，即努力做到“不冒尖”（张新文、李文军，2010）。

财政分权机制下形成了地方政府间要素争夺性竞争行为，官员晋升激励下形成了政治锦标赛，致使地方政府间形成“为增长而竞争”的格局（周黎安等，2015）。财政分权过度扩大，将使地方官员权力过度扩张，在有限任期限制下，官员更倾向于“短平快”的经济增长性投资，而对公共服务等民生性投资缺乏兴趣，致使公共资源配置不足，公共服务供给效率难以提升（魏婕、许璐、任保平，2016）。杨刚强等（2020）研究2006—2016年中国70个城市的公共服务供给情况和任职的市委书记的详细个人信息，发现地方官员治理压力越大，就越有可能为个人私利去干预城市公共服务供给，导致公共资源配置效率不佳。

另外，财政过度分权，导致地方政府掠夺性制度竞争，造成市场分割，公共产品重复提供，降低公共服务供给效率。王永钦等（2007）认为政治集权下的经济分权给地方政府提供了发展经济的动力，却造成地区之间的市场分割和公共事业的公平缺失等问题。周黎安（2004）则明确指出同一行政级别的地方官员，无论是省、市、县还是乡镇一级，都处于一种政治晋升博弈，在政治晋升博弈中，地方官员为晋升而主导将公共资源过度投入某个行业，导致公共品重复建设。

财政过度分权致使中央以转移支付为重要手段的财政激励效果减弱，地方政府为争夺要素，利用降低环境规制标准、制定严格的户籍迁移制度等，降低要素流入限制，提高要素流出门槛。同时，制定各类产品市场价格保护政策，造成市场分割与政府间的恶性竞争，损害公共产品的正外部性，致使公共产品在地区间分化，产生规模不经济、重复与过度投资，从而降低公共服务供给效率（储德银等，2018）。

有学者研究发现，经济竞争、经济赶超越强，理性“经济人”属性的地方政府越是倾向于将财政资金投向于短期更具经济效益，同时公共服务成本开支更低的地区（Arnott & Gersovitz，1986）。相应地，城市发展因更具规模经济，拥有较高公共服务资本化收益的比较优势。地方政府出于经济争夺的自主意识考量，往往会对基础设施这类生产性公共物品投入更多，以达到获取更多流动资本的目的，反而对教育、医疗卫生此类公共服务的投入会偏少（Keen & Marchard，1997）。中央政府采取政绩考核的方式迫使地方政府为了增长而展开竞争，这对公共服务有一定挤出效应（Blanchard & Shleifer，2001）。地方政府出于经济发展的动机，为了更多地吸引投资，获得财源，往往会采取税收竞争压低税率的方式，这导致分权下公共物品供给明显不足（Sepulveda & Jorge，2011），且出现增加公共支出并不会自动提高公共福利的现象（Tanzi，2005）。这是因为，公共支出增加一方面会导致税收水平提高，使得个人可支配收入的下降；另一方面公共行为一定程度上替代了私人互动，削弱了公共支出增加受益者根据自身能力采取行动以防范各种风险的愿望。邹蓉（2013）通过实证研究发现，地方政府的财政竞争促进了地方公共服务的供给，地方政府财政竞争程度每增加1%，就会引起公共服务供给增加0.087%；地方政府的税收竞争抑制了地方公共服务的供给，地方政府税收竞争每增加1%，就会导致地方公共服务投入减少0.125%。随着财政分权趋势越来越明显，各级地方政府在公共服务支出上的差距不断拉大，资金、技术和人口的进一步流动会引起基本公共服务的空间溢出效应。

4. 社会组织供给能力不足

社会公共服务需求日益多样化、个性化，影响着公共服务供给方式的改变，公共需求的变化倒逼公共服务主体多元化发展，促使政府加大与私人组织、非政府组织、非营利组织等各种社会力量的合作，共同实现公共服务的有效供给。公共服务供给中的多元主体有政府、企业、社会组织，科学合理的职责定位是多元主体合作的基础。政府在供给中居于主导地位，承担着制度供给者、公共服务发展规划者、质量监督者等角色（苗红培，2019）；企业和社会组织是参与者，也就是具体公共服务的生产者。目前，关于公共服务多元供给模式的研究，多集中于多元供给的模式优势和治理效果分析。

公共服务多元主体合作供给模式是指政府、私人组织和第三部门通过广泛参与、紧密合作以优质高效的公共服务来满足公共需求的公共服务供给方式，该模式有三个主要特征：服务主体的多元化、服务目标的一体化、服务过程的合作化（夏志强、付亚南，2013）。私人组织和第三部门在公共服务供给中发挥着日益重要的作用，公共利益最大化是共同目标，多元主体达成有效合作保障公共服务供给更加有效。虽然合作主体数量的增加有利于实现对于各合作主体行为的立体调整，但是也带来制约过多、优先秩序混乱、行动迟缓和有效性低的问题（谭英俊，2009）。有学者提出合作网络的模型，网络内部稳定的结构作为“缓冲器”，可以减少外部环境变化对合作网络的冲击，得出了沟通频率与合作效果成正相关的结论（O'Toole & Meier，1999）。苗红培（2019）指出各主体合作意识淡薄，尚未达成合作意识，都试图从合作中获益，而未将重点放在合作中责任的履行上。

有学者研究发现地方经济发展、政策制定的程度与合作水平有关系，而合作水平用政府和非政府组织间的联系状况来测量（McGuire，2003）。社会组织集中了社会领域的力量，在资源动员、社会服务、社会治理与政策倡导方面发挥着功能并与政府形成互动，能够更好地发现和满足边缘群体的需求，运营灵活，有时可以获得廉价的甚至是免费的劳动力（郑苏晋，2009）。社会组织也有其劣势，相较于政府，社会组织普遍规模较小，能够调动的资源有限，服务范围有限，服务内容也具有局限性。社会组织这一类型主体存在数量不足、质量不高的问题。足够数量的、能够形成竞争态势的社会组织还明显缺乏，而且现有的部分社会组织为取得与政府合作机会主动采取一些“策略性行为”来迎合政府设置的隐性进入门槛，结果则是社会组织成为无异于政府的部门了（周秀平，2011）。社会组织需要在获取资源和保持组织独立性间进行权衡，企业需要在追求利润最大化和承担公共责任之间实现平衡。以公共就业服务为例，政府之外的其他主体根据政府补贴额度的高低选择接受或拒绝合作（丁兆罡、徐枞巍，2017），且合作之后在监管不到位的情况下则会出现诸多违规行为，各地人社部门不得不出台针对就业服务机构的专项整治方案。大多数的社会组织与政府仍处于一种“非对称性依赖关系”（齐海丽，2017），许多社会组织依旧需要依靠政府的培育和扶持才能得到较好的发展，特别是在社会组织发展的初期这种“依附式”发展更为突出（徐选国、杨君、徐永祥，2014）。社会组织为了获得更好的发展资源和经费支持，将跑项目视为组织的目标，在受到地方政府体制嵌入时会自觉通过“模仿”策略催生社会组织与地方政府的组织的同构性，在一定程度上导致社会组织的公共服务供给呈现“没有发展的增长”的“内卷化”趋势（李春霞、巩在暖、吴长青，2012）。

我国社会组织发展还很不充分，大多数社会组织是以行业属性为基础存在的，缺乏联合性的社会组织，自身组织建设和能力建设均不完善，存在公益不足、操作不规范、独立性欠缺等问题，在参与公共服务供给过程中常常面临资金短缺、治理领域狭隘、专业人员匮乏及组织腐败等“志愿失灵”问题，使得其在公共服务供给中发挥的作用十分有限（张雅勤，2017）。

（二）关于公共服务供给机制的研究

城市公共服务的有效供给及治理，与公共服务的供给主体、供给方式、供给手段等密切相关。公共服务供给机制影响和制约着公共服务供给结果的成本、质量、效率。在关于公共服务供给机制的研究论述中，主要探讨的问题一是各治理主体供给公共服务的合法性和正当性，即哪些部门有资格提供公共服务；二是探讨公共服务供给制度安排与目标之间的联系，即治理主体如何基于一定的集体行动规则，通过相互合作、协调、互动等实现公共服务的有效供给。

现今公共服务供给机制大致有政府购买服务运行机制、社会化供给运行机制以及合作生产机制（居民参与）三种。

1. 政府购买服务运行机制

政府购买公共服务是现代世界许多国家和地区政府供给公共服务的机制，也是我国坚持全面深化改革、推进政府治理体系和治理能力现代化、优化公共服务供给方式的重要路径选择。2013 年，《国务院办公厅关于政府向社会力量购买服务的指导意见》明确要求“推行政府向社会力量购买服务是创新公共服务提供方式、加快服务业发展、引导有效需求的重要途径……到2020年，在全国基本建立比较完善的政府向社会力量购买服务制度”。中共十八届三中全会通过的《中共中央关于全面深化改革若干重大问题的决定》明确指出，“推广政府购买服务，凡属事务性管理服务，原则上都要引入竞争机制，通过合同、委托等方式向社会购买”。2019年，《中共中央关于坚持和完善中国特色社会主义制度推进国家治理体系和治理能力现代化若干重大问题的决定》再次强调，要创新公共服务提供方式，满足人民多层次、多样化需求。2020年，财政部公布了《政府购买服务管理办法》，强调政府购买公共服务中的行为规范，改善公共服务供给。

政府购买公共服务已成为优化公共服务供给，满足公众需求的重要方式。符合条件的主体积极承接公共服务生产职责，满足人民群众多层次、多样化公共服务需要，改善政府公共服务供给效益（丁静，2016）。徐家良、赵挺（2013）认为，政府购买服务就是将公共服务以公开招标、委托、补助补贴等方式交给非营利性或营利性社会组织去生产，以创新政府公共管理，提高政府行政效率、公共服务质量以及资源利用率。王浦劬（2015）认为政府向社会力量购买公共服务就是，把直接向社会公众提供的公共服务事项，按照市场运行机制，交由具备资质的社会组织、企业组织、其他机构等生产和承担，并由政府根据服务数量和质量向其支付费用，使得公民获得更优质的基本公共服务。王家合等（2016）指出，“政府购买公共服务”是指政府将其职能范围内的一部分公共服务，如医疗卫生服务、居家养老服务等，以出资购买的方式转移给社会，是一种“政府承担、定向委托、合同管理、评估兑现”的新型的公共服务提供方式。

总之，政府购买服务就是要进一步履行服务社会的职责，引入市场竞争机制，通过向各类社会服务机构缔结契约、支付费用，定向委托、合同管理、评估兑现的新型政府公共服务提供方式。

当前政府购买服务的主要方式有政府合同、公私合作、定额直接补助和凭单补贴四种（王箭，2014）。郑卫东（2012）通过对上海市政府购买服务的实践经验进行总结，认为上海市政府购买服务方式主要有合同出租、公私合作、费随事转（补贴制度范畴）和竞争性购买四种，涉及行业性服务与管理类、社区服务与管理类、行政事务与管理类等。李军鹏（2013）对世界各国政府购买服务的基本方式，如合同外包、公私合作、政府补助、凭单制等进行了深入分析，发现美国、英国、新西兰等国家在政府购买服务方面都建有比较完善的法律法规、运行流程以及较高的市场化程度，指出我国政府购买服务的法律法规、相关制度不健全、范围狭窄、程序与流程不完善等问题。

政府购买服务机制遵循使公共服务“供给”与“生产”相分离，分解出了多重混合职能和角色，塑造了公共服务供给的多重主体。政府通过委托和授权从公共服务的供给者、生产者、监督者合一的主体转变为公共服务的出资者和监督者，社会组织、企业、机构等社会力量承担生产和供给公共服务的角色，公众是公共服务的享用者，独立、公正和具有资质的评估机构承担公共服务绩效评估和监督职能。其本质上以契约形式为基础，将国家与社会、政府与公民予以有机联系和组合的公共服务提供方式，双方的责任关系确立是否符合契约精神，是购买机制的重要评判标准。公平、事先约定、程序公开、责权对等、主体独立等原则，是购买关系需要遵循的准则（贾西津，2013）。

尽管每年政府购买公共服务的财政支出不断有很大的提升，供需脱节、供需错位的现象在政府购买公共服务中仍较为常见（陈秋红，2019）。政社关系（周俊，2019）、社会组织的供给能力（姜爱华、杨琼，2019）、绩效管理（王家合、张佳丽，2020）等问题都影响着政府向社会组织购买公共服务的效率与质量。王家合等（2020）指出政府购买公共服务需求管理存在供需不匹配、政府偏好取代公众偏好、公共需求表达受限的问题。从组织文化的角度，姜晓萍和康健（2019）指出，由于东方传统文化与强政府角色的影响，官僚目标在政府购买过程中实际替代了公共需求，最终导致“官僚式外包”的产生。从组织结构的角度，何艳玲、钱蕾（2018）指出，存在于政府之中的部门利益最终会导致公共服务的碎片化，具体表现为政府对公共服务供给的过度精细化、对同类服务的重复供给或缺失。詹国彬（2013）从政治体制的角度指出，在政府购买公共服务过程中，由于政府与社会组织、政府与公民以及政府内部之间存在多重委托代理关系，导致公共需求在向政府传递的过程中往往被层层渗入不同的代理人偏好。

在政府购买公共服务的过程中，政府部门自身在部分专业性极强的公共服务供给方面存在专业知识和能力匮乏的问题，也缺乏专业的技术人员正确把握政策，导致编制出的购买目录质量良莠不齐，对服务形式、服务质量等项目内容把握不准（杨文君，2018）。整体而言，基层政府会更倾向于在购买服务上以定向、内部指定或协商为主，从对其高度依赖或有密切关联的机构购买服务（曹堂哲、魏玉梅，2019）。

2. 社会化供给运行机制

就我国公共服务供给实践来看，政府购买和直接供给公共服务的方式都存在很多问题，社会化供给为公共服务模式的创新拓宽了思路。

社会化供给运行机制是指社会化主体独立承担公共服务的决策安排、资金提供、服务输送，把农业、科技、人才、金融、信息资源聚合到公共服务领域。社会参与是治理现代化的重要组成部分，引入市场、社会力量参与公共服务合作供给，给予市场、社会力量参与的合法性身份，使其在参与过程中能够获取相应的知识与信息、表达需求和意见的平台与机会，有利于激发社会创新的活力、自主性，拓宽合作参与的领域和空间，减轻地方政府的财政压力。

2016 年 12 月，财政部、民政部发布的《关于通过政府购买服务支持社会组织培育发展的指导意见》指出："积极探索建立公共服务需求征集机制，充分发挥社会组织在发现新增公共服务需求、促进供需衔接方面的积极作用。"社会组织凭借其组织的弹性形态和涉及领域广泛的优势，一方面能够整合公众分散的需求，另一方面能够利用其专业能力向服务购买主体提供可行建议。

社会组织在公共服务供给领域的作用备受广大学者的关注，活跃在经济、社会福利和教育等领域，与政府合作促进当地经济发展与公共服务供给。既有文献对社会组织公共服务主要集中于政府购买公共服务领域，大部分文献从宏观规范或案例分析角度研究社会组织发展水平对公共服务供给质量的影响。

郁建兴和沈永东（2017）研究指出，社会组织采取从生存理性到价值理性的行动策略参与城市公共服务购买，能够有效提升公共服务供给效率和供给质量，并产生了良好的社会效益。张菊梅（2021）根据社会组织参与公共服务的方式和自身独立性，将社会化供给模式细分为：委托式社会化供给模式和契约式社会化供给模式。王欢明、诸大建（2015）

根据政府组织、市场组织和社会组织的多种界面混合，以及安排者与生产者相区别的原则，认为可采取政企合作（G－M）、政社合作（G－S）、社企合作（M－S）和多主体合作（G－M－S）四种模式来供给。为提升各模式绩效，可根据基于安排者的投入、基于生产者的产出和基于公众的结果将其划分为民生资金投入保障机制、生产机制和分配机制。

由于服务连续性差、需求评估缺乏规范、指令性强等弊端的存在，项目制只是未来社会力量参与公共服务长效机制建立的过渡阶段，发展型公共服务的提供不能全盘依赖政府购买（昌硕，2019）。李小奕和谢舜文（2019）以2008—2016年中国286个城市面板数据作为样本验证了社会组织发展水平、地方财政能力和其交互项对公共服务供给质量影响的固定效应和门槛效应，社会组织发展水平和地方财政能力对公共服务供给质量均具有显著促进作用，但社会组织发展水平相比地方财政能力影响有限；二者对公共服务供给质量的正向影响具有显著的互补效应。

3. 合作生产机制

合作生产是一种重要的公共服务生产模式，传统公共生产中，合作生产专注的是政府主导下的效率生产，公众对公共服务的决策和安排无法产生影响；新公共管理时期，合作生产关注的是市场主导下市场主体通过市场机制提高公共服务的效率、价值；后公共管理时期，合作生产致力于大范围的、开放的公众参与，与服务对象更有效地互动、协调、配合。在合作治理的过程中，政府可以授权居民、社会组织，让其参与到公共事务的咨询、决策、实施、监督和评价等各个环节（敬乂嘉，2014）。居民参与公共服务的合作生产，每个人都可根据自己的行动认识和理解人们的社会角色、获得自己的社会角色（张康之，2016），居民不仅是消费者，也可能是各种经济和健康等问题的共同治理者（郭小聪、吴文强，2017）。政府赋权社会，有利于减轻居民对政府的过度依赖，减轻政府的治理压力（曾哲、周泽中，2018）。通过赋权，承认居民的参与性，包括政府对居民参与地位的认可和居民的自我承认（曾粤兴、魏思婧，2017）。居民参与还可分为组织性参与和无组织性参与，弱组织性公民参与可能产生无效化与无序化风险（张紧跟，2017），碎片化、分散化的个体参与力量弱小且易被忽视，需要借助一定的平台和媒介参与公共卫生服务（王佩、刘晓，2017）。政府或公共部门以直接或者间接的方式生产公共服务，满足不同公众获取服务的需求，合作生产是其中一种重要的服务生产模式。2014 年 4 月《财政部关于推进和完善服务项目政府采购有关问题的通知》明确规定政府购买公共服务应当征求社会公众的意见。

从公共服务供给的参与者视角来看，公众还有参与服务购买决策过程、帮助政府履行服务供给职能的责任（张云翔、顾丽梅，2018）。居民参与政府购买公共服务的决策制定能够将政府购买公共服务质量与公共需求满足程度相连接（陈振明、耿旭，2016）。当公众参与公共事务的利益表达和决策管理时，如果公共事务与个人利益的联系不够紧密，公众就容易出现心理卷入程度低，即所谓的“政治冷漠”的情况（王敏、聂应德，2015）。因此，从参与政府向社会组织购买公共服务的“三方主体”入手，有必要建立一个以正确定位“三方主体”为基础、以充分表达需求信息为核心、以随时进入与退出的反馈机制为保障的公众需求表达机制，确保公众需求得到充分表达，从而提升政府决策的有效性和公共服务供给效率（张邦辉、李丹姣、蒋杰，2020）。虽然各主体的利益并不一致，但各主体共同参与到公共卫生服务活动中，相互合作，且这种合作是一种长期行为，需要各主体之间建立信任的机制（汪锦军，2015）。信任是合作的基础和前提，合作又反过来促进了信任。有学者在研究中将当地公园部门和市民合作提供公园和娱乐服务作为一种典型的、为整个社区供给社会福利的集体生产形式，发现当地非正式志愿团体或正式朋友间的组织往往在促进和组织公民参与这类服务方面发挥着重要作用（Nabatchi、Sancino & Sicilia，2017）。还有学者根据参与程度确定了公民在公共服务供给中可能扮演的三种角色：作为共同实施者的公民、作为共同设计者的公民以及作为发起者的公民（Voorberg、Bekkers & Tummers，2015）。

关于城市群公共物品供给机制的研究，王佃利（2009）根据政府间合作机制的相关要素认为城市群合作供给区域公共物品形成的合作机制基本形式主要有以下几种。第一，中央与地方之间的合作机制。主要表现在国务院及国务院各部与城市群各级政府之间的合作。第二，省际之间的合作机制。这一机制主要适合于合作范围在相邻的几个省份之间的区域，如长三角城市群、京津冀城市群等，主要是省级政府之间的合作平台。第三，跨越行政层级的地方政府合作。主要是城市政府之间的合作机制。王佃利等（2015）建立了区域公共物品下的区域合作治理机制：立足点是基于城市群内各行政主体间合作共识的达成；在制度层面，要求对各政府主体间的权责关系进行划分并以权威方式予以确认；在组织层面，强调构建政府主体之间利益协商和协调行动的组织平台；在操作层面，选择合适的政策工具提供区域公共物品和公共服务。

学界研究公共服务供给机制在前期整体上凸显政府“单中心”模式。我国政府部门历来在公共服务供给过程中扮演着提供者和生产者的双重角色，政府这个主要供给主体的合理组织结构及其职能划分，是城市公共服务有效供给的基本前提和根本保障。从公共服务的本身属性得出其收益回报率极低，从“经济人”假设推导出政府外的其他社会组织或者市场机制在生产公共服务上的风险，因此，政府部门在拥有较大财力和公正价值信念的前提下，顺理成章成为提供和生产公共服务的合法性主体。但事实上在公共服务过程中，政府供给机制本质上只是一个服务提供或安排的角色，主要职能是决定哪些应该做，任务如何分配，为谁而做，做到什么程度或什么水平，怎样制定付费规则等问题。政府“单中心”供给模式具有相当的合理性，曾经在履行政府公共服务职能方面作出了突出贡献，并将持续发挥重要作用。

单政府供给公共服务的模式曾经暴露出诸多弊端。由于政府部门供给行为具有很大的垄断性、官僚组织的私利性、信息的非对称性等非理性条件约束，通过政府“有形的手”并不一定能实现公共服务资源配置的最优，反而会经常出现公共服务供给不足或过度供给的现象，从而导致公共服务供给的低效率和低质量（曾保根，2013）。

后公共服务供给机制创新跳出了单纯强调政府供给公共服务的思路，逐渐体现政府以外的社会和公众的重要作用，强调政府应承担的责任。政府和众多学者也尤其追捧政府购买公共服务等市场化、社会化供给模式（李珠，2016），这样的模式有着改善公共服务治理结构、提高公共服务供给的质量和财政资金的使用效率、满足公众的多元化个性化需求等优点，但也由于存在机会主义、垄断主义等风险，同样面临需求方缺陷、供给方缺陷两大挑战，使公共服务市场化缺乏竞争（张菀洺，2008；姜晓萍、康健，2019；常莉、胡晨寒，2020），凸显公共服务提供职能与生产职能应该进行适当分离的必要性和可行性。

不单强调政府这个主要供给主体的作用，冯云廷等（2003）从政府和民间机构的投资组合角度研究了城市公共服务的有效供给问题。唐铁汉（2004）、罗德刚（2004）从政府层面对公共服务进行探讨，提出政府在公共服务中进行角色转变，提高公共服务体系运行效率；郑恒峰（2009）和陈奇星（2009）等从政府、社会、市场联动的多元主体共同治理角度对公共服务的供给模式进行了构建。吸收社会力量参与公共服务供给可以成为弥补政府行政资源限制、官僚体制局限性的重要手段（武静、周俊，2012）。韩兆柱和翟文康（2016）比较了服务型政府、公共服务型政府、新公共服务，走向服务型政府需要整合治理方式，妥善处理三者关系，借鉴其他两者的优势。

即便政府不是所有基本公共服务的提供者，不是基本公共服务的唯一提供者，它也一定是最重要的提供者和安排者。政府在基本公共服务供给过程中仍然处于主导性地位（曾保根，2013），在以政府为主导的服务框架内，充分发挥市场和社会力量，最终构建由政府机制、市场机制和社会机制等组成的整体协同供给机制。

（三）关于公共服务监测评价的研究

1. 投入—产出的供给效率测度

关于公共服务供给水平的研究，不少学者针对公共服务的财政支出水平进行评价（林万龙，2007；赵农、刘小鲁，2008；卢洪友等，2011）。公共服务质量或供给效率的研究常以公共服务的各项投入、产出指标来测量公共服务效率的高低。一类是根据公共服务的内涵和外延，利用参数生产函数估计法来计算公共服务生产效率；另一类是利用非参数方法，从投入产出的角度对一国或地方政府的公共服务效率进行研究。简玉峰和刘长生（2009）利用 DEA 模型对湖南省地方政府的公共服务效率进行了分析，并通过受约束的 OLS 回归方法得出居民文化教育水平、经济收入与地方政府公共服务的供给效率正相关。续竞秦、杨永恒（2011）基于修正的 DEA 两步法核算解释了中国省级政府的基本公共服务供给效率，并得出各省之间效率存在显著差异的结论，同时指出，财政自主权、人口密度及人均 GDP 均对地方政府基本公共服务供给效率具有显著影响效应。杨林和许敬轩（2013）在利用 DEA 方法对山东省公共服务财政效率进行评价的基础上，指出公共服务支出不足且效率低下影响着山东省公共服务的有效供给。从研究方法来看，在研究公共服务支出效率时，邓宗兵（2014）、胡洪曙和武锶芪（2020）主要使用传统的DEA 模型，并且从研究对象看，初期的研究侧重对效率的测算，后才逐步增加对区域公共服务效率的空间差异及原因研究。

顾海兵和张敏（2017）研究发现，基础设施和公共服务等因素的高速增长，正在取代产业分工、市场融合等因素，成为推动区域协同发展的主要动力。王郁、赵一航（2020）基于协同理论分析了近年来京津冀区域协同发展政策对公共服务供给效率的影响和城市间差异。研究发现，政策对于非区域中心城市和非中部核心功能城市的公共服务供给效率提升作用显著，但是对于区域中心城市和中部核心功能城市并未起到改善作用，甚至出现供给效率下降的现象。其原因在于政策作用机制主要通过人口规模和财政支出两个因素，对公共服务供给效率的改善产生截然相反的作用。关于公共服务供给效率代理变量依然集中在基本公共服务方面，如公共服务产出（高琳，2012）、医疗卫生服务供给效率（储德银、韩一多、张同斌，2015）、义务教育服务供给效率（徐超、庞雨蒙、刘迪，2012）等。

2. 公众感知测度

除了从财政支出视角进行分析以外，另外一些研究还加入各种非支出性指标进行考察，并利用各种综合指标评价进行公共服务的质量、效率分析研究，如王郁等（2018）通过城市承载力视角来分析目前国内北上广深 4 个超大型城市的公共服务水平。且个体主观幸福感不仅受到心理、社会以及经济因素的影响，还直接受制于政治运作，包括公共物品供给的质量、政治信任程度以及政府的廉政建设状况（祁玲玲、赖静萍，2013）。财政支出，尤其是用于教育、医疗、社会保障等的民生性支出与居民幸福感之间显著正相关（赵新宇、高庆昆，2013），因此许多学者从居民感知视角即需求侧衡量公共服务有效供给的水平。

从理论上来说，最优的公共服务提供应该最大化居民的满意度（陈世香、谢秋山，2014）。公众对于公共服务满意度的评价是衡量社会公共服务质量的重要指标。关于公共服务满意度的测量从评价指标上可以分为：一是总体的主观性的满意值。如官永彬（2015）通过设计问题“综合来看，您对地方政府提供的公共服务总体满意情况如何?”来衡量居民公共服务满意度，按满意程度“很不满意”“较不满意”“一般”“比较满意”“非常满意”五个量级。二是利用问卷或量表（如李克特量表、沙氏通量表）直接衡量公众对于每项公共服务项目的满意值。姬生翔和姜流（2017）将民众对于公共服务资源的充足性、均衡性、便利性和普惠性四个方面作为公共服务满意度的测量指标。三是构建公共服务满意度指标，设置至少两级指标，构建满意度因子进行衡量，如纪江明和胡伟（2013）基于数据构建中国公共服务满意度指标体系，设置 8 个一级指标包括公共教育、医疗卫生、住房与社会保障、公共安全、基础设施、文体设施、环境保护和公共交通，以及这 8 个一级指标对应的 26 个二级指标。冯亚平和徐长生等（2016）结合已有研究将公共服务分为社会保障、公共治安、环境卫生、市容市貌、义务教育、基建、公共医疗、公共交通、行政管理等 12 个类别，每个类别设定一个二级指标作为对一级指标的详细描述。伍如昕（2017）采用中国综合社会调查数据，探讨了城市化、基本公共服务供给与居民主观幸福感之间的关系和地域差异，发现基本公共服务供给结构性差异的显著负向影响居民主观幸福感。

主观的社会公平感也具有重要意义，地方政府在教育、医疗卫生、社会保障等基本公共服务方面财政支出水平的不足被认为是扩大收入差距、导致社会不平等的重要因素。尤其是随着财政分权体制改革的推进，中国不同区域之间的基本公共服务供给水平的差距不断扩大。李秀玫等（2018）发现，地方政府基本公共服务供给水平越高，则个体的社会公平感越高，政府在教育、医疗卫生和社会保障等基本公共服务方面的投入提高了中等以上收入群体的社会公平感，但对低收入群体社会公平感的影响并不明显。

关于政府支出与居民主观幸福感之间的关系也进行了大量实证研究，主要是从经济学和心理学两个分支对其进行分析，也有哲学、社会学、健康学的研究。得出的结论基本一致，即政府支出有利于提升居民主观幸福感。教育支出和医疗卫生支出的增加会显著增加居民主观幸福感（Hessami，2010）。有学者使用 145 个国家的大样本微观调查数据，研究发现政府支出水平与居民主观幸福感之间存在显著的正相关关系（Ram R.，2009）。有学者在对欧盟 11 国的政府失业保障支出与居民主观幸福感之间的关系分析后发现政府失业保障支出能显著提升社会平均幸福感（Tella & MacCulloch，2006）。就转型国家而言，社会经济转型显著地降低了居民主观幸福感，同时公共产品的恶化、公共品供给的数量与质量的下降是降低居民主观幸福感的重要原因（Sergei & Zhuravskaya，2009）。丁述磊（2016）发现公共服务水平的提高能显著增加居民主观幸福感，基本住房保障服务、医疗卫生服务和劳动就业服务对居民主观幸福感的影响显著为正，并且它们对居民主观幸福感的促增效应依次递增。赵洁和杨政怡（2017）研究得出，数据医疗卫生服务的便利性、公共教育资源的公共性、住房保障的充足性和便利性对居民的主观幸福感有显著影响。

3. 公共服务空间配置的研究

由于经济竞争式的发展模式和属地化的公共服务供给模式，各地方政府的公共服务投入和供给严格限制于本行政区域范围之内，造成了区域间公共服务碎片化的结构特征和较为显著的公共服务差异。我国城镇化发展存在不均衡现象，城市化发展带来社区和经济的不平等，户籍制度、受教育程度、性别、民族等因素导致就业、受教育的机会也不均等，这必然导致公共服务供给的不均等（Golley & Taokong，2018）。

近年来，学界对有关公共服务空间分异的研究逐渐由城乡差异、沿海—内陆差异等二元空间转向不同经济水平的城市空间或城市中心—城市边缘—郊区等多元空间（高军波、余斌、江海燕，2011），空间视角的细化反映城市内部空间结构的碎片化与公共服务不均衡之间的映射关系，公共服务碎片化既成为城市空间结构片段化的外在表征之一，又进一步形塑了空间的不平等。

当前，从城市空间视角切入公共服务供给，学界研究集中于两个层面。一是城市公共服务或基础设施的空间配置以及公共服务设施的可及性，此类研究重点考察公共服务设施在客观物理层面的空间布局，以及这种设施布局对于居住点的溢出效应（李敏纳，2009；赵林，2015；辛冲冲，2019）。二是关于公共服务的居民满意度，主要关注城市居民对公共服务供给的主观评价差异性（尹境悦，2015；李斌，2018）。各研究从不同层面对国内公共服务的均衡配置问题进行探讨，已有关于公共服务发展水平时空差异的研究包括省际、县级政府、城市、农村等多个层面，涉及了公共服务的多个领域，指标构成也从客观数据向主客观结合的综合指标体系转变。

三 城市群公共服务协同供给

城市群不仅仅是单个政府在空间区域的组合，其本质是要素资源在一定空间区域的融合，具有新的治理形态和治理机制。地方政府治理视角的城市群研究起源于对新的区域公共管理模式的探讨，府际协同旨在突破行政边界，建立税收共享、公共服务以及区域经济发展等多方面合作（Savitch & Vogel，2000；Savitch et al.，2009，2010），促进区域内资源的优化配置和经济繁荣，被视为解决地方治理碎片化问题的有力工具（Chen Feiock & Hsieh，2016；Hawkins Hu & Feiock，2016）。欧美各国都市圈的多层次（Multi-tier）治理模型和多边联合（Linked function）治理比较有代表性，还有一种在不接壤城市间的“跳跃式”合作方式（Savitch，2010）。

目前我国城市群划分和界定主要以行政区划为边界，城市群府际治理中的府际关系是学界关注的焦点。关于城市群府际治理的研究领域主要集中在经济（曹阳，2001；韩峰，2019）、创新（王路昊等，2019）、环保（锁利铭，2018）协同，有关公共服务协同的研究较少。公共服务作为城市群协调发展的重要保障，其供给能力对于经济和人口的边际效应更为显著，亟须科学研究和理论解释。

（一）府际协同研究

全球化对城市发展的影响，使得传统意义上单一的城市中心已经不能满足竞争的需要，区域城市网在全球市场中获得竞争优势已经成为备受关注的发展模式（Jonas & Ward，2007；Scott，2001；Scott & Storper，2003；Vogel，2010）。从国外研究来看，认为府际协同的未来发展趋势是治理网络化，且主要从交易成本、互动博弈等经济学治理来理解府际协同。

中国的学术界对城市群府际治理的研究从20世纪末期开始起步（陈瑞莲，2003；刘彩虹，2005；陈瑞莲等，2009；张紧跟，2010），主要集中于对区域行政的研究上，偏重于对发达地区及其政府间关系的探讨。并引入了拉塞尔·林登关于无缝隙政府的研究，以及资源依赖理论、交易成本理论、网络治理理论等对协作性公共管理进行研究（刘亚平，2010；吕志奎等，2010）。协作既可以发生在纵向的不同层级政府之间，也可以发生在横向的政府部门和私人组织之间，因此，它涵盖了对于各种纵向和横向的协作网络的管理（郁建兴等，2012）。

国内学者的研究从府际竞争演变到府际横向合作。20 世纪 90 年代末地方政府间出现了越来越多的恶性竞争，地方保护盛行，跨地区性公共事务治理失灵等竞争负效应凸显，学界关注到府际协同的必要性和效益性，促使地方政府学会合作是该阶段的热点议题。随着区域协调发展战略的提出和顶层设计的推动，府际协同成为城市群治理的新趋势。行政组织联合若干行政部门，或者联合多级政府一起提供整体化的公共服务，拆除了等级制政府中非常盛行的条块壁垒，使各机构之间能够更好地分享信息，协同作战，并且府际协同治理也是解决政策冲突的新模式。府际协同特征、府际协同动力、壁垒因素和发展路径等引发学者关注和讨论。

而对于府际协同驱动因素研究，既是城市群治理实践的起始条件（Ansell & Gash，2008），也是理论研究的逻辑起点（Woods & Bowman，2018）。具体有：一是权威规划的约束（Feiock，2013），京津冀（李磊，2015；王瑜等，2015；曹海军等，2015；方创琳，2017；杨宏山等，2018；许恒周等，2018；赵新峰等，2018；马斌等，2019；杨胜利，2019）、成渝双城经济圈（单学鹏、罗哲，2020）、粤港澳大湾区（毛艳华等，2019；张玉等，2020）等城市群协同治理的推进。二是合法性的制度压力（Meyer & Rowan，1977；Scott，2008；Lee，2017），公共物品的有效供给是城市群合作的新动能（王佃利，2020）。三是城市群外部上级政府的参与。中国治理体系下的府际关系显著特征即城市行政级别的政治属性（锁利鸣等，2019），在“向上负责”的行政链条下（折晓叶、陈婴婴，2011；周雪光，2012），府际合作中的上级建构色彩突出（王路昊等，2019）。问责是协同中一个关键但又难以解决的问题（Spicer，2017；Waardenburg et al.，2019），而上级政府参与是行政问责的有力保证（Wu et al.，2018）。四是城市群内部核心城市的控制。上级政府通过向强势的核心城市授权，进一步增强核心城市对周边城市的控制能力，凸显核心城市的领导地位，以克服合作的挑战（Chen et al.，2015）。

（二）我国城市群的府际协同研究

我国地方政府往往因为行政壁垒、信息沟通不畅、地区竞争（地方保护主义）、传统文化影响、协作机制不完善、绩效考核不恰当等因素，造成了地方政府间协同治理的壁垒，导致地方竞争大于合作。顾虑重重，合作就显得越发珍贵。地方政府考虑府际合作时，主要有两个方面的考虑：机制和利益，而机制是被动的，利益是地方政府真正追求的。

1. 机制约束下的被动协同

根据理性选择的制度主义，地方政府是否采纳某一决策取决于政策效率的理性计算，权威规划的约束往往是政府间进行合作的重要动力之一（Feiock，2013）；组织制度主义认为，与其说是“理性选择”不如说是一种“理性神话”，地方政府是否采纳某一决策更可能是基于合法性的制度压力所导致的结果（Meyer & Rowan，1977；Scott，2008；Lee，2017），上级政府的介入通过行政权力和权威压力的方式增强了地方政府之间合作的合法性。在我国的政治语境下，层层节制的管理体系，地方政府行为处在严格的机制与框架下，从府际关系的多样化就可以看出，地方政府不仅与中央政府、上级政府有分不开的联系，与相邻的地方政府也有事务上的交流。地方官员也处在公务员体系中，考核晋升都有章可循。抛去竞争的负效应，地方政府合作带来的积极效果更多是与行政层级有关。

第一，科层体系自上而下推动。多层级决策执行与“逐级发包”是我国行政体制的重要特点，我国区域协调发展的过程，往往也离不开自上而下的政策执行。尤其在“向上负责”的行政链条下（折晓叶、陈婴婴，2011；周雪光，2012），地方政府能够受到上级政府的诱导，并在经济事务上接受上级尤其是省级政府的介入、规划和协调（麻宝斌、李辉，2010；Mah & Hill，2014），府际合作中的上级建构色彩突出（王路昊等，2019）。西方城市群大多数是城市自发的高级阶段，是区域经济自然演化的结果，而我国城市群建设的基本条件还欠成熟，主要是人工的规划、设计和推动。具体来说，就是我国城市群的孕育、形成、发展、成熟离不开政府的辛苦搭建，在城市群内地方政府积极寻求合作时，往往是背后上级政府的支持作用，包括提供地方政府可以协同的平台等。

第二，跨域治理困境应对无力。区域性公共事务无法依靠单独地方政府的单边治理来实现，参与协作是理性的行为结果（锁利铭，2017）。我国行政区域的划分形成了“分类管理、分级负责、属地管理”的分割治理模式。碎片化的政府管理模式增加了跨域危机治理的成本，浪费了更多的资源配置（李敏，2014）。尤其是针对跨域环境治理时，单个组织试图解决动荡环境时的不及格表现，表现在不与其他主体协调，给区域内别的主体带来新的问题，总想满足自己当地利益的最大化。

第三，考核压力下的行为选择。目前我国政府官员的绩效考核机制不完善，片面追求经济增长的GDP，官员认为合作必然能为当地带来更多经济利益。同时，官员既是“经济参与人”也是“政治参与人”，地方官员将横向合作的效果作为达到考核目标、晋升的资本。锁利铭（2017）形容地方政府加入自主协作治理的动机中还有一部分是选择性收益（Selective Benefit），地方政府官员加入横向合作是为了获得个人利益，包括社会声誉扩大、地方官员信任度提升、影响力提高等。

2. 利益驱动下的主动协同

不少学者认为利益是推动政府合作的核心动力，不论是自利还是他利，群体性收益还是选择性收益，经济利益还是公共利益。

第一，寻求地方发展。这方面主要从经济学视角来解释，博弈论、集体行动的逻辑、囚徒困境等向我们说明了竞争产生的负效应凸显。地方政府作为“经济人”，考虑自身利益最大化的行为，地方政府横向合作的必不可少的就是有利可图，核心基础是基于利益。有助于当地各方面的发展，比如产业结构、公共物品的提供、要素流动等。

第二，履行政府公共服务职能。我们回到政府的本质，是发挥公共服务职能和提供公共服务产品，政府面对社会公共秩序的压力和居民满意度的降低，应进一步增进公共利益实现公共价值。各个城市间割裂的公共物品提供给公民带来了极大的麻烦，地方政府意识到通过横向地方政府主体间的互动与合作来实现和拓展公共利益（张紧跟，2013）。

第三，积极融入国家战略。国务院将城市群建设上升为国家层面时，各地开始了城市群、同城圈、特色小镇、经济圈等地区协同建设，一时间最多时30多个城市群建设同时开展。“城市群热”中一方面是真实寻求地域发展获得竞争力，另一方面是获取中央的政策支持和财政拨款。从公共物品的特征来说，相邻地区的公共基础设施建设排他性小，容易造成“搭便车”情况，综合实力较弱的地方政府也要想尽办法加入区域合作中，为自己争取更大利益。

3. 府际协同绩效影响因素

影响府际协同绩效的因素有很多，它可以是合作前的客观因素，也可以是随着合作进行而浮现的新情况，最后合作收尾时采用绩效标准不同也会影响府际协同效果。总体而言有以下几个因素。

制度性集体行动（ICA）框架认为，基于有限理性，地方政府借助之前构建起的正式和非正式的沟通渠道，能够增加彼此之间有效信息的流动，促进信任的建立，进而原有的合作能够促进新合作的开展（Feiock，2010；锁利铭，2018；王路昊等，2019）。文化认同将缩小地区间的心理距离和社会距离，降低协同风险和沟通成本，夯实区域政府间合作的社会基础。例如，京津冀地缘相接、人缘相亲、地域一体、文化一脉，“燕赵文化”为政府间合作提供了“软黏合”（杨志云、纪姗姗，2021）。

网络治理研究（Network Governance）指出地方政府会基于自身的各种动机去领导促进区域的合作治理，进而实现其经济规模效益、节约交易成本和降低经济风险等政策目标（Shrestha & Feiock，2011；Scot & Thomas，2017），并找到了经济合作网络影响合作治理成效的证据（Lee Y.，Lee I. W. & Feiock，2012）。一般来说，城市群协同主体更希望是城镇化水平相当、经济实力平均的城市之间的合作；已有研究发现的另一种影响府际合作的因素是有关邻近性和交易成本的，一方面邻近的政府可能面对相似的问题，另一方面亦是因双方进行协商的交易成本更低（Miller，1992）；此外，央地关系的变化和城市自组织机制的构建也是影响因素（锁利铭等，2019）。

（三）我国城市群公共服务的府际协同研究

公共服务涉及城市的方方面面，其供给能力的大小直接影响着城市的发展水平。城市内公共服务供给本身就存在值得商榷的难题，存在多方利益冲突严重、空间分布和规模结构不合理、供给侧与需求侧配置失衡等方面供需矛盾（王乙红，2018）。从城市层面上升到城市群层面研究府际之间的公共服务供给，协同难度大大提高，当前研究的重心主要是放在公共服务协作动因研究上。学者们借鉴吸取了新公共管理主义理论、整体性治理模式来指导府际公共服务提供；用公共物品理论、交易费用理论与集体行动理论解释城市群府际公共服务供给困境。

1. 竞争性府际关系与跨域公共服务需求的矛盾

我国公共服务供给体系中，公共服务分布于各部门间，具有明显的分散性和不连贯性（曾凡军，2009）。公共服务供给体系中的府际关系表现为两方面。一方面，经济分权与政治集权形成了地方政府之间竞争性的府际关系，地方政府公共服务动力不足。地方政府出于竞争需要，会积极推动地方经济的发展，展开的 GDP“锦标赛”（周黎安，2017），希望有更多的劳动力进入本地，同时又不愿为之提供公共服务和社会福利（侯祥鹏，2019；吕芳，2019）。另一方面，财政体制集权化与公共服务供给主体地方化之间存在冲突，地方政府公共服务能力差距大。在中国当前的央地财政配置机制下，城市政府实际承担 90% 以上的教育、社保、就业、医疗卫生、住房保障、治安等各项公共服务支出（辜胜阻等，2014），城镇化进程的推进对城市公共服务支出能力提出更高的要求。地方政府扮演着“谋利型政权经营者”（杨善华等，2002）和“地方发展型政府”（郁建兴等，2012）的角色，而往往选择性（曾凡军，2013）、策略性（欧阳静，2011）或共谋性（周雪光，2008）地履行公共服务职能。

竞争性的府际关系进而导致竞争性的公共服务供给。城市群内一些城市为了提升本市的区域地位，想方设法地建设高标准、大规模的公共基础设施，造成公共物品和服务供给的过量（李金龙，2010）。竞争性供给除了各地大建特建公共设施，还表现为对跨区域公共物品供给的漠视。由于跨地区公共物品的供给会产生诸如“搭便车”和“负外部效应”的情况，第一类是城市在跨区域范围内不愿过多地提供有效的公共物品，从而导致跨地区公共物品供给的不足，第二类是采取机会主义策略，企图通过“搭便车”“成本外部化”等策略坐享别人的治理成果（倪咸林、杨志云，2019），这种“零和博弈”思维模式也是属于竞争性供给的一种体现，地方政府对于区域公共服务的需求往往不会主动作为，公共服务协同动力不足。

由此就形成了矛盾，即府际的竞争合作关系引发了公共物品的竞争和合作关系，目前区域间的竞争性公共物品供给使政府忽视跨域公共物品协同，或者即便注意到了也是从自身利益出发而对之熟视无睹。摆在现实问题上，我国垂直型政治管理体制与财政分权相结合的分权治理模式，不仅是导致地方公共服务支出结构不合理，过分强调公共服务工具性的主要原因，也是地方权责失衡、公共服务供给低效的源头所在（潘心纲，2013）。地方政府公共服务协同动力不足，但跨域间公共物品问题频发，居民公共物品满意度下降的紧迫局面又让地方政府不得已按下竞争性公共物品供给的暂停键，一旦局势稍有缓解，地方政府又将重心转移到以竞争为主的地方建设中。

2. 政府职能视角的城市群府际公共服务供给

政府直接供给即政府全面负责公共服务的规划建设、运营管理及维护回收等服务。政府生产或供给这部分公共服务有助于克服公共产品领域中存在的“市场失灵”现象，解决某些公共服务供给中排他性成本过高以及“搭便车”现象，实现基本公共服务的均等供给。

府际协同是现阶段具有现实意义的热点问题，成为城市群治理的新趋势。多元主体在城市群治理中发挥了重要作用，但政府仍是其中不可替代的位置，府际间的协同治理对城市群发展起到重要作用。政府在城市群发展中起到维系作用，政府独有的资源，提供了城市群内各种资源要素交流沟通的平台，尤其在中国的政治语境下，政府具有权威性和政府信任，强调政府在城市群发展中发挥的主导性作用是客观存在。

针对在城市群建设中政府应该做什么，就是政府在城市群建设中的“权责清单”。我们认为，在城市群建设中主要发挥市场决定性作用，让市场决定资源配置，城市群内各政府主体主要履行公共服务职能，建设服务型政府，深化“放管服”改革，强调公共服务便利性与均衡性原则，继续提高公共服务质量与水平，增强人民群众的满意度和获得感。

地方政府之间一般通过地方府际协议的形式联合提供公共物品。政府间协议是为了更好地应付日益上升的成本，解决区域性问题，供给责任在不同行政区域间重新调整和配置，是不同层级的政府间签订提供某些公共服务的合同。府际协议在公共安全、公用事业、卫生与福利、交通等公共服务领域最为常见（林民望，2016）。而上级政府的引导在政府间协议中往往起到重要作用。上级组织可就某些公共服务进行统筹协商，构建多政府之间的协同平台（李磊，2018），彼此通过沟通、对话和协商寻求共识，在一致同意的基础上达成协议，开展协同行动，即中央政府可以通过财政支出的形式付费给地方政府以获得公共服务，不同政府分别承担公共服务供给中的一部分责任，而其中的制度安排就是政府间协议（见表1－1）。

表1－1　城市群建设中政府行为研究

政府角色	政府行为
政府职能转变	从“经营型政府”转向服务型政府，转变为财政公开、运作透明、接受公众监督的城市公仆。
提供城市公共服务	尽早实现全民覆盖的（包括城市各阶层居民和外来移民在内的）社会保障和文化教育、医疗卫生、住房、公共安全等服务，提供良好的基础设施配套建设。
制定公共政策	国家的公共政策（劳动力流动政策、户籍政策、就业政策、公共住房政策、社会保障政策等）可以与城市化空间形成互动作用。
解决城市问题	由政府来治理环境、清除污染，改善基础设施以解决交通拥堵问题，付出更大成本解决城市治安问题等。
规划编制与执行	城市发展需要启动行政层级调整，优化行政结构，解决有些城市以村镇为单位碎片化管理模式，推动同层级政府部门交流合作，合理解决城市群区域性公共事务。
平衡利益关系	正确处理好个体利益与整体利益之间的关系，政府主体与非政府主体之间的利益关系，从多元化角度对各方利益需求进行分析，努力平衡各方利益。
开展府际合作	政府在基础设施建设共建、生态环境共治、基本公共服务共享、市场一体化共推等方面展开合作，体现城市群整体力量、获得竞争优势。

资料来源：笔者根据资料整理获得。

3. 治理视角的城市群公共服务供给

政府在单一供给公共物品过程中也浮现许多问题，例如：供给总量不足、供给结构失调、中央和地方供给权责不统一、供给主体相对单一、供给质量不高、公众参与度低等（马志强、张蕾，2011）。在府际横向合作上，要统筹横向的各城市政府关系。政府考虑到传统府际关系中存在行政管辖权和行政边界，各城市政府主体对一些敏感公共问题的解决积极性大相径庭。在府际纵向合作上，中央与地方的府际合作也存在职能转变不到位、职责交叉，公共服务与社会保障等事项的协同治理能力不足等困境。

现阶段提倡公共服务供给平等合作的伙伴关系（李磊等，2018），进行混合供给（潘心纲，2013）。在城市群跨区域公共服务协同供给中，除了政府，市场、公民、第三方非营利组织也是重要的供给主体。政府同这些主体一起，依据公共服务的特性灵活调整，实现公共服务均等化。这样做的好处有，不仅创造了极具弹性化、多元的公共服务供给网络，使消费者获得更多的决定权和选择权，而且有助于形成国家管治、国家与社会共治以及社会自治的国家治理现代化体系。

治理视角下强调政府与其他主体的良好互动、空间给予，契合了我国政府改革思路。政府行为受到善治理论和新公共管理运动的影响，偏向政府是掌舵而不是划桨，强调权力下放，通过 PPP、合同外包、公私合作伙伴关系等方式，与多主体建立协作关系。尤其在政府治理体系中，公民参与具有重要作用。基于当前的制度设计，实际上公民参与到公共服务供给中的机会非常有限，同时还存在机制性因素，如缺乏更为多样和畅通的利益表达机制，更要强调借助“公民共同体”或“自组织网络”等形式，确保公共决策超越公共选择困境，通过参与、协商和互动，将私利转化为公共利益，实现公共产品有效供给。

公共服务的供给还需要财政的支持。公共服务供给问题肯定涉及公共财政资源分配，中央政府与地方政府财政支出、城市群内各地方政府支出比例问题。目前一般城市群府际合作，公共服务支出一般来自中央政府拨款、各地方政府交付协调机构的保证金、基金投资收入、府际合作收入等。一是建立城市群公共财政储备制度，共建共享区域公共物品。对区域公共物品建设资金进行比例分担，对区域信息网的建设以及信息分析、传播等方面的费用则应由区域共同财政负担。借鉴欧盟经验，首先对那些会引起利益分配矛盾的收入实现共享。二是在城市群层次设立灵活多样的专门投资基金。包括因某些项目需要的临时性基金、按照各城市经济规模大小或财政收入多少直接出资设立基金、由银行授信方式设立等虚实结合的城市群发展基金。投资基金主要在统筹城市群产业布局、基础设施建设、公共服务体系建设、生态补偿等具有区域外部性的项目上发挥积极引导作用，突出城市群主体地位并推动城市群的全面协调可持续发展（李娣，2017）。三是建立针对区域财政资金的监督机制。监督资金使用情况，协调本地区的财政政策，确保资金的使用与分配公平公正，推动公共服务建设确有成效，以及考察基金投资情况，同时还要保证城市群内欠发达地区公共服务水平差距缩小，还需要进行利益分享和利益补偿。

第三节　数据采集和数据分析

一　数据采集

（一）网络检索爬取数据

本书描述和分析城市群公共服务协同供给情况的基础数据来源于爬虫软件网络检索。以“成渝”“川渝”“公共服务”等为关键词，选择四川省人民政府网站和重庆市人民政府网站两个窗口，采用爬虫软件进行检索，甄选出截至2021年7月30日官方网站发布的相关新闻报道、公开信息和政策文件等资料共计1204份。为保证研究样本的完整性、全面性以及研究主体契合性，在对采集资料进行交叉去核和去重后，按照相关性原则和独立性原则，通过逐份阅读对文本资料进行筛选和梳理，最终选出346份相关文本资料作为成渝双城经济圈公共服务协同供给状况的典型样本与分析资料。

城市群内部地方政府之间合作关系的形成和合作模式主要通过合作协议来体现和推动，如各种合作框架协议、合作宣言、合作意见等，合作协议即代表了特定的关系资源配置，依托合作协议构建的合作关系能够促进信息和机会的互惠，降低机会主义风险，形成一系列彼此包容的偏好（Shapiro et al.，1992；Jones et al.，1997），为合作的地方政府提供社会收益。此类协议既包括有行政隶属关系的上下级政府间的纵向协议，也包括同级别地方政府之间或地方政府部门之间的横向协议，还可以是级别不同、互不统辖的地方政府或部门之间的斜向协议。因此，本书主要通过对地方政府间合作协议作为基本分析资料。

成渝地区双城经济圈这一区域概念是2020年1月中央财经委员会第六次会议首次提出，同年10月中共中央政治局召开会议，审议了《成渝地区双城经济圈建设规划纲要》，这是中央对西部地区发展规律和战略规划的进一步明确和聚焦。此前主要使用的是“成渝经济区”（2011年）和“成渝地区双城经济圈”（2015年）的区域概念。因此，我们收集资料时，采集了“成渝经济区”和“成渝地区双城经济圈”议题相关资料信息，预览其政策内容并进行甄别，最终形成具体可用的资料数据库。

（二）政策文本数据采集

本书梳理我国城市群发展变迁特征和趋势，所使用的政策文本来源于中国政府网站，在“政策文件库”这一子栏目，以“城市群”为关键词，搜索并整理获得与城市群相关的政策文件，其中国务院发布的政策84份，国家相关部委发布的政策42份，共计126份。

本书梳理成渝地区双城经济圈合作政策演进和合作管理，资料主要来源于国务院网站、四川省人民政府网站、重庆市人民政府网站、各地方政府门户网站、人民网、北大法宝数据库和各地方政府发布的政策文件，经过核对筛选和清洗，共获得有效信息约105条。

（三）统计数据收集

本书以成渝地区双城经济圈为案例进行论证分析，对于成渝地区双城经济圈行政区划概况、经济产业状况、人口流动分布的数据来源于2010年至2020年《四川统计年鉴》和《重庆统计年鉴》。成渝地区双城经济圈内各地方政府公共服务水平、公共服务供给能力和公共服务治理差异测度的基础数据来源于2010年至2020年相应区域统计年鉴或统计公报。

二 数据分析

（一）文本分析法

文本分析法是一种对文本进行由浅入深的比较、分析、综合、提炼，是一种定性和定量相结合的内容分析方法，最初应用于情报学和信息科学，逐渐发展成为现代社会科学领域的重要研究方法（文宏，2014）。文本分析法可以将质化数据进行量化，运用统计学理论及方法对分析单元出现的频数进行计量，运用数字或者图表的方式表达文本分析结果，用于揭示政策的演变历程、重点议题以及政策过程的主体合作网络等公共政策研究问题（黄萃、任弢、张剑，2015）。

成渝双城经济圈地方政府的协同治理政策文本集中体现了地方政府决策者的注意力在特定制度环境下的配置和分布，通过分析相关资料文本且将府际合作互动的各项具体行动进行编码，便能抽象出合作总体数量、结构特征与变动趋势，结合社会网络分析方法可以有侧重地剖析成渝双城经济圈地方政府在某一政策领域中合作选择的网络，反映成渝双城经济圈公共服务协同供给的基本情况。

为了更深入地了解成渝双城经济圈公共服务领域协同供给的现实状况，我们首先借助质性分析软件 NVivo 对收集到的政策文本信息进行编码与分析。政策文本内容通常会反映决策者对事物的价值判断及认知情形，可以借助 NVivo 软件对特定词汇或者句子出现的频数或频率来测量决策者注意力的配置，往往出现的频数或频率越大，表明决策者对其关注度越高。因此，本章采用 NVivo11 版本为工具对成渝双城经济圈地方政府合作协议等文本资料进行分析，可以更加便捷地对现有资料进行汇编，掌握公共服务领域成渝双城经济圈地方政府之间的协同侧重点及结构关系，便于后续评估协同治理效果。

根据研究主题预设编码节点，形成研究框架，对文本进行编码和分析。为保持数据的完整性，防止主要信息的遗漏，本书对研究文本采用逐行编码的方法，以句子作为最小单位将文本资料进行划分。对 79 份成渝双城经济圈协同供给文本资料逐句进行阅读，经过同类属性编码的不断合并与归纳最终形成了 6 个树节点，39 个子节点，参考点数值为 986 项，参考点为每个节点的编码频次，代表每个节点在原始文本资料中出现的次数，编码次数越多则代表地方政府的注意力配置越多。节点层次与参考点信息如表 1 – 2 所示。

表 1-2　　节点层次及参考点信息汇总

树节点	子节点	资料来源（份）	参考点（项）	编码举例
协同网络	协同城市	79	320	成都市
协同主体	政府	66	92	四川省政府办公厅会同重庆市政府办公厅
	企业、行业组织、商（协）会、产业联盟、创新联盟	22	32	支持产业联盟、创新联盟、行业组织、商（协）会等开展跨区域多领城合作
	公众	13	13	增进社会共识，激发公众参与
	研究机构	11	12	支持各类研究机构为内江全面融入成渝地区双城经济圈建设提供智力支撑
	党员干部	2	3	激励广大党员干部担当作为
	政协	3	3	发挥政协协商议政、民主监督作用
	群团组织	2	2	发挥工会、共青团、妇联等群团组织桥梁作用
	社会组织	1	1	遂宁市举办第九届志愿服务文化节暨川渝志愿服务助力城乡基层治理主题研讨活动
	人大	1	1	强化人大立法保障、工作监督和法律监督等职能
协同领域	审批联动	28	48	行政审批联动，加快现代产业体系建设
	服务共享	34	40	坚持联通双城，抓配套服务
	设施互通	15	21	加强交通基础设施建设
	事项通办	20	20	开设政务大厅“川渝通办”窗口
	环境共治	10	17	推动完善生态环境共保联治机制
	商务合作	13	15	倡议两地商（协）会和民营企业探索建立川渝区域性、行业性商会联盟
	市场共建	9	11	加快新都、九龙坡两地市场监管一体化合作
	创新改革	7	11	强化通道、产业、创新、生态等功能协作
	政法工作	5	7	自贡市与重庆市荣昌区签订政法合作协议
	税务协作	1	1	川渝税务 26 项重点协作任务全面落地
	统战工作	1	1	乐山武隆两地统战系统签订合作框
	气象合作	1	1	自贡綦江签订气象合作协议
	基层治理	1	1	加强交界地区城镇管理联动

续表

树节点	子节点	资料来源（份）	参考点（项）	编码举例
协同内容	社会保障及就业	15	19	推进养老、失业保险关系无障碍转移接续
	公共文化	8	10	健全完善公共文化服务供给服务网络
	医疗卫生	8	9	扩大成渝两地优质医疗资源覆盖广度
	基础教育	7	7	深化教育交流合作，共享优质教育资源
协同方式	签订合作协议	21	30	签署《推进区域协同发展战略合作协议》
	联合开展活动	23	27	自贡綦江两地开展市场监管一体化交流合作
	信息通办资源共享	24	26	贯彻落实一体化发展，推动遂潼信息共享
	联建产业合作园区	14	21	明确共建川渝合作荣隆工业园
	联合建立新区	12	16	川渝两省市共同批复设立川渝高竹新区
协同手段	合作协同机制	41	114	落实党政联席会议机制、常务副市（区）长协调会议制和发展改革部门常态化对接机制
	信息互通机制	17	19	推进跨市政务互通、信息共享
	宣传推介机制	4	4	两省市各地各部门（单位）要加强宣传引导
	工作考核机制	4	4	强化考核激励，定期开展督查考核、跟踪分析、效果评估
	示范引领机制	3	3	共同争取成渝区域一体化工业互联网平台试点
	合作共享机制	2	2	探索建立重大开放开发平台合作共建机制和合作项目成本共担利益分享机制
	资金保障机制	2	2	加大资金保障，充分利用各类资金渠道，整合各项资金，加强资金保障

此外，为便于后续交叉分析梳理成渝双城经济圈协同特征，将采集到的 79 份文本资料进行分类，在 NVivo 软件中赋予每一份文本特定的属性特征，总共划分了时间趋势、协同结构以及行政等级 3 个类属，其中时间趋势代表资料指向的成渝双城经济圈协同事件发生的具体时间点；协同结构分为双边和多边两个属性，若资料中的协同合作行为发生在两

个城市之间，则为双边，如若涉及多个城市间的协同合作，则归为多边；行政等级则代表不同行政级别城市间的协同合作，按照资料中的具体内容总共划分为了 6 个类属。资料来源的详细分类及赋值情况如表 1－3 所示。

表 1－3　　资料来源属性分类信息汇总

资料属性	属性分类	资料数量（份）
时间趋势	2012 年	1
	2016 年	1
	2018 年	5
	2019 年	2
	2020 年	53
	2021 年	17
协同结构	双边	48
	多边	31
行政等级	四川省—重庆市	30
	成都市—重庆市	1
	成都市—重庆的区市县	4
	四川的其他区市县—重庆的区市县	15
	四川的其他区市县内部	4
	四川省的其他区市县—成渝/川渝	25

为保证质性研究的信度与效度，研究者需要对文本资料进行独立编码，进一步探讨、修正每一个编码内容直至排查歧义编码项，并介入独立第三人进行审核排查。NVivo 中可以通过“编码比较查询”功能，通过比较不同研究者针对同样的文本资料所得出的编码，以衡量编码的可靠性。

通过邀请另一位编码人员对现有的文本资料进行编码，通过在编码比较查询中标记需要比较的节点，分别将两组编码人员的内容分配至 A/B 组中进行比对，发现两份编码的一致率均在 88% 以上，且 Kappa 系数均在 0.73—1。譬如随机选取协同内容树节点下的两组子节点编码：基础教育和医疗卫生，发现基础教育的 Kappa 系数为 0.95，百分比同意度为

96.3%，而医疗卫生的 Kappa 系数是 0.98，百分比同意度为 98.1%，说明编码具有较高可信度。

（二）社会网络分析法

社会网络分析法是 20 世纪 60 年代以来社会学大师怀特及其后继者伯曼、布里格和弗里曼等人，由数学中图形理论推导出来的一套数学分析方法。它能清晰地观察社会网络中行为主体之间的互动关系及其合作网络的结构特征，从而有效地对社会网络进行测量，通过研究网络中节点间关系，进而构建社会行动者之间的互动结构和确定行动者属性，以此发现个体在网络中所处的角色，或者网络的特征。发展至今，社会网络分析方法已经渗透到了公共管理学研究，有相当一部分学者将研究锁定在了城市间的合作关系，尤其是通过府际合作达成的区域网络关系，如危机事件中的合作关系、公共服务中的合作关系、公共资源治理中的合作关系等。

为了更深入地了解成渝双城经济圈公共服务领域协同供给网络状况，在质性分析软件 NVivo 对政策文本信息编码的基础上，采用社会网络分析软件 Ucinet 分析协同网络特征。Ucinet 网络分析集成软件包括一维与二维数据分析 Net Draw，还有正在发展应用的三维展示分析软件 Mage 等，可用于描述整个网络和网络中节点的位置，以及绘制网络结构图。本书运用 Ucinet 6 版本软件对成渝双城经济圈公共服务协同供给状况进行社会网络分析，测量网络密度、网络的度数中心度、中间中心度、接近中心度等，并且通过凝聚子群、核心—边缘结构分析和 Ucinet 加载的 Net Draw 绘图工具描绘成渝双城经济圈各地方政府间可视化的协作网络，测算公共服务领域协同水平及互动程度。

（三）统计模型分析法

本书最终回答的问题是我国城市群公共服务府际合作差异的主要影响因素是什么？我国城市群公共服务府际合作差异的形成机制是什么？基于研究目的和数据特征，采用更适用的负二项回归模型进行数据分析，并验证了主效应和调节效应。在泊松回归模型的基础上对负二项回归模型进行改进，在其条件均值中引入一个随机效应，在实际应用中可以有效解决计数数据的“过度分散”问题，提高估计效率。由于本书中不同城市间的公共服务合作协议和合作行动频次差异较大，且较多城市之间尚未形成合作协议或合作行动，存在数据“过度分散”的可能性。基于本书数据的 Vuong 统计量检验结果表明应使用标准负二项回归统计模型进行因果分析。

第四节 案例选取及描述

一 案例选取

我国的城市群格局主要包括：五个国家级城市群，即长江三角洲城市群、珠江三角洲城市群、京津冀城市群、长江中游城市群和成渝地区双城经济圈；九个区域性城市群，即哈长城市群、山东半岛城市群、辽中南城市群、海峡西岸城市群、关中城市群、中原城市群、江淮城市群、北部湾城市群和天山北坡城市群；六大地区性城市群，即呼包鄂榆城市群、晋中城市群、宁夏沿黄城市群、兰西城市群、滇中城市群和黔中城市群（方创琳，2014）。在五个国家级城市群中，成渝地区双城经济圈是我国宏观区域协调发展战略的重要布局，是西部地区经济社会发展的最重要载体，其核心城市重庆市和成都市是重要的国家级中心城市，并在全球城市体系的经济要素、信息资源和人口集聚中扮演着重要角色。因此，本书选取成渝地区双城经济圈为案例，对我国城市群公共服务协同供给特征、网络及生成机制进行实证研究。

成渝地区双城经济圈位于“一带一路”和长江经济带交汇处，地处四川盆地，东邻湘鄂、西通青藏、南连云贵、北接陕甘，是我国西部地区发展水平最高、发展潜力较大的城镇化区域，是西部陆海新通道的起点，具有连接西南西北，沟通东亚与东南亚、南亚的独特优势。2019 年，其总面积为 18.5 万平方公里，常住人口 9600 万人，地区生产总值近 6.3 万亿元，分别占全国的 1.9%、6.9% 和 6.3%。[①] 而在成渝地区双城经济圈中，成都和重庆市主城都市区占据了整体中约 26.08% 的人口和 42.14% 的地区生产总值，同时这两者也是人口密度最高、净流入人口最多的城市，因此成都和重庆市主城都市区是成渝地区双城经济圈中绝对的核心城市。2021 年 10 月 21 日，中共中央、国务院印发的《成渝地区

---

① 新华社：《中共中央 国务院印发〈成渝地区双城经济圈建设规划纲要〉》，新华社，2021 年 10 月 21 日，http://www.gov.cn/zhengce/2021-10/21/content_5643875.htm。

双城经济圈建设规划纲要》发布。纲要提出成渝地区双城经济圈在国家发展大局中具有独特而重要的战略地位，要强化重庆和成都中心城市带动作用，推动成渝地区形成有实力、有特色的双城经济圈，打造带动全国高质量发展的重要增长极和新的动力源。

成渝地区双城经济圈源自中央财经委员会第六次会议做出的重大决策，继《成渝地区双城经济圈发展规划》《深化川渝合作深入推动长江经济带发展行动计划》《深化川渝合作推进成渝地区双城经济圈一体化发展重点工作方案》等一系列文件颁布后，在《成渝地区双城经济圈建设规划纲要》中其发展战略和功能定位得到进一步明确，并在《中共中央关于制定国民经济和社会发展第十四个五年规划和二〇三五年远景目标的建议》中被列为推进新型城镇化、建设现代化都市圈的重要样本，充分体现了成渝地区双城经济圈协同发展、交流合作进一步深化的重大趋势，也表明其日渐成为我国城市群发展的新典范。

根据《成渝地区双城经济圈发展规划》，成渝地区双城经济圈的具体范围主要包括重庆市的中心城区及万州区、涪陵区、綦江区、大足区、黔江区、长寿区、江津区、合川区、永川区、南川区、璧山区、铜梁区、潼南区、荣昌区、梁平区、丰都县、垫江县、忠县等 27 个区（县）以及开州区、云阳县的部分地区，四川省的成都市、自贡市、泸州市、德阳市、绵阳市（除北川县、平武县）、遂宁市、内江市、乐山市、南充市、眉山市、宜宾市、广安市、达州市（除万源市）、雅安市（除天全县、宝兴县）、资阳市 15 个市。另依照惯常做法，将由渝中区、江北区、南岸区、九龙坡区、沙坪坝区、大渡口区、北碚区、渝北区、巴南区所共同组成的重庆市主城都市区视为一个城市，其是城市学和社会学意义上作为城市主体的重庆市，是将重庆视为一个由城乡二元体构成的城市意义上的一个地域范围，以此区别于行政意义上的重庆市。

二　案例描述

（一）成渝双城经济圈行政区划及规模等级

我国城镇行政等级体系一般分为六个层级：特别行政区、直辖市（首都和其他直辖市）、省区首府城市（计划单列市）、一般地级市、县级市、建制镇。成渝地区双城经济圈按照此种行政等级体系划分，共包括直辖市 1 个，副省级城市 1 个，一般地级市 14 个，县级市 17 个，乡镇及街道办事处 3754 个，主要行政单元如表 1－4 所示。

表 1－4　　成渝地区双城经济圈行政单元

省/市	省辖区/市辖区
重庆市	中心城区及万州区、涪陵区、綦江区、大足区、黔江区、长寿区、江津区、合川区、永川区、南川区、璧山区、铜梁区、潼南区、荣昌区、梁平区、丰都县、垫江县、忠县等 27 个区（县）以及开州区、云阳县的部分地区
四川省	成都市、德阳市、绵阳市、眉山市、宜宾市、广安市、达州市、乐山市、雅安市、自贡市、泸州市、内江市、南充市、资阳市、遂宁市 15 个市

资料来源：《成渝地区双城经济圈建设规划纲要》，2021 年 10 月 21 日。

1. 四川省行政区划的城市规模等级

成渝地区双城经济圈中归属四川省行政区划的包括 1 个副省级城市、14 个一般地级市、118 个县（市、区），3012 个乡、镇、街道办事处。

根据国务院于 2014 年发布的《国务院关于调整城市规模划分标准的通知》（国发〔2014〕51 号），我国城市规模划分标准以城区常住人口①为统计口径，将城市划分为五类七档：小城市、Ⅰ型小城市、Ⅱ型小城市、中等城市、大城市、Ⅰ型大城市、Ⅱ型大城市、特大城市、超大城市（见表 1－5）。

表 1－5　　成渝地区双城经济圈四川区划内城市城区人口和常住人口数量　　（万人）

地区	成都	自贡	泸州	德阳	绵阳	遂宁	内江	乐山
城区人口（2018 年）	1194	154	218	186	255	160	182	169
常住人口（2020 年）	2094	249	425	346	487	281	314	316

① 《国务院关于调整城市规模划分标准的通知》对城区和常住人口的界定为：“城区是指在市辖区和不设区的市，区、市政府驻地的实际建设连接到的居民委员会所辖区域和其他区域。常住人口包括：居住在本乡镇街道，且户口在本乡镇街道或户口待定的人；居住在本乡镇街道，且离开户口登记地所在的乡镇街道半年以上的人；户口在本乡镇街道，且外出不满半年或在境外工作学习的人。”

续表

地区	南充	眉山	宜宾	广安	达州	雅安	资阳	
城区人口（2018 年）	310	138	226	136	260	72	107	
常住人口（2020 年）	561	296	459	325	539	143	231	

资料来源：城区人口数据来源于 2019 年《四川统计年鉴》；常住人口数据来源于《四川省第七次全国人口普查公报（第二号）》。

从成都都市圈城区常住人口数量来看，其中城区常住人口 50 万以上 100 万以下的中等城市有 1 个，即雅安；城区常住人口 100 万以上 300 万以下的Ⅱ型大城市有 12 个，分别是自贡、泸州、德阳、绵阳、遂宁、内江、乐山、眉山、宜宾、广安、达州、资阳；城区常住人口 300 万以上 500 万以下的Ⅰ型大城市有 1 个，即南充；城区常住人口 1000 万以上的超大城市有 1 个，即成都。总体情况见表 1－6 所示。

表 1－6　成都都市圈城市规模等级

城市规模	数量（个）	城市
超大城市	1	成都
Ⅰ型大城市	1	南充
Ⅱ型大城市	12	自贡、泸州、德阳、绵阳、遂宁、内江、乐山、眉山、宜宾、广安、达州、资阳
中等城市	1	雅安

资料来源：2019 年《四川统计年鉴》。

2. 重庆市行政区划的城市规模等级

2019 年成渝地区双城经济圈中的重庆都市圈共包括 29 个行政区县，742 个乡、镇、街道办事处。其中，市辖区 25 个，分别是：渝中区、万州区、黔江区、涪陵区、大渡口区、江北区、沙坪坝区、九龙坡区、南岸区、北碚区、綦江区、大足区、渝北区、巴南区、长寿区、江津区、合川区、永川区、南川区、潼南区、铜梁区、荣昌区、璧山区、梁平区、开州区；市辖县 4 个，分别是：丰都县、垫江县、忠县、云阳县。各城市常住人口数量如表 1－7 所示。

表1-7　　成渝地区双城经济圈重庆区划内城市城区人口和常住人口数量

（万人）

地区	主城都市区	万州	黔江	涪陵	长寿	江津	合川
城区人口（2018年）	565	73	23	51	39	72	74
常住人口（2020年）	2112	156	49	112	69	136	125
地区	永川	南川	綦江	大足	璧山	铜梁	潼南
城区人口（2018年）	52	29	61	51	34	40	40
常住人口（2020年）	115	57	101	83	76	69	69
地区	荣昌	开州	梁平	丰都	垫江	忠县	云阳
城区人口（2018年）	42	63	37	25	41	32	46
常住人口（2020年）	67	120	65	56	65	72	93

资料来源：城区人口数据来源于2019年《重庆统计年鉴》；常住人口数据来源于《重庆市第七次全国人口普查公报（第二号）》。

根据国务院于2014年发布的《关于调整城市规模划分标准的通知》，重庆都市圈中城区常住人口20万以上50万以下的Ⅰ型小城市有12个，即黔江、长寿、南川、璧山、铜梁、潼南、荣昌、梁平、丰都、垫江、忠县、云阳；城区常住人口50万以上100万以下的中等城市有8个，分别是万州、涪陵、江津、合川、永川、綦江、大足、开州。另外，由渝中、江北、南岸、九龙坡、沙坪坝、大渡口、北碚、渝北、巴南构成的主城都市区，可以视为城区常住人口500万以上1000万以下的特大城市1个。总体情况如表1-8所示。

表1-8　　重庆都市圈城市规模等级

城市规模	数量（个）	城市
特大城市	1	主城都市区
中等城市	8	万州、涪陵、江津、合川、永川、綦江、大足、开州
Ⅰ型小城市	12	黔江、长寿、南川、璧山、铜梁、潼南、荣昌、梁平、丰都、垫江、忠县、云阳

资料来源：2019年《重庆统计年鉴》。

总体而言，从表 1－9 中可以看出，成渝地区双城经济圈共计拥有Ⅰ型小城市 12 个、中等城市 9 个、Ⅱ型大城市 12 个、Ⅰ型大城市 1 个、特大城市 1 个、超大城市 1 个。其中，成都都市圈除雅安外均达到了大城市及以上的规模，各城市行政区划和规模等级分布相对均衡。而重庆都市圈的城市规模等级上相较于成都都市圈表现出较为显著的内部差距，规模等级涵盖了小城市、中等城市、特大城市，但总体上以小城市和中等城市为主，大城市仅有主城都市区 1 个，在所有城市中占比为 4.76%。

表 1－9　成渝地区双城经济圈城市规模等级

城市规模	数量（个）	城市
超大城市	1	成都
特大城市	1	重庆市主城都市区
Ⅰ型大城市	1	南充
Ⅱ型大城市	12	自贡、泸州、德阳、绵阳、遂宁、内江、乐山、眉山、宜宾、广安、达州、资阳
中等城市	9	雅安、万州、涪陵、江津、合川、永川、綦江、大足、开州
Ⅰ型小城市	12	黔江、长寿、南川、璧山、铜梁、潼南、荣昌、梁平、丰都、垫江、忠县、云阳

资料来源：2019 年《四川统计年鉴》、2019 年《重庆统计年鉴》。

（二）成渝地区双城经济圈人口产业分布

1. 人口流动特征

成渝地区双城经济圈位于我国西部地区，由于其综合发展水平相较于周边地区存在显著领先优势，从而形成了对周边人口的巨大虹吸效应，因此成为我国西部人口分布最密集的城市群区域。成渝地区双城经济圈的人口分布与其地形地貌存在密不可分的联系，具体而言，成都都市圈和重庆都市圈的人口空间布局又存在明显的差异。四川地区地势西高东低，由西北向东南倾斜，地形复杂多样，西部为川西高山高原和川西南山地，东部为四川盆地和盆缘山地，因此位于四川东部地区的成都都市圈是四川省的主要人口聚集地；重庆地貌以山地、丘陵为主，其中山地是重庆最主要的地貌分布，而重庆南北分别依靠武陵山和大巴山，使重庆形成了中部地势较低、高低不平的地貌，并导致重庆都市圈呈现出以重庆主城区为中心的人口聚集现象。总而言之，成渝地区双城经济圈的人口分布以成都和重庆这两大极核城市为中心，其中两地的地形地貌是影响人口空间布局的重要因素。

城市人口密度是衡量人口聚集程度最重要的指标。以城市为单位，成都都市圈的人口更为密集，其中人口密度最大的是成都市，具体情况如表 1 - 10。2018 年成都市年末常住人口为 1633 万人，人口密度为 1139 人/平方公里，内江和自贡分别以 687 人/平方公里和 667 人/平方公里紧随其后。排在第一位的成都市与排在第二位的内江市的人口密度相差近 1 倍，是排在最后一位的雅安的人口密度（102 人/平方公里）的 11 倍。除了人口密度最高的成都外，其他城市的人口密度差距相对较小，说明成都都市圈中除成都外的其他城市人口空间布局相对均衡。而在重庆都市圈中也存在较为相似的人口空间布局规律，即人口密度最高的主城都市区（人口密度为 1597 人/平方公里）与人口密度最低的丰都（203 人/平方公里）数值相差近 8 倍，而重庆城市圈内的其他城市人口密度数值差异不大。总体而言，成渝地区双城经济圈存在较为明显的人口聚集规律，即多数人口聚集在成都、重庆市主城都市区这两大极核城市，而其他城市的人口聚集程度差异不大。

表 1 - 10　　2018 年成渝地区双城经济圈人口密度　　（人/平方公里）

地区	成都	自贡	泸州	德阳	绵阳	遂宁	内江	乐山
人口密度	1139	667	353	600	240	602	687	257
地区	南充	眉山	宜宾	广安	达州	雅安	资阳	
人口密度	516	418	343	511	345	102	437	
地区	主城都市区	万州	黔江	涪陵	长寿	江津	合川	永川
人口密度	1597	477	200	398	604	434	602	723
地区	南川	綦江	大足	璧山	铜梁	潼南	荣昌	开州
人口密度	227	400	550	820	544	454	669	298
地区	梁平	丰都	垫江	忠县	云阳			
人口密度	344	203	461	338	255			

资料来源：2019 年《四川统计年鉴》、2019 年《重庆统计年鉴》。

城市人口净流入数量能够有效体现城市间人口流动的情况，其主要通过对比城市的年末户籍总人口数和年末常住人口数计算得出，有助于进一步分析城市群的人口空间布局。结合表1－11和表1－12可以看出，2018年成渝地区双城经济圈中仅有成都市和重庆市主城都市区能够实现净流入人口超过150万人，其他多数城市人口净流入为负值，少数城市能够保持正向较小数量的人口净流入或人口净流入数量接近0，这表明成都和重庆市主城都市区是成渝地区双城经济圈中绝对的极核城市，同时也体现了两大城市群内其他城市存在较为明显的人口流出户籍地的现象。具体而言，重庆市主城都市区无论从净流入人口绝对数还是净流入人口占户籍人口比重来看，都明显高于成都市，可以认为重庆市相较于成都市对外来人口吸引力更大。同时比较成都都市圈和重庆都市圈不难发现，在除了成都和重庆市主城都市区两大极核城市外，成都都市圈中的其他城市比重庆都市圈中的其他城市人口流出绝对数更大，其主要原因是成都都市圈中的各城市人口规模整体上明显大于重庆都市圈中的城市。而从流出人口占户籍人口比例来看，成都都市圈中除成都和雅安外的其他城市流出人口比重较为相近，呈现出相似的人口流出规律。而重庆都市圈中不同城市的人口流出情况存在较大差异，其中少数城市能保持较小的正向数值净流入人口或净流入人口接近0，而多数人口流出的城市之间的人口流出比重分布不均匀，有的城市人口流出较多，有的城市人口流出较少，其中以忠县、璧山区、丰都县、云阳县人口流出现象最为严重。但需要注意的是，成渝地区双城经济圈中成都和重庆这两大极核城市对人口的虹吸效应主要吸引了来自其周边地区和城市的人口，这一点与京津冀、长三角等其他城市群对更大地理范围的人口具有吸引力的情况有所不同。

表1－11　2018年成渝地区双城经济圈各城市人口净流入规模　（万人）

地区	主城都市区	万州区	黔江区	涪陵区	綦江区	大足区
净流入人口	184.77	－8.55	－7.14	2.20	－10.10	－28.55
地区	长寿区	江津区	合川区	永川区	南川区	潼南区
净流入人口	－2.90	－10.57	4.22	0.10	－8.38	－22.69

续表

地区	璧山区	铜梁区	荣昌区	梁平区	丰都县	垫江县
净流入人口	10.39	-12.54	-13.00	-26.86	-22.38	-28.08
地区	忠县	开州区	云阳县	成都市	自贡市	泸州市
净流入人口	-23.00	-50.45	-44.49	154.90	-30.40	-77.30
地区	德阳市	绵阳市	遂宁市	内江市	乐山市	南充市
净流入人口	-32.30	-50.30	-45.20	-41.90	-23.80	-84.70
地区	眉山市	宜宾市	广安市	达州市	雅安市	资阳市
净流入人口	-46.00	-96.70	-138.10	-93.80	0.70	-94.90

注：负数表明净流入人口为负数，即该城市为人口流出地。

资料来源：2019 年《四川统计年鉴》、2019 年《重庆统计年鉴》。

表 1-12　2018 年成渝地区双城经济圈各城市净流入人口占户籍人口比重

地区	主城都市区	万州区	黔江区	涪陵区	綦江区	大足区
比重	26.53%	-4.93%	-12.81%	1.92%	-10.90%	-26.57%
地区	长寿区	江津区	合川区	永川区	南川区	潼南区
比重	-3.25%	-7.08%	2.78%	0.09%	-12.21%	-23.81%
地区	璧山区	铜梁区	荣昌区	梁平区	丰都县	垫江县
比重	15.96%	-14.73%	-15.29%	-28.99%	-27.41%	-28.91%
地区	忠县	开州区	云阳县	成都市	自贡市	泸州市
比重	-23.38%	-29.92%	-33.16%	10.48%	-9.43%	-15.17%
地区	德阳市	绵阳市	遂宁市	内江市	乐山市	南充市
比重	-8.35%	-9.38%	-12.37%	-10.17%	-6.79%	-11.62%
地区	眉山市	宜宾市	广安市	达州市	雅安市	资阳市
比重	-13.36%	-17.51%	-29.88%	-14.09%	0.46%	-27.42%

资料来源：2019 年《四川统计年鉴》、2019 年《重庆统计年鉴》。

2. 产业结构特征

城市群的发展一定是始于极核城市的率先崛起，成渝地区双城经济圈同样如此。而极核城市的崛起则起步于其主导核心产业的发展。一般而言，主导产业的发展会带动相关产业链上下游产业发展，整个产业链的成熟又会带动其他产业部门发展，调整城市群的产业结构，在更大范围内加强对经济要素的聚集与扩散效应，最终促进区域整体发展。总体而言，产业是城市群发展的支撑，是人口集聚的保障。由产业发展催生的结构演进会巩固城市群的发展势头，因此有必要深入探析成渝地区双城经济圈产业空间布局，从而更好地推动其城市群发展。

从地理分布上来看，当前成渝地区双城经济圈的整体产业发展相较于东部沿海地区依然存在较为显著的差距，主要原因在于，长期以来成渝地区双城经济圈的产业发展存在较强的资源和环境依赖，区域要素对产业集聚的限制作用明显，导致产业结构相对较为单一，尤其是资源型工业企业，面临资源枯竭、生态破坏等环境问题，呈现出产业转型困难、产业空心化等问题，制约成渝地区双城经济圈产业良性发展。随着成渝地区双城经济圈产业规划的调整和新兴战略产业的优化布局，成渝地区双城经济圈产业发展逐步走向多元化、层次化、整体化。

具体而言，从表1－13中体现的成渝地区双城经济圈各城市产业发展共同构成城市群产业结构的空间布局来看，仅有成都、重庆市主城都市区、万州、南川的第三产业占比不低于50%，其中最高的是重庆市主城都市区，其第三产业占比为65.99%。其他城市中绵阳和达州的第三产业占比明显超过第二产业（二者相差大于5%），自贡、内江、乐山、南充、眉山、黔江、合川、垫江、忠县、云阳的第二、第三产业占比较为接近（二者相差小于5%），剩下的城市产业结构大多表现为第二产业在GDP中占据主导地位。而具体将成都都市圈和重庆都市圈分开来看，成都都市圈的整体产业结构明显优于重庆都市圈，前者中的城市大多第二产业占比相较于第三产业更低或持平，少有第二产业占比明显高于第三产业的城市。而重庆都市圈中多数城市的第二产业占比明显超过第三产业，多数城市依然以第二产业为GDP的主要部分。整体上成都都市圈的产业结构空间分布更为均衡，而重庆都市圈的产业结构空间分布相对不合理，内部不同城市之间产业结构差异较大。其主要原因在于，长期以来重庆都以汽车和电子制造为支柱产业推动经济发展，导致其在产业转型升级过程中阻力更大，而成都都市圈中以成都为代表的部分城市较早地向以数字娱乐为代表的第三产业转型升级，从而导致了该现象的出现。总体而言，成渝地区双城经济圈中整体产业结构存在较大的内部差异，以极核城市为代表的大型城市产业结构更为合理，而次级城市的产业结构则有待进一步优化，不少中小城市仍以高耗能、高污染的传统制造业为支柱产业，城市发展与产业结构不匹配，同时还存在较为严峻的资源浪费、环境污染等问题。

表1-13　2018年成渝地区双城经济圈各城市三大产业占比情况

城市	主城都市区	万州区	黔江区	涪陵区	长寿区	江津区
一产占比	1.17%	7.57%	9.46%	6.07%	7.65%	10.32%
二产占比	32.84%	35.11%	44.03%	57.00%	51.10%	57.47%
三产占比	65.99%	57.32%	46.52%	36.93%	41.26%	32.22%
城市	合川区	永川区	南川区	綦江区	大足区	璧山区
一产占比	10.90%	7.35%	17.17%	11.23%	9.47%	5.46%
二产占比	45.17%	50.28%	32.89%	47.46%	53.79%	61.65%
三产占比	43.94%	42.37%	49.94%	41.31%	36.74%	32.89%
城市	铜梁区	潼南区	荣昌区	开州区	梁平区	丰都县
一产占比	9.35%	15.37%	9.70%	13.35%	13.15%	14.83%
二产占比	55.53%	52.69%	58.25%	46.87%	51.39%	46.97%
三产占比	35.12%	31.95%	32.05%	39.78%	35.46%	38.20%
城市	垫江县	忠县	云阳县	成都市	自贡市	泸州市
一产占比	14.24%	13.60%	17.21%	3.41%	10.77%	11.24%
二产占比	44.82%	45.42%	41.71%	42.47%	46.47%	52.09%
三产占比	40.93%	40.98%	41.08%	54.12%	42.76%	36.66%
城市	德阳市	绵阳市	遂宁市	内江市	乐山市	南充市
一产占比	10.99%	13.08%	13.56%	15.53%	10.27%	19.04%
二产占比	48.38%	40.34%	46.28%	43.27%	44.69%	41.08%
三产占比	40.63%	46.58%	40.16%	41.20%	45.04%	39.89%
城市	眉山市	宜宾市	广安市	达州市	雅安市	资阳市
一产占比	14.85%	12.27%	13.88%	19.30%	13.28%	15.64%
二产占比	44.14%	49.68%	46.01%	35.73%	46.90%	47.59%
三产占比	41.01%	38.05%	40.11%	44.97%	39.82%	36.77%

资料来源：2019年《四川统计年鉴》、2019年《重庆统计年鉴》。

（三）渝地区双城经济圈合作演进

1. 中央及有关部门政策

在西部大开发战略推进中，中央及有关部门一直十分关注成渝地区的发展及其带动作用。在《“十五”西部开发总体规划》中，“以线串点，以点带面”的重点开发战略和建设重点经济区的措施成为研究重点，在此区域发展战略背景下，“成渝经济区”成为国家级概念，并纳入具有法律效力的国家规划。随着西部大开发战略的持续推进和城镇化水平的快速提升，成渝之间的合作越来越多，国家发改委相继出台政策文件，“成渝城市群”“成渝双城经济圈”的概念也随之接连出现。

早在 1997 年重庆直辖之际，四川省社科院学术顾问林凌教授在完成《成都平原经济区发展规划纲要》课题时就指出，“成都与重庆必须合作，建立以重庆和成都为两极的长江上游经济圈”。

2003 年，国家发改委宏观经济研究院的重点课题《协调空间开发秩序和调整空间结构研究》报告中提到，成都、重庆两大增长极经转化整合，可以成为一条巨大的增长轴，“迅速成为中国西部高速城市化地区、经济活跃地区和带动周边经济健康发展的地区”。

2003 年，中国科学院的研究报告《中国西部大开发重点区域规划前期研究》提出：“在未来 5 至 10 年内，要积极构建以成渝两大都市为中心、各级中心城市相互联系和合作的中国西部最大的双核城市群，形成西部大开发的最大战略支撑点，西部地区人口、产业、信息、科技和文化等集聚中心，长江上游经济带的核心。”这是在国家层面的报告中，第一次出现成渝经济区的概念。①

2004 年，国务院西部开发办规划组在《中国西部大开发中重点经济带研究》中指出：“长江上游经济带的空间布局特征是‘蝌蚪型经济带’，区域中心是成渝经济区。”

2005 年 9 月，国家发改委“十一五”规划课题《共建繁荣：成渝经济区发展思路研究报告——面向未来的七点策略和行动计划》报告完成。这是中央第一次对成渝经济区开展的专题研究。

---

① 《成渝经济区：西部经济新“引擎”》，《经济日报》，http：//paper. ce. cn/jjrb/html/2011 -04/20/content_148793. htm。

2006 年年底，国务院常务会议审议并原则通过的《西部大开发“十一五”规划》，明确提出要重点发展成渝经济区。同年 6 月，国家发展改革委、国务院西部开发办负责人在介绍西部重点区域发展将分 5 类推进时指出：成渝地区被列为率先发展的重点经济区。

2007 年 4 月，四川发改委联合向国家发改委上报《关于编制成渝经济区发展规划的请示》。同年 6 月，国家发改委在京组织召开《成渝经济区发展规划》编制前期工作启动会。

2008 年，国家发改委牵头成立《成渝经济区发展规划》编制协调指导小组和规划编制工作组，会同国务院有关部门和四川省、重庆市及有关研究单位共同完成。

2008 年，在国务院西部办颁发的《西部大开发“十一五”规划》中，提出重点建设成渝、关中—天水、北部湾等重点经济区，把其建设成为带动和支撑西部大开发的战略高地。

2010 年 7 月，国家发改委编制完成《成渝经济区区域规划》（征求意见稿）。同年 12 月，《成渝经济区区域规划》经国家发改委主任办公会审议通过，上报国务院审批。

2011 年 3 月 1 日，《成渝经济区区域规划》获得国务院原则通过。

2011 年 5 月 5 日，国务院常务会议正式同意批复《成渝经济区区域规划》。会议指出，在新形势下加快成渝经济区发展，对深入推进西部大开发，促进全国区域协调发展，增强国家综合实力，具有重要意义。要深化改革，扩大开放，优化空间布局，推动区域一体化发展，推进统筹城乡改革，提升发展保障能力，发展内陆开放型经济，构建长江上游生态安全屏障。

2012 年 2 月 20 日，国务院正式批复同意国家发展改革委组织编制的《西部大开发“十二五”规划》，该规划中提出支持成渝经济区等 11 个重点经济区率先发展，将“两江新区”“天府新区”列入重点城市新区，重庆、成都将被建设成为内陆开放型经济战略高地，这预示着成渝经济区的建设将迈入一个全新的发展阶段。

2016 年 3 月，基于培育发展成渝城市群，发挥其沟通西南西北、连接国内国外的独特优势，推动“一带一路”和长江经济带战略契合互动，有利于加快中西部地区发展、拓展全国经济增长新空间的考虑，国务院常务会议通过《成渝城市群发展规划》。

2016 年 4 月，国家发展改革委、住房和城乡建设部联合印发《成渝城市群发展规划》，明确建设引领西部开发开放的国家级城市群，赋予成渝两地的发展定位为：全国重要的现代产业基地、西部创新驱动先导区、内陆开放型经济战略高地、统筹城乡发展示范区、美丽中国的先行区。

2019 年 3 月 3 日，国家发展改革委制定并印发《2019 年新型城镇化建设重点任务》，明确将成渝城市群与京津冀城市群、长三角城市群和粤港澳城市群并列。

2020 年 1 月 3 日，中共中央总书记、国家主席、中央军委主席、中央财经委员会主任习近平主持召开中央财经委员会第六次会议。会议指出，推动成渝地区双城经济圈建设，有利于在西部形成高质量发展的重要增长极，打造内陆开放战略高地，对于推动高质量发展具有重要意义。会议强调，成渝地区双城经济圈建设是一项系统工程，要加强顶层设计和统筹协调，突出中心城市带动作用，强化要素市场化配置，牢固树立一体化发展理念，做到统一谋划、一体部署、相互协作、共同实施，唱好“双城记”。要加强交通基础设施建设，加快现代产业体系建设，增强协同创新发展能力，优化国土空间布局，加强生态环境保护，推进体制创新，强化公共服务共建共享。①

2020 年 4 月 3 日，国家发展改革委印发《2020 年新型城镇化建设和城乡融合发展重点任务》，从提高农业转移人口市民化质量、优化城镇化空间格局、提升城市综合承载能力、加快推进城乡融合发展等方面，提出了 28 项重点任务，包括编制成渝地区双城经济圈建设规划纲要。

2020 年 10 月 16 日，中共中央政治局召开会议，审议《成渝地区双城经济圈建设规划纲要》，会议指出，当前我国发展的国内国际环境继续发生深刻复杂变化，推动成渝地区双城经济圈建设，有利于形成优势互补、高质量发展的区域经济布局，有利于拓展市场空间、优化和稳定产业链供应链，是构建以国内大循环为主体、国内国际双循环相互促进的新发展格局的一项重大举措。

2021 年 10 月 20 日，中共中央、国务院印发的《成渝地区双城经济

---

① http：//www. cq. gov. cn/zt/cydqscjjq/jdxw/202001/t20200103_8811534. html.

圈建设规划纲要》发布。纲要提出成渝地区双城经济圈在国家发展大局中具有独特而重要的战略地位，要推动成渝地区形成有实力、有特色的双城经济圈，打造带动全国高质量发展的重要增长极和新的动力源。提出了推动成渝地区双城经济圈建设的9项重点任务，包括：构建双城经济圈发展新格局、合力建设现代基础设施网络、协同建设现代产业体系、共建具有全国影响力的科技创新中心、打造富有巴蜀特色的国际消费目的地、共筑长江上游生态屏障、联手打造内陆改革开放高地、共同推动城乡融合发展、强化公共服务共建共享。

2. 川渝地方合作实践

川渝联手共建紧密联系、分工协作的经济区，是川渝合作发展的重要载体和纽带。“成渝两个大城市各有特点，都是四川盆地以及西部地区的重要城市。”新中国在西南地区新建的第一条铁路就是连接成都和重庆的成渝铁路，之后，又修建了西南地区第一条高速公路成渝高速。①

1996年，重庆成为直辖市。虽然川渝两地行政区划分开，但两地合作的愿望一直在延续。

2001年12月20日，重庆市、成都市党政主要领导在重庆签订了《重庆—成都经济合作会谈纪要》，双方议定在科技、房地产、汽车、摩托车及零配件、商贸、旅游、教育等方面进行全面的交流与合作，并签订了一批经济合作项目，提出携手打造“成渝经济走廊”。②

在西部大开发战略实施过程中，这种合作上升为两地决策层的共识。

2004年2月3日，川渝签署“1+6”合作协议，四川省在成都签署《关于加强川渝经济社会领域合作共谋长江上游经济区发展的框架协议》和交通、旅游、农业、公安、文化、广播电视6个方面的具体协议，标志着整个四川成渝经济区建设，进入一个崭新的历史阶段。

2007年4月3日，四川省和重庆市在成都共同签署了《关于推进川渝合作、共建成渝经济区的协议》，提出打造中国经济增长“第四极”的

① 《成渝经济区：西部经济新“引擎”》，《经济日报》，http：//paper. ce. cn/jjrb/html/2011-04/20/content_148793. htm。

② 《区域经济合作推动大西南经济迅猛发展》，新浪网，https：//finance. sina. com. cn/o/20020905/1556251084. html。

目标。双方一致认为，川渝联手共建紧密联系、分工协作的经济区，是川渝合作发展的重要载体和纽带，有利于保障国家经济、生态安全，有利于两省市互利共赢、共同发展。依照协议，双方依托良好的资源条件和产业基础，以重庆、成都两个特大城市为龙头，共同将成渝经济区建成国家新的增长极。该协议是有关成渝经济区建设的最重要的标志性文件，也是最具指导性和现实性的双边合作协议，不仅确定了“成渝经济区”的地理范围，确定建立统一的工作和协调机制，还就基础设施建设、一体化市场体系、产业协作、共建生态屏障等合作目标和主要措施达成框架性协议。

2007年4月，四川、重庆发改委联合向国家发改委上报《关于编制成渝经济区发展规划的请示》。

2008年10月，川渝两省市签署《关于深化川渝经济合作框架协议》，川渝两地按照协议规定加快合作步伐，并取得初步成效，合作渐入佳境。

2008年，成渝两地政府工作报告，都将建设成渝经济区列为今后五年重点推进的工作之一。

2015年5月21日，重庆市和四川省签署《关于加强两省市合作共筑成渝城市群工作备忘录》，决定将推动交通、信息和市场三个“一体化”。

2018年6月6日至7日，四川省党政代表团赴重庆市学习考察。其间，川渝签署《深化川渝合作深入推动长江经济带发展行动计划（2018—2022年）》和12个专项合作协议。

2019年7月9日至10日，重庆市党政代表团来川考察。双方签署了“2+16”个协议（方案），将全面合作向纵深推进。“2”指《深化川渝合作推进成渝城市群一体化发展重点工作方案》《关于合作共建中新（重庆）战略性互联互通示范项目“国际陆海贸易新通道”的框架协议》，“16”指15个专项工作方案（协议）和1个《共建合作联盟备忘录》。

2020年3月17日，以视频会议形式，召开推动成渝地区双城经济圈建设四川重庆党政联席会议举行第一次会议。重庆市委书记陈敏尔主持会议并讲话，四川省委书记彭清华讲话。①

2020年4月15日，中国共产党重庆市第五届委员会第八次全体会议

① http：//www. cq. gov. cn/zt/cydqscjjq/jdxw/202003/t20200318_8811556. html.

召开，审议通过《中共重庆市委关于立足“四个优势”发挥“三个作用”加快推动成渝地区双城经济圈建设的决定》。①

2020 年 7 月 10 日，中国共产党四川省第十一届委员会第七次全体会议通过《中共四川省委关于深入贯彻习近平总书记重要讲话精神　加快推动成渝地区双城经济圈建设的决定》。

2020 年 7 月 22 日，四川省人民政府办公厅与重庆市人民政府办公厅签署《关于协同推进成渝地区双城经济圈“放管服”改革合作协议》。明确了“服务联办、监管联合、数据联享、人员联训、机制联动”5 大类 24 项重点工作任务。

2020 年 10 月 30 日，四川省人民政府办公厅、重庆市人民政府办公厅联合发布《关于印发川渝通办事项清单（第一批）的通知》。清单涉及公安、民政、人力资源、市场监管、住房城乡建设、卫生健康、药品监督管理等 15 个部门的政务服务事项。聚焦企业群众需求，包括居民身份证换领、电子监控违法处理、电子社会保障卡签发、企业设立登记、执业药师注册等 95 个政务服务事项。②

2020 年 12 月 14 日，以视频会议形式，召开推动成渝地区双城经济圈建设重庆四川党政联席会议举行第二次会议。重庆市委书记陈敏尔主持会议并讲话，四川省委书记、省人大常委会主任彭清华出席会议并讲话。③

2021 年 3 月 2 日，《四川省人民政府办公厅　重庆市人民政府办公厅关于印发〈成渝地区双城经济圈“放管服”改革 2021 年重点任务清单〉〈川渝通办事项清单（第二批）〉的通知》（川办发〔2021〕10 号）。第二批川渝通办事项为 115 项，将统一在 2021 年 10 月底前全部实现通办。115 项事项主要涉及公安、民政、司法、交通运输、商务、税务等 18 个部门（单位），包括办税、道路运输、医疗保障、残疾人证迁移变更等事项。同步印发的还有《成渝地区双城经济圈“放管服”改革 2021 年重点

---

① http：//www. cq. gov. cn/zt/cydqscjjq/jdxw/202004/t20200416_8811545. html.

② http：//www. sc. gov. cn/10462/10464/13298/13301/2020/11/4/0e1ef8178b2c4e0ea8cd175dda6f58c2. shtml.

③ http：//www. cq. gov. cn/zt/cydqscjjq/jdxw/202012/t20201215_8811533. html.

任务清单》，两省市将围绕健全协调联动机制、推进无差别政务服务、加强数据交换共享、强化跨区域协同监管、共同打造一流市场环境、加强两地交流培训等开展针对性的工作。①

2021 年 5 月 27 日，在重庆市永川区，召开推动成渝地区双城经济圈建设重庆四川党政联席会议举行第三次会议。重庆市委书记陈敏尔主持会议并讲话，四川省委书记、省人大常委会主任彭清华出席会议并讲话。②

2021 年 6 月 21 日，国家发展改革委、交通运输部联合印发《成渝地区双城经济圈综合交通运输发展规划》，提出构建安全、便捷、高效、绿色、经济的现代化综合交通运输体系，发挥综合交通对城镇化格局引导作用，有力支撑成渝地区双城经济圈建设。

① http：//qjd. sczwfw. gov. cn/art/2021/3/9/art_47865_141908. html.

② http：//www. cq. gov. cn/zt/cydqscjjq/jdxw/202105/t20210528_9339173. html.

第二章

理论分析框架

第一节　城市群治理特征演进

“城市是经济、政治和人民精神生活的中心，是前进的主要动力”（列宁，1958）。城市不是一个孤立、封闭的体系，它与邻近的区域和许多城镇有着密切的联系，每一个城市都是区域性城市群的一个重要组成部分，尤其是特大城市和超级城市及其所形成的城市之间和城市与区域之间，共同构成一个比较完整的有机整体（姚世谋，2016）。随着现代化、工业化和信息化进程的推进，城市间各种联系呈现网络化特征，区域基础设施和公共福利设施的建设不断向外延伸，使得城市实体边界迅速扩张且渐趋模糊，逐步形成了一种特殊区域。城市群形成的过程，也就是各个城市相互作用的过程。城市群治理也随着城市间相互作用、相互制约功能演进而面临新的治理情境和治理特征。

一　世界城市群治理特征演进

（一）基于空间布局的城市单元机械链接

19 世纪末 20 世纪初是城市群研究的萌芽时期。伴随西方工业化进程的推进，城市向乡村的拓展，城市形态发生演化，交通的便利加强了城市之间的联系，在交通节点上也更容易发展出新的城市。这一阶段是城市群概念萌芽期，强调空间规划和交通设施建设中的城市单元机械链接。

1898 年，英国城市学家霍华德出版《明日：一条通向真正改革的和平道路》（*Tomorrow：A Peaceful Path to Real Reform*）一书，主张将城市周边地域的城镇纳入城市规划范围，把城市和乡村的改造作为一个统一问题来处理，并提出城镇集群（Town Cluster）的概念。20 世纪初，英国的格迪斯在《进化中的城市》（*Cities in Evolution*）中运用区域综合规划的方法，提出城市演化的形态为城市地区（City Region）、集合城市（Conurbation）以及世界城市（World City），其中集合城市是指一方面城郊的疏散已经造成城市在更大范围的扩展，另一方面某些地方性要素如煤矿、铁路、公路、运河在空间上交织形成的节点，使工业集聚和经济规模进一步扩大（顾朝林，2011），也使城市发展明显地集中在这些地区。

几十年后，学者们从空间布局角度继续探讨城市群概念和内涵。1970 年，希腊学者杜克西亚斯（C. A. Doxiadis，1970）等对大都市区进行预测和解释，证实世界上许多地方出现的多个都市区沿着发展轴线扩展相连的事实表明，无论从形式还是功能上看，它们都与单个都市区有显著不同的特征（Daniels & P. W.，1991），是一种全新的地域空间组织形态，并大胆预测世界城市发展将形成连片巨型大都市区（Ecumunopolis）。我国学者也提出了“城市连绵带”（杨吾扬，1987）、“都市连绵区”（周一星，1991）和“城市综合体”（姚士谋，1992）的空间概念，强调城市扩张、现代化的交通工具、综合运输网的通达性和高度发达的信息网络，以及空间上的一体化。

（二）基于要素流动的城市单元有机组合

随着城市形态的演化，城市群发展由无序到有序，集聚效应更加明显，城市群内部城市间联系更为密切，沟通明显增强，城市群内要素的多样性与互动性，不仅有自然环境的因素，也有社会经济环境的因素，要素的流动与配置极大促进了城市群的发展，提升了其竞争力。20 世纪 50 年代城市群研究的重点转移到城市群内部的要素流动与整合，并致力于寻求城市群演进过程中不可或缺的影响因素。这一阶段成果主要从经济学视角展开，认为城市群的演进是经济作用的结果，发展城市群需要对城市群内部资源进行合理配置与整合，所以这一阶段重点在于经济要素与资源整合。同时这一时期有关城市群的理论开始逐渐丰富起来，有增长极理论、点轴发展理论和城市群发展阶段理论等。

1950 年，邓肯等在《大都市与区域》中首次引入城市体系（Urban System）的概念，并认为美国大城市诸如底特律、西雅图、达拉斯、亚特兰大等把区域经济相互联结成一个整体，这样可以更好地发挥区域优势，组织和进行专业化生产，进行区域分工和交换。一般认为现代城市群研究的鼻祖是法国学者戈特曼，他在1957年发表的论文《大都市带：美国东北海岸的城市化》中用“Megalopolis”这一名词指代他所研究的城市群对象，认为城市群是一个由地理位置上比较接近，社会经济联系十分密切，包括物流、人流、资金流、信息流及文化科技等方面交流众多城市组成的巨大的、多核心、多层次的城市群体。加拿大学者麦吉（McGee，1991）提出了“Desakota”，用来描述在亚洲大城市之间交通走廊地带的农村地区所发生的，以劳动密集型工业、服务业和其他非农行业迅速增长为特征的，商品和人流相互作用十分强烈的发展地区（Scott，1996）。在此基础上，麦吉将这类由数个通过交通走廊联系起来的“Desakota”所组成的巨大的地域组织命名为“Megaurhan Region”（MR），即超级都市区（江曼琦，2013）。

（三）基于服务功能的城市单元系统整合

城市群经过几十年的发展，其演进进程不再仅仅是工业产业集聚和经济作用力形成的结果，要素流动带来了生产生活结构和公共服务供给的调适，政府也在规划中参与进来，行使政府职能、制定区域政策，于是城市群发展过程中政府的角色日益重要、作用日益凸显。学界逐渐把城市群看作一个整体、一个系统、一个全新的城市形态和一个治理单元，内部需要进行功能组合和重塑，外部需要适应环境变化，因此城市群治理成为一个重要的研究主题，重点是城市群中各城市单元公共服务供给的系统整合。

从学者们提出的城市群概念和内涵可以看出，城市群内部城市之间的联系紧密已经成为共识，城市群是一个系统，学者关注城市群的功能性空间、城市群内部的功能性分工和职能、城市服务功能边界、城市群的区域结构、城市群发展规律等。

1965年美国学者弗雷德曼在《美国规划师研究》（*Journal of the American Institute of Planners*）发表《城市场》“The Urban Field”一文。他认为，城市场是一种着眼于未来的、理想的城市空间形式，是一个空间广阔的及由完善的社会经济联系网深化而成、有着相对低密度、广阔多节点（Multi-nodal）的区域结构，它包括城市居民巨大的生活空间或活动范围（Miller，1965）。日本学者提出以城市服务功能范围为边界的都市圈概念，并进行了大量的规划实践和研究（小林博氏，1968）。霍尔认为中国和欧洲的城市在21世纪将形成相同的特征，即出现巨型城市区域（Mega-city Region），在空间和职能上都不是单中心而是多中心的，由物质形态相互分离但功能上相互联系的10—50个城市（镇）集聚在一个或多个较大的中心城市周围，通过新的功能性劳动分工组织起来形成一个个不同的功能性城市区域（Function Urban Region，FUR），再被高速公路、高速铁路和电信电缆的“流动空间”联结起来的城市化区域（顾朝林，2011）。这种全新的城市形态，意味着全新的治理单元。

总结来说，现阶段城市群特征是：

第一，在经济全球化背景下和城市病自身难题困境下，城市群治理难度加大。与单个城市治理不同，城市群治理涉及跨区域治理问题，治理主体多元、治理对象多样、治理目标多层、治理过程复杂。经济全球化冲击着地方政府主动求变、应对挑战，于是地方治理兴起，产业化基础良好的城市之间纷纷建设城市群。同时城市自身规模盲目扩张，城市化进程中城市病问题凸显出来，与之配套的政策设计、资金支持、体制机制完善却暴露缺陷，城市群治理难度加大。

第二，城市群建设中政府主导作用越发突出。从国际趋势来看，政府开始有意识地介入城市群发展进程。前期政府注重科学规划和布局谋篇，确立城市群目标定位；中期政府发挥自身职能，给予城市群政策支持、资金支持，进行基础设施建设、公共服务投入、产业结构调整，同时还有政府监督；后期政府进行城市群综合评价和经验推广。总的来说，城市群建设发展进程，可供政府施展的空间越来越大，发挥的作用越来越重要。

第三，城市群治理重心从经济领域转向公共服务领域。城市间要素流动加速和空间交通便利是工业化产业化的结果，因此，城市群初期的价值定位是经济一体化和区域竞争力。随着城市群的发展，居民对于公共服务的需求快速增长，需求逐渐变得多样化、便利化和个性化。而城市群公共设施滞后、公共服务低效问题浮现出来，居民在城市与城市之间的公共服务感知落差感大。迫切需要满足城市群治理单元的公共服务需求和有效供给，推进跨地理空间、跨行政区划和跨行政等级的公共服务资源配置，城市群的价值定位也转变为实现公共服务一体化与均等化，实现优质公共服务共建共享。

第四，城市群建设需要深化府际合作。现阶段我国城市群建设中的主要矛盾之一就是公共需求的全面、快速增长与公共产品供应不足和不均衡之间的矛盾。一方面，城市人口不断涌入，造成核心城市生活体验下降以及管理难度提升，地方政府为吸引或留住更多公民与企业，就必须不断提升本地区的公共服务水平，另一方面，不同城市之间公共服务水平差距显著，协同发展动力不足（李磊等，2018）。一个地方政府的行为或政策选择始终会影响到毗邻的地方政府，这种割裂的地方政府竞争并不能有效解决服务供给的外部性和溢出效应（Feiock，2007）。城市群建设主体多元，城市群治理问题是任何一个单个主体都无法解决的。地方政府之间有共同体意识，地方政府之间相互依赖，一个地方政府的行为会给城市群内别的地方政府带来影响，因此府际合作具有现实的紧迫性。

二 中国城市群发展阶段及治理特征

西方城市群主要是产业链接和人口聚集推动的城市化演进，我国城市群建设在遵循产业发展规律的同时，宏观区域协调发展目标指导下的战略规划、制度设计和政策推动也很重要。本部分将关注我国城市群政策演化，基于国务院政策文件库检索政策文本，探究我国城市群建设的阶段性特征，梳理我国城市群发展变迁特征和趋势。本书所用政策文本来源于中国政府网站，通过在“政策文件库”这一子栏目，以“城市群”为关键词，搜索并整理获得与城市群相关的政策文件，其中国务院发布的政策 84 份，国家相关部委发布的政策 42 份，共计 126 份，具体年份分布如图 2－1 所示。

同时结合历次党代会报告、历年中央政府工作报告等相关政策文件中关于城市群建设、区域协调发展、一体化等内容的阐释，将我国城市群政策演进分为 2006 年以前、2001—2012 年、2013—2020 年和 2021 年四个阶段，运用 NVivo 分析软件进行文本编码，发现四个阶段共有的主题词为：保护、产业、城市、地区、发展、服务、建设、经济、企业、区域、设施、生态、水平、体系、政策和资源等。从以上 16 个一级编码的主题词中重点选取“城市、地区、服务、区域”这 4 个主题词进行政策

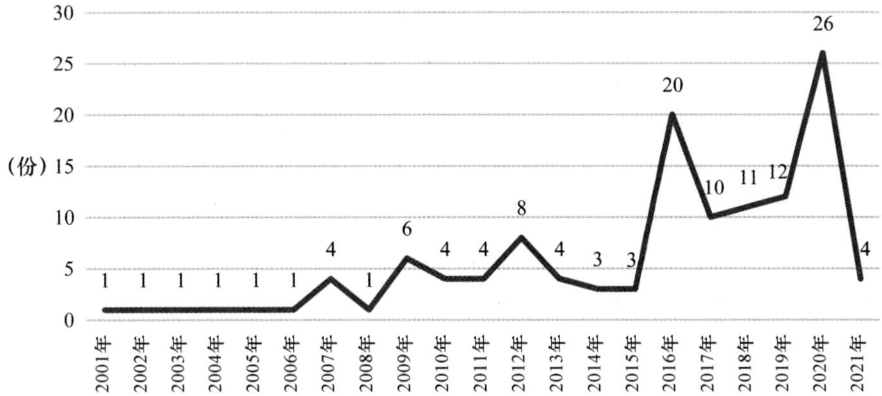

图 2-1 国家相关政策文本数量（2001—2021.03）

文本二级编码统计对比，进一步得到了四个阶段的治理特征。

（一）城镇化形态的城市群

我国城市群起源于改革开放后的城镇化建设，体现在建设经济特区，发展小城镇，区域内中心城市辐射带动地区经济发展。一方面依靠优越的地理位置和国家政策扶持，加上放开户籍限制，流动人口增加为东部沿海城市带来了丰富的劳动力，城市人口急剧增加，东部沿海地区城市迅速崛起，城市化进程加快。21 世纪初，出现了上海、北京、广州、深圳、天津等特大城市及其引领的长三角、京津冀和珠三角等城市群。另一方面是城镇化和城镇企业如火如荼开展，我国中小城市也得到了快速发展。2002 年，党的十六大报告提出要逐步提高城镇化水平，坚持大中小城市和小城镇协调发展。我国城镇化率到 2006 年提高到 43.9%。

在此阶段中央文件和国务院文件层面上还未将城市群看作战略发展方向，严格意义上的国家级城市群还未正式确立。

通过梳理文件，2006 年以前，“城市”政策关注的重点是应对人口激增、交通拥堵和环境污染等城市病困扰，该阶段出台的政策强调城市自身功能定位、总体规划、基础设施建设、经济发展和生态环境等。“地区”发展的重点在于对不同地理位置和资源禀赋地区发展规律的认识和重视均衡发展的强调。“区域”协调发展主要通过“编制区域规划”、“调整区域结构”和“区域产业布局”，提出了“区域经济协调”、“区域经济一体化”和“统筹区域发展”等治理理念。

这时期政策文件针对跨域的城市组合说法不一，有“经济带”“经济区”“城镇体系”“城镇带”“城市群”“城市带”“城市圈”等，含义模糊，相关概念之间界定相似。2006 年，“十一五”规划首次把城市群作为推进城镇化的主体形态，“要把城市群作为推进城镇化的主体形态”，对已形成城市群发展格局的区域、具备城市群发展条件的区域以及不具备城市群发展条件的区域分别做出规划。自此政府官方使用“城市群”来界定城市化的高级现象，学界针对城市群、都市圈、经济圈各种说法的辨析逐渐转向我国城市群的实践探究。

（二）区域协调战略下的城市群

我国城市前期缺乏整体统筹，混乱无序的城市发展造成了地区发展不平衡，区域差异加大，特大城市保持高增长速度的同时，出现了城市病现象，公共服务滞后，居民满意度下降。中央及各级政府意识到，应该抓紧“协调”地区平衡发展、推进城市有序发展。依托东部核心城市较早发展起来的城市群积累了关于城市群治理和府际合作的经验，地方政府之间联系开始紧密，共同面对城市跨域治理问题，开启了区域一体化之路。2007 年 10 月，党的十七大报告再次强调要走中国特色城镇化道路，促进大中小城市和小城镇协调发展。首次提出要培育新的经济增长极，形成以特大城市为依托的城市群。此后很长时间，国家都在致力于协调大中小城市均衡发展，协调全国整体均衡发展。

对于已经自发兴起的个别城市群，主要仍然由地方政府自己寻求发展空间，对于“一夜之间、遍地开花”的城市群，也是服从于国家地区协调发展战略，如中部崛起战略、西部大开发战略等。

2007—2012 年，“城市”政策开始关注城市对经济要素的聚集扩散功能，“城市辐射”“城市分工协作”“区域城市一体化”“枢纽城市作用”“中心城市地位”“中心城市功能”“中心城市建设”“中心城市作用”等集中出现在政策中，并使用了“城市圈”“城市群”“城市群内”等表述，聚焦“沿海城市群”“中原城市群”。“地区”政策对各类型地区发展的具体领域和实施路径进行了细化，且开始进一步强调地区发展中的“产业集聚”“产业升级”“产业转移”，以及在这一进程中，地区间“地缘关系”“合作发展”“合作规划”“交往”“互动平台”的推进等，且发展的重点在东部地区内部的产业、能源和资本等“合作”，对沿海地区、三角洲地区和长三角地区的要素流动做了详细的政策设计，西部“成渝地区”的发展战略规划也是重点之一。“区域”一体化发展关注体制改革，政策文件围绕“改革区域户籍”“改革区域调控”，推进“区域城市一体化”“区域信息一体化”“区域经济一体化”，加快“区域一体化进程”和提升“区域一体化水平”；大量政策强调创新“区域合作机制”“区域联动发展”“区域联动机制”，增强“区域合作交流”“区域合作空间”“区域互动合作”“跨省区域协作”“区域互认”等；合作领域也由“区域经济协作”扩展至“区域文化联动”“区域污染联防”“区域人才协调”等。

这个阶段，我国城市群治理特征主要有：

第一，按照国家战略规划，新兴城市群开启谋发展之路。这些城市群本身城镇体系不是很健全，主要在政府主导下通过区域发展政策提高自身影响力。

第二，建设具有国际竞争力的城市群。21 世纪初，在新的国际时代背景下，城市群参与全球竞争的重要性作用越来越凸显。有学者认为，21 世纪国际经济竞争的基本单位不是企业，也不是国家，而是城市群。城市群集中了区域绝大多数丰富且优质的资源，由核心城市到边缘城市扩散的辐射效应明显，突破原有传统行政层级规划，城市群之间的竞争日趋激烈，城市群的架构分工将影响到全球竞争力的格局，影响国家参与国际事务的地位。2002 年我国加入 WTO 后，对外开放程度加深，我国城市群建设很大程度上受到国际环境的影响。无论是发达国家还是发展中国家，各国都在加紧投入本国的城市群建设，谋求在国际竞争中的有利地位。

第三，地方政府仍以竞争为主。中央政策文件大部分针对各个城市群单独出台了相应政策，城市群与城市群之间没有破壁，造成我国单个城市群影响力和竞争力不够。另外，中央虽然出台政策建设城市群，但当时地方政府倾向于竞争而非合作，城市群内部地方政府之间合作意识不强，合作深度不够，大多是城市群内单个政府的碎片化治理，城市群建设进展缓慢。

第四，城市群治理领域主要是产业发展。“经济区”“经济一体化”

“产业结构”高频出现在政策文本中。这时期我国经济正在高速发展中，GDP 增速快，国家给予了城市群完善产业结构调整、进行社会主义市场经济体制改革、促进经济社会协调发展等目标要求（见表 2－1）。

表 2－1　　2007—2011 年重要政策性文件

文件	内容
2007 年党的十七大报告	建设中国特色城镇化道路，大中小城市和小城镇协调发展。
2008 年《国务院关于进一步推进长江三角洲地区改革开放和经济社会发展的指导意见》	进一步推进长江三角洲地区改革开放和经济社会发展，有利于推进区域经济一体化，提高自主创新能力和整体经济素质。加快发展现代服务业，努力形成以服务业为主的产业结构。走新型城市化道路，培育具有较强国际竞争力的世界级城市群。
2010 年《全国主体功能区规划》	我国首个全国性国土空间开发规划。构建以“两横三纵”为主体的城市化战略格局。将城镇体系比较健全，有条件形成具有全球影响力的特大城市群视为国家优化开发区域。形成环渤海、长江三角洲、珠江三角洲地区三个特大城市群、若干新的大城市群和区域性的城市群。
2011 年“十二五”规划	遵循城市发展客观规律，以大城市为依托，以中小城市为重点，逐步形成辐射作用大的城市群，促进大中小城市和小城镇协调发展。

资料来源：笔者根据资料整理获得。

（三）作为社会治理单元的城市群

2012 年 11 月 8 日，党的十八大报告强调科学规划城市群规模和布局，增强小城市和小城镇产业发展、公共服务、吸纳就业、人口集聚功能。2013 年第一次中共中央城镇化工作会议中指出城镇化是现代化的必由之路，要紧紧围绕提高城镇化发展质量，推进以人为本的城镇化。党的十九大报告明确提出要以城市群为主体构建中小城市和小城镇协调发展的城镇格局。国家开始大力推进城市群建设。依据前期经验借鉴，本着自然过程、实事求是、以人为本、高质量发展的原则，强调整体治理，行政区划不应该成为阻隔一体化发展的重大障碍。

2012—2020年，“城市”政策重点已是城市群治理，强调“城市包容性”“城市承载力”，提出了“城市治理能力和治理体系现代化”，大量政策聚焦“城市圈辐射”“城市群布局”“城市群集聚”“城市群人口”“城市群形态”“城市群示范”“都市圈城市”“都市圈内中心城市”“中心城市带动”“中心城市辐射”“核心城市”“长三角中心城市”等规律趋势判断、建设重点和功能发挥。“地区”发展强调通过“产业协同”“科技协同”“利益分享”“一体化发展”“合作组织”等实现产业优化，东部地区由“合作领域”扩展到“人才”“文化”“交通”“互联网”“医疗”等公共资源配置领域，合作主体增加了“社会”和“民间”等考虑；长三角地区强调“高校”“交通”等领域的“现代化”“协作”“一体化”；西部“成渝地区”的发展仍是重点之一。“服务”的大量政策文本强调“都市圈通勤服务”“搭建协作服务”“服务多元化供给”“服务合作机制”“服务供给能力”“服务共享”“服务一体化”“区域服务功能”“区域服务机制”“区域养老服务”等。

2012—2020年，“区域协同”是重点，提出“区域城市群”概念，“区域协同标准”“区域协同创新”“区域协同发展”“区域协同治理”“区域协作机制”等关键词高频出现在政策文本中；更加强调合作机制创新、合作框架明晰、合作组织运行和合作模式探索，政策文本集中于“跨界区域合作”“区域合作发展”“区域合作格局”“区域合作互助”“区域合作机制”“区域合作交流”“区域合作联动”“区域合作平台”“区域互利”等；合作领域包括“区域创新共同体”“区域环保协作”“区域环境协同”“区域交通一体化”“区域经济合作”“区域科研合作”“区域信息化一体化”“建设区域医疗”；构建“区域联动机制”，实现“区域联动发展”“区域联动共享”“区域联防联控”“区域联防联治”“区域联网联控”等；也出台了具体到成立“区域合作办公室”，突破“行政区域限制”和推进“行政区域协作”的相关政策；并以“长三角区域”为重点区域，出台了“长三角区域大气”“长三角区域合作”“长三角区域企业”“长三角区域通办”“长三角区域统一”“长三角区域一体化”的针对性政策。

除城市群自身具有的战略性价值外，我国内部也出现了新的治理情景：

第一，人口的流动性加快。2011 年，城镇化率超过 50%，城乡人口格局正在发生根本性变化。随着产业转移的加快、中西部城市群的发展，人口流动迁移呈现出新的特点。众多的人口涌向城市群和核心城市，城市群基础设施和公共服务供给成为难题，外来人口和本地居民混合管理加大了难度，农民工问题、城中村问题、外来人口生活就业边缘化问题等，城市群治理情况愈加复杂、城市病愈加显著，这些问题被纳入国家的顶层设计考量，以科学规划城市群发展。

第二，公共服务跨域协同迫切。城市群克服了单个城市在发展过程中资源不充分、规模不足的条件，城市与城市之间人、财、物及信息流快速流通，资源配置在更高行政层级体现，建立跨区域协调机制，推动资源整合，发挥协同效应尤显迫切。但现有科层制下的政府职能职责配置，地方政府大都按照现有条块关系管理本地公共事务、提供本地公共服务资源，信息分享和合作协同意愿弱、成本高且收益不明确。因此，从政府转变理念与职能来说，城市群层面的公共服务供给具有更大难度，政府需转变相关职能并提高服务水平，不仅城市群公共服务须得与产业经济蓬勃发展状况相适应，而且还要满足城市群住民多种多样的公共服务需求。

第三，原有的城市治理向城市群治理转化。城市群是全新的治理单元，联合国全球治理委员会（CGG）① 认为“治理”是指“各种公共的或私人的个人和机构管理其共同事务的诸多方法的总和，是使相互冲突的或不同利益得以调和，并采取联合行动的持续过程”。从治理的这一基本理念出发，审视不同层面公共事务的管理问题，已成为学术研究的一个普遍趋势，诸如全球治理、国家治理、区域治理、城市治理、社区治理等概念由此而生（盛广耀，2012）。城市群的可持续发展，需要处理好城市与城市、城市与城市群乃至城市群与城市群之间的关系，使彼此间的相互冲突的或不同利益得以调和，并采取联合行动解决某些公共问题。在此背景下，原有的城市治理也需要向区域治理、城市群治理转化（李娣，2017）。

这一阶段城市群建设除了延续之前强调的城市群作为主体形态、建设具有世界影响力的城市群、城镇化协调发展外，治理特征主要表现为：

---

① The Commission on Global Governance, *Our Global Neighbourhood*, Oxford: Oxford University Press, 1995.

第一，设立国家级城市群，中央层面逐一批复城市群发展规划。自2015年起，国务院共先后批复了10个国家级城市群，分别是：长江中游城市群、哈长城市群、成渝地区双城经济圈、长江三角洲城市群、中原城市群、北部湾城市群、关中平原城市群、呼包鄂榆城市群、兰西城市群、粤港澳大湾区。当前我国城市群发展存在大而不强、内部协调性欠佳、体制机制障碍等问题，在经济体量、经济效率、科技水平方面与世界一流城市群存有一定差距。国家通过设立国家级城市群，科学发展规划。

第二，中央层面批复地方政府行政区划调整。《国务院关于××城市总体规划的批复》集中在2016年和2017年。国家意识到城市群、都市圈发展中最重要的难题是中间横亘着行政区分割，资源局限在各自的行政区划里无法跳脱实现互联互通。行政区划调整要与城市群布局相适应，建设城市群交通网络，提高城市群内部协同发展水平。

第三，深入专业规划领域。从原先只注重经济领域，到后面将生态、基础设施、信息、文化、旅游、交通等各个方面都囊括在内，强调城市群的服务功能。如综合型通用机场建设、旅游城市群建设、城市群生态环境保护空间规划、新型智慧城市群建设等，治理层次和深度都有加深，体现以人为本的新型城镇化。

第四，建设具有中国特色的城市群。一方面，区别城市群与都市圈概念。城市群是新型城镇化主体形态，是支撑全国经济增长、促进区域协调发展、参与国际竞争合作的重要平台。都市圈是城市群内部以超大特大城市或辐射带动功能强的大城市为中心、以1小时通勤圈为基本范围的城镇化空间形态。另一方面，进行特色小镇建设。准确把握特色小镇区位布局，主要在城市群、都市圈、城市周边等优势区位或其他有条件区域进行培育发展。

第五，城市群前沿化基础设施建设，满足居民多样化需求。如发展燃料电池汽车、立体交通网络、推进科技创新、建设知识密集型战略性新兴产业集群。公共服务提供更加细致化、多样化、便利化，不断满足居民公共需求的快速增长。

第六，城市群建设体现了我国政府行政理念。地方上建设城市群或进行区域合作最重要的原则是服从国家重大战略、支持区域协调发展，科学归纳城市群规模和布局，目的还是建立以城市群为主体的新型城镇化格局。同时，这一时期有关城市群建设的一系列措施也体现了政府目前在进行“放管服改革”，包括区域一体化纳税缴税便利化改革、改进地区运输畅通审批监管流程、进行区域教育人才培养结构调整等机制（见表2-2）。

表2-2　2012—2020年区域发展战略重要政策文件梳理

文件	内容
2012年党的十八大报告	科学规划城市群规模和布局。
2012年《国务院关于大力实施促进中部地区崛起战略的若干意见》	重点推进太原城市群、皖江城市带、鄱阳湖生态经济区、中原经济区、武汉城市圈、环长株潭城市群等重点区域发展，形成带动中部地区崛起的核心地带和全国重要的经济增长极。
2014年《国家新型城镇化规划(2014—2020年)》	构建大中小城市和小城镇协调发展的“两横三纵”城镇化战略格局。
2016年《中华人民共和国国民经济和社会发展第十三个五年规划纲要》	明确提出城市群发展的各种措施。我国共规划建设19个城市群。优化提升东部地区城市群，建设京津冀、长三角、珠三角世界级城市群，提升山东半岛、海峡西岸城市群开放竞争水平。培育中西部地区城市群，发展壮大东北地区、中原地区、长江中游、成渝地区、关中平原城市群，规划引导北部湾、晋中、呼包鄂榆、黔中、滇中、兰州—西宁、宁夏沿黄、天山北坡城市群发展，形成更多支撑区域发展的增长极。
2016年《国务院关于深入推进新型城镇化建设的若干意见》	加快城市群建设。编制实施一批城市群发展规划，优化提升京津冀、长三角、珠三角三大城市群，推动形成东北地区、中原地区、长江中游、成渝地区、关中平原等城市群。推进城市群基础设施一体化建设。
2016年《国务院关于印发“十三五”国家信息化规划的通知》	支持特大型城市对标国际先进水平，打造世界级智慧城市群。
2016年《国务院关于印发国家人口发展规划（2016—2030年）的通知》	城市群集聚人口能力增强。完善以城市群为主体形态的人口空间布局，促进人口分布与国家区域发展战略相适应。
2017年党的十九大报告	以城市群为主体，构建大中小城市和小城镇协调发展的城镇格局。

续表

文件	内容
2017 年《国务院办公厅关于深化产教融合的若干意见》	适应以城市群为主体的新型城镇化发展，合理布局高等教育资源，增强中小城市产业承载和创新能力，构建梯次有序、功能互补、资源共享、合作紧密的产教融合网络。
2017 年《国务院关于印发全国国土规划纲要（2016—2030）的通知》	构建多中心网络型开发格局，推进建设国土开发集聚区。推动京津冀、长江三角洲、珠江三角洲等优化开发区域的协同发展。加速提升长江中游地区和成渝等重点开发区域集聚发展水平和辐射带动能力，适度扩大城市容量，密切城市群之间的联系。 分类引导城镇化发展。提升优化开发区域城镇化质量，将京津冀、长江三角洲、珠江三角洲等地区建设成为具有世界影响力的城市群。培育发展中西部地区城市群。
2019 年《生态环境部办公厅关于印发〈2019 年全国大气污染防治工作要点〉的通知》	深化京津冀及周边地区大气污染联防联控。持续推进长三角地区大气污染联防联控。加快完善汾渭平原大气污染防治协作机制。
2019 年《国家发展改革委关于培育发展现代化都市圈的指导意见》	以推动统一市场建设、基础设施一体高效、公共服务共建共享、产业专业化分工协作、生态环境共保共治、城乡融合发展为重点，培育发展一批现代化都市圈，形成区域竞争新优势，为城市群高质量发展、经济转型升级提供重要支撑。
2020 年《国家发展改革委关于印发〈2020 年新型城镇化建设和城乡融合发展重点任务〉的通知》	加快发展重点城市群。全面实施城市群发展规划。大力推进都市圈同城化建设。提升中心城市能级和核心竞争力。

资料来源：笔者根据资料整理获得。

（四）以人为本高质量发展的城市群

2020 年 10 月，在《中共中央关于制定国民经济和社会发展第十四个五年规划和二〇三五年远景目标的建议》中，国家整体布局是强调推进以城市群为主体、以县城为重要载体的城镇化建设。在百年未有之大变局和新发展格局下，规划不再强调建设具有国际竞争力的世界级城市群，不再强调经济一体化发展，反而更强调城市群发展质量和城市群给居民带来的宜居满意度，即公共服务供给能否满足公共需求的全面、快速增长。具体表现为：统筹推进基础设施建设，强调区域协调发展，推进以人为本的新型城镇化。

2021 年，城市群治理进一步明确和深入，强调“城市协调发展”“都市圈中心城市”“节点城市”“卫星城市”“中心城市”建设和功能发挥。“地区”发展进一步强调了“成渝地区”，突出“规划建设”，增强“通道能力”。

我国城市群目前存在基础设施不完善、发展不协调、公共服务供给低效低质滞后、居民满意度下降等阻碍。“十四五”规划之后出台的政府文件中，短短三个月，国务院办公厅、市场监管总局、文化和旅游部、科技部、交通运输部、医疗保障局、税务总局等部门有效针对城市群发展的几大问题给出了针对性的指导意见。大力开展质量基础设施“一站式”服务，面向企业、产业、区域特别是中小企业提供全链条、全方位、全过程质量基础设施综合服务；培育数字文化产业发展集聚区，扩大优质数字文化产品供给；加强革命老区与中心城市、城市群合作，共同探索生态、交通、产业、园区等多领域合作机制；试点省际普通门诊费用跨省直接结算服务，加快落实异地就医结算制度；创新推出便民办税缴费举措，着力提升纳税人缴费人满意度和获得感；建设现代化高质量综合立体交通网，加快提升城市群、都市圈交通承载能力（见表 2 -3）。

表 2 -3　　2020—2021 年区域发展战略重要政策文件梳理

文件	内容
2020 年《中共中央关于制定国民经济和社会发展第十四个五年规划和二〇三五年远景目标的建议》	推动区域协调发展……推进京津冀协同发展、长江经济带发展、粤港澳大湾区建设、长三角一体化发展，打造创新平台和新增长极。 推进以人为核心的新型城镇化……强化基本公共服务保障，加快农业转移人口市民化。推进成渝地区双城经济圈建设。推进以县城为重要载体的城镇化建设。 统筹推进基础设施建设……加快城市群和都市圈轨道交通网络化。

续表

文件	内容
2021年《国务院关于新时代支持革命老区振兴发展的意见》	对接国家重大区域战略。将支持革命老区振兴发展纳入国家重大区域战略和经济区、城市群、都市圈相关规划并放在突出重要位置，加强革命老区与中心城市、城市群合作，共同探索生态、交通、产业、园区等多领域合作机制。

资料来源：笔者根据资料整理获得。

以国内大循环为主体、国内国际双循环相互促进的新发展格局，有助于我国城市群建设朝着一体化程度更高、公共设施更完善、百姓生活更便利的方向发展。

我国城市群治理特征主要是：

第一，公共资源配置效率不高，城市间公共服务协同能力弱。我国社会主要矛盾已经转化为人民日益增长的美好生活需要和不平衡不充分的发展之间的矛盾。城市群是城市化的高级阶段，具有强大的魅力与吸引力，但我国城市群建设还没有发展成熟，几大城市群发展脉络规律并不明晰，我国城市群治理面临许多新任务新要求，针对城市群治理有利于不断发展和完善我国治理体系，彰显中国特色城市群治理。

第二，政府主导角色明显，地方政府治理能力逐渐增强。我国城市群呈现的特征是在政府主导下，通过不同时期的多个区域发展政策影响推动，呈现出梯次崛起的发展态势。政府通过前期城镇化经验吸取与借鉴，不断增强自身治理能力，对城市群规律的把握越来越科学系统。

第三，城市间合作不断推进，合作领域不断扩大，合作形式不断丰富。从共识意识方面来看，我国城市群内各行政主体间逐渐达成了合作共识，合作领域不断扩大，合作形式不断丰富。合作不只停留在政策文本上，各地合作实践活动逐渐增多。目前不仅强调经济一体化，还有“智慧城市群”“森林城市群”等新的发展领域。

第四，治理机制有待健全，城市群跨域合作有待规范。从制度设计层面来看，缺乏统一权威的机构对各政府主体间的权责关系进行划分并予以确认。从组织方式层面来看，缺乏构建政府主体之间利益协商和协调行动的组织平台。从政策操作层面来看，目前尚缺乏合适的政策工具以提供区域公共物品及公共服务。

第二节 城市群公共服务内涵及供给属性

一 城市群公共服务内涵

在城市群内进行公共服务的供给，有其特殊的内涵和要求，同样具有公共服务需求的偏好、拥挤效应、溢出效应。

（一）公共服务需求的偏好

蒂伯特（Tiebout）提出“用脚投票”理论，认为在社区之间税收体制相同、无溢出效用的假设下，居民可以根据各地方政府提供的公共产品和税收计算对当地的公共服务的收益及付出的税收成本，通过人口流动自由选择最能满足自己偏好的地方居住（Tiebout，1956），这样使得政府更加关注地方居民的公共需求。奥茨（Oates）发现地方房地产价值与实际房地产税（Property Tax）之间负相关，与每年花费在公共学校的学生身上的平均支出呈正相关，从而验证了蒂伯特“用脚投票”机制的存在（Oates，1969）。那么在蒂伯特学说的基础上，人们最终会选择到公共服务水平高的地区，或者在公共服务水平既定前提下税收负担相对较轻的地区居住，这种组合下地方政府在提供公共服务方面也更有效率（Oates，1972）。后来的很多学者以不同国家的经验数据检验了这一理论，表明公共服务水平与人口要素流动存在密切关系，公共服务也成为各级地方政府竞争的重要手段之一，这都影响着各级地方政府对公共服务的供给水平，地方政府为了吸引人口流动至此，会不约而同地关注地区居民的偏好（Daykm，1992；Turnbull & Djoundourian，1994；Binet，2003；Dahlberg et al.，2012）。

国内对“用脚投票”的研究兴起于20世纪，学者们对“用脚投票”理论是否适用于中国持不同观点。乔宝云等（2005）认为，在我国城乡二元户籍制度的背景下，“用脚投票”机制并不适用于我国。因为对于进城打工的劳动力来说，他们无法享受到与城镇户籍居民同等的公共服务，因此公共服务并不是影响他们流动的重要因素。丁维莉和陆铭（2005）则认为，在中国现有的教育财政体制的安排下，已经出现居民为了获得更好的教育资源变换居住地的情况，“用脚投票”机制同样适用于中国。

夏怡然和陆铭（2015）指出地方政府为获得更大本地利益而展开的税收竞争更多针对资本而非劳动力，因此“用脚投票”是否适用于中国仍有待验证。虽然理论上存在不同的争论，通过数据检验中国特殊背景下的“用脚投票”机制的经验研究仍相当缺乏，这也关系到公共服务的地区间均等化是否有利于缓解劳动力的区域集聚。

（二）公共服务需求的拥挤效应

根据布坎南（Buchanan）的准公共物品的概念，没有真正意义上的可以使全体成员同等获得的纯公共物品或服务，公共物品具有非竞争性，因此引入了混合物品—准公共物品的概念（Buchanan，2009）。其俱乐部理论解释了非纯公共物品的配置。在由个人偏好和禀赋相同的成员组成的俱乐部中，在初期随着人口的增加可能会提高单位准公共物品的利用率，并降低每个成员在准公共物品供给中所需负担的成本，此后，当使用人数超过一定规模后，成员增加则会导致人均获得公共物品服务水平下降，从而产生拥挤。因此，其中公共产品的最优供给量和俱乐部最优成员数的确定是两个重要因素。蒂伯特社区中人口是无限的，居民们可以通过自由迁移找到自己偏好的社区；而布坎南俱乐部的人口是有限的，成员数不能无限扩大，否则俱乐部成员的效用会达到最低。很多城市提供的公共物品，如文化、教育、卫生等具有俱乐部物品的性质，要获得这些服务需要一定的门槛限制，如户籍、居住买房等，那么随着居民人数的增加，会导致城市内同等服务水平的公共物品分摊价格上涨，则反映产生了拥挤效应，这种上涨的程度反映了公共物品拥挤效应的大小。

传统理论认为，居民跨地区自由流动会使地方公共服务供给实现帕累托最优，但当投资竞争中的资本流动带来地方财力的不足，也可能会带来地区间税收竞争的“囚徒困境”，进而影响地方公共物品的供给水平。同时考虑劳动力、资本两种要素的流动，地方的公共物品供给能力则不一定会下降（Kind et al.，2000；Fernandez，2005）。许多研究利用并发展了拥挤函数来测度地方公共物品拥挤性特征，其关键在于测量公共服务供给与需求量间的差别，理论上并没有一个定义拥挤函数的标准方法（Means & Mehay，1995），相对简单的形式可以理解为地方公共品的拥挤程度只取决于人口数（N）和拥挤系数（γ）。如果 γ 的估计值在 0 和 1 之间，则它表现为准公共产品，而系数越接近于 0，则说明其公共性越强；反之，则主要体现为私人产品性质。随着人口增长，人口密度提高，拥挤效应—外部不经济效应会加剧，政府面临公众要求补偿效用损失的社会压力被迫增加公众支出，财政负担加重。

中国地方公共服务供给特征的研究文献目前较多，地方公共服务供给存在显著的拥挤问题（王德祥、李建军，2008；付文林，2012），而且拥挤效应在较低层级地区（如村级）更大（Chen，2009），中国的财政体制不断转型，地区间公共服务供给的总量和结构都差距很大，户籍制度的一个重要作用就是控制地方公共服务的外部性，通过增加人口流动成本来保护本地居民的公共福利，但也使得地方政府有更方便的手段展开公共服务的歧视性供给。不仅会影响居民共享公共服务发展的福利成果，实际上还可能成为新的拉大地区经济差距的因素。城市群内供给的公共服务有多种类型，虽然有户籍政策的限制，但出于私人利益的争夺，在消费上突破了原有的行政区划的边界，由单个城市扩大到了整个区域内的成员范围，相比原来更加“拥挤”了。若公共服务的供给量没有符合消费群体的需求或者消费群体超过了最优规模，则公共服务效用降低，可能会引起居民不满而选择其他区域居住。因此，地方政府应该遵循公共物品供应的拥挤性原则，合理衡量需求水平确定公共服务的最优规模，尽量减小拥挤效应的负面作用。在研究地方公共品供需关系特征时，不仅要考虑本地区的户籍人口与地区最优公共品供给量之间的关系，还必须要兼顾人口跨地区流动因素所带来的影响。

（三）公共服务供给的溢出效应

公共产品在消费上具有空间限制性，决定了其服务对象和服务范围具有一定局限性。理论上，公共服务供给的促进作用有直接和间接两种机制。直接作用机制即公共服务供给具有积极促进经济发展的作用，保证了国民经济大蛋糕的公平公正分配，有利于提升全社会的福利水平，改善和优化城市化发展质量。间接作用机制是由于经济活动要素在空间交互，公共服务供给不仅对本地区产生积极影响，而且也会产生空间溢出效应。区域公共产品的受益范围大于根本受益方，向其他相关方扩散，或者地方政府的政策和措施给其他辖区居民带来利益或造成成本，即产生外部性。区域范围内的居民可以直接受益到公共产品的便利，如环境优化、交通便利、设施完善，对当地居民来说是无偿的好处。但在提高生活质量的同时，也存在某些区域内物价上涨、生活成本增加等不良效应。因此，居民必须承担其中无形的公共产品的转移成本。但总的来说，利大于弊。

由于城市群区域公共服务的溢出效应，再加上供给主体间存在多元化和错综复杂的利益关系，公共服务供给存在比较明显的“搭便车”现象。区域内地方政府在区域公共物品供给中往往囿于地方利益最大化，忽视区域整体效益的考量，从而在区域公共物品供给中倾向于“搭便车”的机会主义行为（王佃利、任宇波，2009），有的享受到区域整体提供的种种效益或者权利后，不尽自己对区域整体的义务，有的在此时此处享受到区域整体提供的效益或者权利后，没有在此时此处尽义务，而是在其他时间或地点尽了义务，使区域各主体缺乏合作动力，导致区域公共物品供给和区域治理的低效。

中国省以下地方政府的公共服务供给职能范围非常广泛，经济建设、行政管理、教育、卫生和公检法等服务都在地方财政支出中占有相当比重，而这其中的许多公共服务都具有准公共品性质，消费中的竞争性和排他性使得政府生产的公共品数量与居民实际消费的公共品数量通常存在差距，且这种差距往往和地区的人口密度有很大关联。虽然从理论上讲，大多数地方公共品都可通过排他制度实施选择性进入来防止“搭便车”行为，但不同的地方公共服务，降低甚至消除排他性的成本并不相同（Brito & Oakland，1980）。

一个地区的公共服务会受到周围地区公共服务溢出作用的综合影响。这种综合效应通过人口流动、户籍政策、经济社会发展水平等诸多因素产生作用且影响显著。各地方政府有跨域合作可能性，但在现行央地关系下，地方政府更倾向“搭便车”行为。

二　城市群公共服务供给属性

基于前文理论梳理和文献综述，本书将城市群公共服务供给属性归纳为融合性、系统性、协作性和网络性。具体而言：

（一）融合性：行政边界与功能边界重合

城市群是我国城市发展和区域演化的重要形态，也是我国区域发展的核心动力，区域公共物品供给困境主要是行政边界与功能边界张力带来的公共服务回应性障碍。与传统的行政区行政相比，城市群的演化遵循了市场运行机制，是资源要素流动聚集的空间选择，城市群的形成和生长涵盖了要素空间的公共利益，面临的是要素空间的公共问题，其公共服务回应的是跨行政边界的要素空间的功能性区域，而行政边界的分割和地方政府的利益偏好带来了现实中的“要素空间公共服务供给的碎片化、分散性和竞争性”。因此，随着城市群的成长，城市群公共服务供给需突破单位行政区划的刚性约束和政府治理行为框架的行政区划边界，行政边界与功能边界重合是城市群公共服务供给的基本治理框架。城市群治理需要冲破区域内部行政边界分割及相应的地方政府保护主义和利益竞争对城市群整体性功能的制约，尹来盛和冯邦彦（2014）就指出区域治理机制滞后，当城市化进程遇上刚性的辖区边界时，就会被动遇上新问题，即城市群治理功能边界的整体性和行政边界的分割化之间的矛盾。这一矛盾是世界各国城市群成长过程中普遍会遇到的一个问题，也是当前我国城市群治理正面临的一大问题。

行政区域是我国区域的一种主要形态，也是我国行政管理体制和行政活动的基本单元，城市群区域公共服务问题也更多呈现出跨越多个城市行政区域的特点。传统的政府单一纵向管理机制仍然主导着我国的行政管理，同时各级地方政府管理过程中的地方保护主义倾向严重，生产要素在各地区和城乡之间以及城市之间的市场化流动仍面临不少障碍。这种宏观管理机制影响了区域空间结构的合理演进，因而制约区域经济协调发展和城镇化总体进程及其综合效益的实现。

在城市群区域内提供公共服务，意味着即地方政府要抛开行政边界履行公共服务职能。从理论上分析，冲破治理行政边界与功能边界不一致的制约有两种思路，一种思路就是摒除分割的行政边界，建立统一的政府来承担公共事务的治理职能，由此实现公共事务治理功能边界与行政边界的重合。另一种思路就是在承认和正视既有分割的行政边界的基础上，通过区内各个地方的合作治理来实现区域治理功能边界和行政边界的一致。中国现行地方政府体制只包括省（自治区、直辖市）、市（自治州）、县（自治县、县级市、市辖区）、乡镇四个层级，并没有留下区域性政府的位置。就政府层级来说，区域公共物品的性质和领域决定了不同层级的政府在供给上的职责范围，特定的区域公共物品应放到最合适的层级去提供，这就决定了区域公共物品的供给主体主要分为三类：城市群内不同层次的地方政府、省级政府、中央政府（王佃利等，2015）。进行政府间的重组或层次的削减，不应该以牺牲竞争性政府体制为代价，因为我国经济发展和制度变迁的重要原因就是具有一个分权体制下竞争性的地方政府体系存在（踪家峰，2007）。此外，建立统一区域性政府在我国是不可取的，行政区划的频繁调整成本很高，不仅造成大量社会财富的浪费，降低行政效率，还会对经济、政治、社会的发展产生许多不良影响。所以，单一地通过行政区划调整来实现区域公共服务的供给是有很大风险的，区域公共服务供给的特性决定了这些供应主体必须采取合作的方式，尤其是出现了跨越行政层级合作的需求，这就是区域公共物品供应的难点所在，也是解决问题的突破口。

当前中国经济社会运行中仍然存在发展不平衡的问题，解决公共服务资源的分配不均是政府责任之一。许多如发展失衡这样的突出问题其直接原因是公共服务的提供不足，症结在于政府责任，关于政府职能边界的理论研究表明，政府应该提供那些市场失灵无法有效提供的，但对社会有益的、必需的产品和服务（吕炜、王伟同，2008）。在经济和社会两大系统综合产生的发展失衡问题中，财富分配差距的扩大，城乡、工农差距的扩大，区域经济发展差距的扩大，以及产生的居民教育、医疗成本增加的问题颇受关注。进一步把握政府责任边界问题也是关键所在。

（二）系统性：整体治理与网络协作

城市群公共服务供给是一个系统工程，各子系统、各要素内容之间呈现相互联系、相互影响、相互作用和相互制约的结构关系，是在应对系统外界环境变动中，内部结构性运作、协调运转的过程。因此城市群公共服务供给具有系统性，涉及从宏观、中观到微观层面的各种改进和优化，是一个连续性和非线性的动态演进过程，是城市群内公众服务需求导向的，要求城市群构建政府主导，以服务主体协调、服务功能整合、服务信息整体和服务目标一致为核心要素的治理体系。

城市群内经济和社会等方面存在的密切联系和面临的共同问题要求区域的整体应对，这一整体性应对必然要求突破分割的行政边界对整体性治理功能实现的制约。而在城市群公共服务供给体系中，国家、省市、区县多级政府管辖职责是相互交错存在的，在城市群范围内，公共服务供给中政府的各个部门职责分工不尽相同，多数情况下需要两个或两个以上部门共同供给，但由于核心职责、考核目标等存在差异，各部门往往不会主动寻求合作，这就使得政府层面的公共服务供给造成了一定的困难。区域内政府不同部门的各自为政是制约公共服务一体化发展的体制性难题（李磊、顾辰影、郑依琳，2018）。

整体性治理公共服务模式的“三项支持技术”，即交互的、协作的和一体化的技术（Adreti Di Maio，2004），公共管理主体之间跨部门伙伴关系，表现为宏观层面治理整合的整体治理与微观层面管理协作的网络管理（曾维和，2012）。整体性治理的核心概念是协调和整合，是一种合作互动协调型的治理范式，在诸多供给主体的参与下，以协调合作参与的方式来有效供给公共服务和社会治理，最终实现辖区范围内公共事务的有机运行。从治理内涵的阐述可知，基于协同合作化的多方关系，公共服务供给主体已然不局限于政府，社会与市场力量必然会充实于公共服务供给的实践中，社会现实也要求政府不能只是作为农村公共服务供给的垄断者，而是要与社会、市场企业等寻求供给中的合作，以此来提升公共服务供给的有效性。多机构的合作伙伴关系是整体性治理的基本工具，其功能的相互整合则是整合性公共服务的本质所在（曾维和，2012）。其治理逻辑具体体现在“协调与整合的”工具理性和“以公民为中心回归”的价值理性（寇丹，2012）。通过组织建构层面的层级整合、从结果到结果的过程探求、责任感与制度化的工具契合、信息技术的深层应用，诠释了“逆碎片化”的“整体性主张”（范逢春，2014）。

整体性治理强调政府是“着眼于政府内部机构和部门的整体性运作，主张管理从分散走向集中，从部分走向整体，从破碎走向整合”的整体性政府。有学者在综合相关文献的基础上提出一个暂时性定义：“整体政府”是指一种通过横向和纵向协调的思想与行动以实现预期利益的政府治理模式（Pollitt，2003）。它包括四个方面的内容：排除相互破坏与腐蚀的政策情境；更好地联合使用稀缺资源；促使某一政策领域中不同利益主体团结协作；为公民提供无缝隙而非分离的服务。定义的四层内容经过学者们理论提炼，被细化成“整体政府”的四个基本目标，即通过消除不同政策之间的矛盾和张力，直接有效地增加公共政策的效能；通过消除不同项目方案的重叠和冲突而充分利用资源；在政策部门的不同利益主体之间加强合作、传递优秀理念，形成一种协同的工作方式；以公民需要为导向，提供一套无缝隙的服务而不是碎片化的服务（ICTA，2006）。这四个目标共同表达了“整体政府”的基本逻辑，即公共政策目标的实现不能通过现存组织的分裂活动实现，也不能通过建立一个“超级管理机构”来实现，实现公共政策的目标关键是在不消除组织边界本身的条件下跨过组织边界进行协同活动的“联合”工作。实现“联合”的关键就是用不同的文化、动机、管理制度与目标相结合，形成工作联盟和伙伴关系，由公共组织、私人组织、志愿者组织等联合地完成工作任务（Ling，2002）。

整体性治理符合城市群内公共服务协调治理的逻辑，城市群公共服务的系统性注重进一步消除区域公共服务一体化建设的体制机制障碍，突破区域内各城市行政区划和边界。通过建立健全包容整合的制度机制，打造一体化公共服务职能完善、区域发展深度整合的格局体系（于迎，2017）。在城市群公共服务供给中，政府应采用交互协作和一体化的管理方式与技术，促使各种公共管理主体在共同管理活动中协调一致，达到功能整合，消除排斥的政策情境，实现城市群公共服务共建共享。

1990 年，学者鲍威尔（Powell）提出网络协作的概念，将网络治理视为不同部门（行动者）之间的合作关系及组织间的协作模式，在城市群治理中则强调城市群不仅仅是地方政府的集合，而应是一个有机整体（Miller，2002），通过构建区域协调的有效机制（Kahler & Lake，2009），强调组织间相互依存，相互协调，在保留地方自治的同时实现区域利益（Frug，2002），最终实现地方政府的互惠和区域治理的有效。网络协作不同于地理空间意义上的合作区，网络更强调自组织的选择行为。当两个或多个参与者在某一领域自愿合作，就构成了一个网络关系，多个网络关系的重叠交织就形成了网络结构。两个或多个地方政府通过网络关系积聚各自资源和能力以更好地提供公共产品和服务或者更好地协调发展，就是网络治理，通过网络关系连接而成的区域网络已经成为我国区域合作治理的重要表现形式（马捷、锁利铭、陈斌，2014）。

（三）协作性：府际竞争与合作

城市群公共服务的供给同样面临区域内部地方政府间的互相竞争。中国垂直的政治管理体制，形成了一种特殊的中国式分权，其对地方政府产生政治和财政方面的双重激励，这种激励力量即为晋升激励（周黎安，2007）。中央政府采取政绩考核的方式迫使地方政府为了经济增长而展开竞争，各城市在自上而下的压力型 GDP 考核评价体系中承担经济发展和社会发展重任，地方政府相对缺乏社会政策创新和提供充分公共服务的驱动力，公共服务职能相对弱化，并严格以行政地域边界和户籍边界作为公共服务供给的刚性边界（唐任伍、赵国钦，2012），形成了对公共服务的挤出效应（Blanchard & Shleifer，2001）。地区经济发展环境越好，对官员晋升越有利。一般认为地方官员的晋升环境越好，其为了显示出治理上的能力，也会加大公共服务的支出。也有研究认为地方官员的晋升环境越好，并不必然带来地方公共服务供给水平的提高，从而形成地方政府治理能力与公共服务供给之间的“悖论”（丁辉侠，2012）。这是因为在地方官员任命与晋升方面，由于地方公众“用手投票”机制的作用有限和中央政府对地方官员委任制和奖惩机制的存在，使得地方官员更关注中央政府的考核指标，而不是地方公众的实际需求，这就出现了地方政府普遍存在的 GDP 增长竞争与相对绩效考核催生的“晋升锦标赛”，地方政府支出偏好的首要目标不是如何改善公共服务供给水平，而是如何进行基础设施等发展型投资以进一步促进经济增长（郑磊，2008）。其结果是地方经济快速发展，但与之相伴的却是公共服务供给的滞后。诸多学者研究发现，地方政府出于经济争夺的自主意识考量，往往会对基础设施这类生产性公共物品投入更多，以达到获取更多流动资本的目的，反而对教育、医疗卫生此类公共服务的投入会偏少（Keen & Marchard，1997）。地方政府出于经济发展的动机，为了更多地吸引投资，获得财源，往往还会采取税收竞争压低税率的方式，这导致分权下公共物品供给明显不足（Sepulveda & Jorge，2011）。

此外，在 20 世纪 90 年代经历了分权体制改革后，我国经济得到了快速发展，但经济发展水平不均衡，分税制对中央和地方财权和事权的划分做了规定，财权层层上收，但地方政府财力缺乏，入不敷出，进而导致地方政府公共服务的提供长期处于较低水平，地区间公共服务供给水平整体较低且不平衡。如果地方政府的目标不是本地居民福利最大化，而是 GDP 增长与主要官员寻租收入最大化时，会使地方非生产性公共产品供给更加不足（马光荣、杨恩艳，2010）。经济发达地区由于地方财力相对丰厚，往往能够提供相对充足和水平较高的公共服务，这也造成了比较显著的公共服务供给的区域性差距。

地方政府希望分享公共物品供给后的收益，但不愿承担供给成本，这种理性行为导致区域整体的不理性行为，使得区域公共物品供给陷入集体行动困境。由于地方政府之间没有纵向的隶属关系，所以城市群政府的合作或依赖中央政府的安排、命令、鼓励，或是靠利益驱动等。地方政府及其官员在供给区域公共物品时往往把各自地区的利益和政绩放到优先考虑的位置。这种区域内各行政区各自为政、公共财政支出责任划分不清及地方政府间公共物品配置范围界定不明等问题加剧了区域政府的不合作状态（吴光芸、王灿，2016）。

我国基于经济区域多元的单体中心体制的公共服务供给模式使得区域公共服务陷入“猎鹿困境”：以自己及他人的长远利益为代价来换取眼前利益。在区域经济一体化背景下，区域公共服务的变革思路主要是对区域公共服务供给模式、协商协调机制、利益需求表达机制实施变革以及通过制度创新消减区域公共服务的外部性（钱海梅，2019）。对制度类的区域公共物品而言也面临着“搭便车”情况，这些对促进区域整体发展起着至关重要的地方性法律法规或政策一旦提供，也会被其他地方政府采纳（潘曦、罗刚平，2009）。

政府间协议在城市群公共服务供给中的作用和优势也更加明显。科层制的设计是强调专业分工的，而在城市群层面，因为上级部门的加入，这种在单一城市出现的公共服务治理困境就有了解决之道。具体来说，上级政府可就某些公共服务进行统筹协商，构建多政府之间的协同平台，彼此通过沟通、对话和协商寻求共识，在一致同意的基础上达成协议，开展协同行动，即政府间协议。中央政府可以通过财政支出的形式付费给地方政府以获得公共服务，不同政府分别承担公共服务供给中的一部分责任，而其中的制度安排就是政府间协议（李磊、顾辰影、郑依琳，2018）。

（四）网络性：合作生产与居民参与

区域公共服务可以通过政府、企业和非营利组织等多元主体分别或联合实现供给，网络式地覆盖整个区域。

城市群公共服务的网络性首先是就供给主体来说。多元主体之间在资源上相互依赖，因而，每个主体都在该治理结构中作为一个节点而存在，节点之间的互动链条相对扁平，主体关系呈现出网络化的形态。与科层式的主体指令关系相比，网络化关系缺少清晰的统治与从属关系；与市场式的主体契约关系相比，网络化关系是合作、协商、说服以及相互调整，而不是竞争关系（Dryzek，2010）。其中有两个核心概念：一是公共服务治理网络的结构，牵涉网络治理主体的组成、网络的任务和界限；二是公共服务治理网络中成员的互动，牵涉资源与权利的交换与依赖。正面、积极的合作所催生的密集型网络结构产生有利影响，可以抑制城市群公共服务中的机会主义行为倾向，使得各成员加强信任承诺，为维持合作提供激励。

合作生产理论认为，参与公共服务供给过程的行为者可以分为常规生产者（Regular Producer）和作为消费者的生产者（Consumer Producer），而公共服务合作生产的过程需要常规生产者和作为消费者的生产者都投入一定的资源（Parks et al.，1981）。在公共服务的生产过程中，生产和消费过程、生产者和消费者之间往往有交叉重叠的关系，有些公共服务的生产和消费是同时进行的，生产者和消费者是同一的，消费者自身也会程度不同地参与到公共服务的生产过程中去（Brudney & Robert，1983）。

合作生产模式在激励公民参与、充分利用社会资源等方面无疑展现了其强有力的生命力。城市群公共服务的安排要真实反映城市群区域内市民的偏好和需求，以提高公共产品或服务的有用性，提高公共产品生产安排对特定地域或特定社群的切合性。公共机构与市民进行公共服务供给的实质性合作，供给方和自愿的、积极的消费者共同从事一定的活动，有了市民的有效参与，不仅可以提高公共服务绩效，而且有助于提高市民对公共服务供给的满意度。

第三节　城市群公共服务协同供给模式

城市群首先是空间地理形态，承载的是内部城市间联系，这种联系是复杂、抽象和差异性的，与我国传统计划经济体制下形成的“行政区”的经济发展路径、区域治理模式和公共服务供给相冲突，“行政区”形态已成为我国城市群发展的阻碍，“行政壁垒”是阻断要素自由流动、资源优化配置和公共服务有效供给的关键因素。2008 年出台的《关于建立更加有效的区域协调发展新机制的意见》，说明决策层已经认识到“行政区”治理对城市群发展的阻碍，以及区域协调机制缺位带来的治理低效。

学术界对城市群内部政府跨越行政区划推进合作的研究成果较为丰富。萨维奇（Savich）2007 年在其《全球化与城市政府规模的变化》一文中，指出在全球化背景下，城市面临着新自由主义政治、竞争加剧、经济结构调整和郊区化等挑战和治理新情境，并提出了五种区域公共管理新模式：合并辖区（Consolidated Jurisdictions）、多级政府（Multi-tiered Jurisdictions）、联合式辖区（Linked Jurisdictions）、城市社区（Urban Communities）和非连续城市（跳跃式）（Jumped Scales）。领土重新调整是指为了行使决策和政策控制权而对土地进行的重整或重新配置。有些形式在参与者之间建立垂直或分层关系，另一些形式则在多个城市间水平地运作；最后一种模型通过混合和分配不同的功能来“汇集”不同的辖区。

合并辖区：是最清晰的重组技术。是否合并，主要是基于规模经济有效利用，以及小区域的灵活性、公民参与偏好之间的治理效率考量。合并模型被广泛用于重新配置领土，制定规划。有关合并的迹象表明，它的许多承诺没有兑现。乍一看，似乎一个主管部门的效率要高于几个主管部门，因此合并将具有优势。但是，现实更为复杂。较小的主管部门，其结构“更扁平”，相反，较大的主管部门具有“较高”的结构。这意味着多个、小型和“扁平”的官僚机构包含较少的管理级别，并且更加关注服务的提供。在服务方面，这些城市也被迫竞争和相互学习。地方政府相互竞争的市场可以创造一个健康的动力，从而最大化其效率（Whitaker，1973；Sjoquist，1982；Dolan，1990；Schneider，1989；Ostrom，2000）。总而言之，合并在效率、责任制或经济发展方面的优势相对较少。鉴于都市圈的不断扩大，事实证明合并是一种过于僵化的方法，它无法涵盖“大”选区之外的新城市化地区。

多级政府：即创造一个新的“伞式”治理结构，以促进城市政府之间的更大合作。理想情况下，小辖区应该能够管理需要服务提供者与公民消费者之间每天进行紧密联系的服务。相比之下，大城市的治理水平应该能够处理以及可能会产生重大影响的问题，这些问题会影响许多地方辖区。这些可能与战略规划有关，或者涉及监管或再分配功能。多级系统在某种程度上已经成功地确定了服务的最佳配置并重新分配了经济机会。但是，结果因城市而异。

联合式辖区：在都市圈内更适度的合作方式。该模型专注于已经存在的服务，不需要建立额外的治理级别。在一定时期内，可以在主管部门之间添加、删除或交换功能。然而，这种灵活性因其使用寿命的不确定性而受到损害。联合的想法已经表明它是可行的，这是由于城市获得有限而有益的结果。联合提供的其他优势也是其劣势的根源。它的好处很小而且可以肯定，但是很少会带来更大的利润。在此模型中，没有任何机制可以使合作朝更广泛的角度发展。除了与效率和经济发展相关的一些边际收益外，该模型仍然是本地化的，尚未应用于全球化的挑战。

城市社区：其运作是一种技术，其中包括“集合”多个地点，从而在不建立明确的大都市治理机构的情况下构成城市合作单位。城市社区的运作是通过保持市政当局完好无损并将现有领导人纳入大都市议会来实现的。都市议会在城市间事务（环境、运输）方面承担了许多责任，并征收税款以支付其开支。因此，城市社区类似于多层次的治理体系，因为它在许多地方都扮演着更重要的角色。尽管如此，由于它与现有的主管部门一起运作，因此保留了共享合作系统的灵活性。

非连续城市（跳跃式）：代表了应对全球压力的一种新颖方式（Smith，1993）。该模型包括在非边界领土之间建立合作联盟，主要是超越国界建立长期关系的城市。非毗连城市之间的合作可以从文化交流开始，并朝着共享资源和采用共同政策的方向发展。当城市扮演相似的角色时，通常会促进非连续城市模型的使用。此外，国际组织可以促进市长、商会与地方非政府组织之间的合作。从理论上讲，非连续城市的技术非常适合应对全球化的挑战，这是因为在这种情况下规模变化的适应性及其变化能力呼应了全球化中相同的过程。这可能是在商业部门和公共部门之间重新平衡权力的有益步骤。跨国界合作的城市可以达成协议并限制领土竞争，它们可以共享有关先进技术和城市管理方法的信息，可以通过建立共同的政策评估服务，以确定最适合不同类型城市的战略，达到新的合作水平。因此，已经实施了非连续城市计划的城市可以就“供应经济”战略产生收益还是需求的问题分享它们的观点和评价。在国际层面上，非连续城市的模式有可能提供更好地为未来趋势做准备的能力，并且在某些方面有助于缓和全球化的极端影响（见表2-4、表2-5）。

表2-4　　我国主要城市群空间范围和基本特征（2019年）

城市群	区域面积（万 km^2）	区域面积占全国面积比重（%）	区域总人口（亿人）	区域总人口占全国人口比重（%）	区域GDP（万亿元）	区域GDP占全国GDP比重（%）
长三角	21.2	2.2	1.6	11.8	20.4	20.6
京津冀	21.6	2.24	1.13	8.3	7.89	7.97
成渝地区双城经济圈	18.5	1.92	1.14	8.4	6.38	6.44

资料来源：各地2019年国民经济和社会发展统计公报；比重根据《中华人民共和国2019年国民经济和社会发展统计公报》数据计算得到。

表2-5　　我国主要城市群行政区划及行政等级特征

城市群	行政等级及数量	行政区划及数量
长三角	1个直辖市（上海），2个副省级城市（南京、杭州），1个计划单列市（宁波），1个省会城市（合肥），21个地级市（无锡、常州、苏州、南通、盐城、扬州、镇江、泰州、嘉兴、湖州、绍兴、金华、舟山、台州、芜湖、马鞍山、铜陵、安庆、滁州、池州、宣城）	1市3省，共计26个城市
京津冀	2个直辖市（北京、天津），1个省会城市（石家庄），10个地级市（保定、张家口、秦皇岛、唐山、廊坊、邢台、邯郸、衡水、沧州、承德）	2市1省，共计13个城市

续表

城市群	行政等级及数量	行政区划及数量
成渝地区双城经济圈	1个直辖市（重庆），1个副省级城市（成都），14个地级市（德阳、绵阳、眉山、宜宾、广安、达州、乐山、雅安、自贡、泸州、内江、南充、资阳、遂宁），27个区县（渝中、万州、黔江、涪陵、大渡口、江北、沙坪坝、九龙坡、南岸、北碚、綦江、大足、渝北、巴南、长寿、江津、合川、永川、南川、潼南、铜梁、荣昌、璧山、梁平、丰都、垫江、忠县）	1市1省，共计16个城市

资料来源：《长江三角洲城市群发展规划》《京津冀协同发展规划纲要》《成渝地区双城经济圈建设规划纲要》。

本书收集资料，总结了长三角城市群、京津冀城市群和成渝地区双城经济圈的主要公共服务协同供给模式。

一 长三角城市群的三级合作运行机制

长三角城市群地理区位上主要分布在我国东部海岸线，港口贸易便利，是我国改革开放的前沿，经济基础雄厚，经济总量占全国比重不断增加，经济发展速度明显较其他城市群快，是中国城镇化基础最好的地区之一。经过多年城镇化建设，加上悠久的文化历史，城市群内各城市之间联系进一步加强，以上海、杭州、南京等特大城市为核心的多中心都市区，苏州、无锡和宁波等新兴城市崛起带动的产业带发展，整个三角洲城市群的城市网络逐渐完善，结构体系也由立体向扁平化转变。长三角一体化任务始终贯穿于国家战略的演进轨迹中，2010年5月，国务院正式批准实施的《长江三角洲地区区域规划》将长三角的范围确定为江浙沪，明确了长江三角洲地区发展的战略定位，即亚太地区重要的国际门户、全球重要的现代服务业和先进制造业中心、具有较强国际竞争力的世界级城市群。2016年5月11日，国务院常务会议通过《长江三角洲城市群发展规划》，提出培育更高水平的经济增长极。到2030年，全面建成具有全球影响力的世界级城市群。

长三角的跨域合作是建立在地方政府自发自愿基础上的，长三角的合作过程正是各地方政府秉持平等协商、共荣共进、协同发展的合作理念进行主动对接、深度合作的发展过程（陈琳，2019）。长三角的区域合作缘起于区域核心城市的主动作为以及周边城市对区域合作倡议的主动对接和积极响应。

（一）合作机构

长三角的跨域合作在合作机构上，纵向府际合作成立了由现任中共中央政治局常委、国务院副总理韩正领衔的推进长三角一体化发展领导小组；横向成立了机构专职化的长三角区域合作办公室（以下简称长三办），用来解决常态化融合发展过程中面临的问题。主要合作方式有：

第一，合作联盟。目前，在长三角城市经济协调会等支持下，已经相继成立了各个领域的联盟。例如：①非物质文化遗产合作联盟；②青年创新创业合作联盟；③新能源汽车合作联盟；④长三角文化产业发展联盟；⑤长三角企业服务联盟，搭建企业和金融机构合作平台等。

第二，合作协议。长三角地区已经形成了多个合作框架和协议，主要有：①关于开展人事争议仲裁业务协助和工作交流协议；③长三角地区跨界环境污染纠纷处置的应急联动工作方案；③长三角跨界水体生态补偿机制总体框架；④长三角地区司法协作框架；⑤长三角地区政法综治协作交流框架协议；⑥泛长三角地区劳动保障监察工作合作协议；⑦长三角三省一市加强能源领域战略合作框架协议；⑧关于共同推进长三角地区民航协同发展努力打造长三角世界级机场群合作协议等。

第三，长三角论坛。论坛主要由长三角地区三省一市相关政府机构与行业协会主办，主要有：①长江三角洲地区金融论坛，由三省一市人民政府和中国人民银行联合举办；②长三角现代服务业合作与发展论坛，由三省一市发改委和现代服务业联合会发起；③长三角地区现代物流联动发展大会，由三省一市商务委及物流行业协会联合召开；④长三角科技论坛，由三省一市科协共同创办的综合性学术交流平台；⑤长三角青商论坛，在三省一市共青团共同指导下，由三省一市青年商会和青年企业家协会等联合主办公益性年度经济论坛；⑥长三角城市群发展论坛，由三省一市社会科学院联合主办。

第四，专题领域合作。长三角地区在每年均确定多个专题合作领域，目前设有交通、能源、信息、科技、环保、信用、社保、金融、涉外服务、产业转移、城市经济合作 11 个（“10 +1”模式）重点合作专题。

（二）合作机制

长三角城市群合作机制是以政府管理层次为主，以决策层为核心，由决策层、协调层和执行层共同组成的多层次合作机制。决策层机制是以省市主要领导座谈会制度为主体，协调层机制是以长三角协调发展联席会议为主体，执行层机制是以各省的职能部门为主体，通过各专业委员会、市长联席会议等形式，解决长三角一体化中产生的问题（陈建华，2018）。

第一，决策层机制——长三角地区主要领导定期会晤制度。最初是由时任浙江省委书记的习近平提议设立的，后成为推动长三角合作治理最重要的议事制度（陈琳，2019）。每年一次，由三省一市书记参加，是长三角地区合作目前最高的决策会议。2005 年至今，这一由各省市轮流举办的座谈会已历经 13 年。承载着决策重任的座谈会不仅致力于打破行政界限，推动区域经济一体化和打造世界级城市群，也是“国家战略”的坚定执行者。

第二，协商层机制——长三角地区合作与发展联席会议制度，协调推进和检查督促跨区域重要合作事项。长江三角洲城市经济协调会每年一次，由三省一市常务副省（市）长、分管秘书长、发展改革委及各专题组轮值牵头单位负责人出席会议。长三角地区合作与发展联席会议制度下设长三角区域合作办公室，三省一市派员参加并集中办公，是联席会议闭会期间常设的议事协调机构，便于常态化及时解决问题（陈琳，2019）。办公室主要职责是负责研究拟订长三角协同发展的战略规划，以及体制机制和重大政策建议，协调推进区域合作中的重要事项和重大项目，统筹管理合作基金、长三角网站和有关宣传工作。合作办公室的设立使得跨域合作有了实体化和专职化的机构支撑，主要组织目标是根据《行动计划》，抓好任务分解落实，加强前瞻谋划，在综合协调和督促落实等方面发挥更大作用，如利用工作任务报送系统全程追踪各省市工作进度并纳入考核，调整专题组轮值工作机制。

第三，执行层机制——专题合作制度。执行层在主要党政领导座谈会和联席会议领导的指导下，通过召开办公会议和各专题组会议来运作。执行层包括设在省（市）发展改革委的“联席会议办公室”“重点合作专题组”“长三角地区城市经济合作组”。各专题组的工作由省（市）业务主管部门牵头负责。长三角地区的跨域合作主要是以项目合作方式来推进的，项目合作遵循“先易后难、与时俱进”的原则（陈琳，2019），重点合作专题组原则上控制在10个左右，并视合作进展情况有进有出、动态调整。重点专题合作实行地方政府间平等磋商、制度合作，区域内的行业协会开展跨地区行业互动与联合。

第四，资金保障机制——会费制度和基金制度。长三角区域合作自成立之初便实行会费制度，初定合作城市每年会费为350万元，公共经费的设立为联席会议办公室的日常运作提供了资金保障。长三角三省一市还设立了合作与发展共同促进基金，这是我国首个成立的区域性合作基金（陈琳，2019）。政策性公益基金重点支持长三角合作与发展过程中跨区域、有共性的重大课题、重要规划、重点方案的研究等，由长三角合作与发展联席会议办公室负责管理。

（三）合作成效

长三角城市群已形成差异化分工合作格局。多层次经济圈是长三角区别于世界其他大城市群的一个重要优势，城市群内布局结构合理，大、中、小城市协同发展。多座城市快速发展，各自具有较大的经济规模和较高的发展水平，是后长三角时代的一个基本特点，有利于形成“多点并重”发展格局，形成更加紧密的整体。

长三角城市群同城效应明显。城市群内重点城市的发展是在交通等基础设施发展的基础上。近年来，随着长三角地区基础设施建设的日趋完善，城市群空间布局结构已基本形成，“同城效应”日渐凸显。基础设施建设的快速推进，加速了长三角城市群一体化步伐，并且由单一的经济一体化向社会、文化、科技、生态等综合性要素的全面一体化发展。

城市群不断扩容，协同领域不断扩大。不断有新区域加入长三角一体化，将皖江示范区与长三角规划实施衔接，全面推动长三角地区合作与发展向泛长三角地区延伸。长三角城市群在教育、劳务、医疗、交通、生态等领域开展了府际合作，其中，教育、医疗方面的优质资源共享是长三角一体化带来的最显著成果。长三角城市群部分城市之间实现了公共交通卡互联互通，在卫生医疗领域开展政策协同创新，在食品药品监管领域建立了跨区联防机制。

基础设施与污染联防一体化。在基础设施建设方面，推进长三角地区高速铁路网、高速公路联网、高等级航道网络、沿海港口群、现代机场体系、能源管网通道、区域环境治理等重大基础设施项目建设，一批重大公共平台建设加快实施，提升了区域创新能力和核心竞争能力，区域内基础设施和社会公共服务领域的一体化程度显著提高。在环境治理方面，打破行政区域的分割，从立法层面建立“区域联防联控”机制，推进“抱团”治理。共同制定实施区域大气污染联防联控规划，合力推进长三角节能减排，推广实施合同能源管理技术。共同实施比国家标准更严格的污染物排放标准。探索区域水体污染补偿机制，推进区域内排污权有偿使用和交易制度改革。

公共服务从均等化转向前沿化。长三角运用5G技术实现高质量的公共服务，打造数字公共服务。大数据与互联网技术推进公共服务资源在信息与数据方面的互联互通。推动长三角存算资源同城化，加强信息安全建设和推动长三角智能物联平台互联互通。强化科技资源共享公共服务平台建设，合力推进区域科技创新体系一体化建设，增加区域内入网大型科学仪器数量，提升开放共享效能。推进长三角地区信息基础设施共建，全面提升区域信息网络承载能力。

二 京津冀城市群的府际联席会机制

京津冀城市群以首都北京为核心，是我国的政治中心，是我国北方现代化成就最高的人口和产业聚集区，亚太经济圈的核心地带，在协调国际分工、参与全球竞争中具有重要作用。城市群内生态承载能力低，能源相对缺乏，随着经济规模的大幅度增加，交通运输紧张，经济发展方式相对传统，区域环境和生态对都市发展约束越来越严重。华北雾霾、水资源短缺严重影响区域发展，成了探讨京津冀联动机制的一道催化剂。发展京津冀一体化有客观需求，河北方面亟须发展经济，北京方面亟须疏解非首都功能，天津方面亟须跟京冀协作发展。京津冀的目标定位是以首都为核心的世界级城市群、区域整体协同发展改革引领区、全国创新驱动经济增长新引擎、生态修复环境改善示范区。城市群内各主体各自目标明确：北京疏解非首都核心功能、天津实现转型和产业升级以及河北实现追赶式发展。2014 年 2 月，京津冀协同发展在习近平总书记主持召开的京津冀协同发展座谈会上被提升为重大国家战略。2015 年 4 月 30 日，中共中央政治局召开会议审议并通过《京津冀协同发展规划纲要》，强调有序疏解北京非首都功能，提出了"一核双城三轴四区多节点"的空间结构，把有序疏解北京非首都功能、优化提升首都核心功能，解决北京"大城市病"问题作为京津冀协同发展的首要任务。2016 年发布实施的《"十三五"时期京津冀国民经济和社会发展规划》，提出到2020 年，京津冀地区结构调整将取得重要进展，北京"大城市病"问题有望得到缓解，公共服务共建共享将取得积极成效。2017 年发布了《京津冀教育协同发展"十三五"专项工作计划》。京津冀五年规划是我国最早开始跨省市五年规划的，京津冀协同发展规划体系基本形成。

（一）合作框架

区域协调机构规范，既有中央层面的协调机制如国务院成立的京津冀协同发展领导小组及办公室，并出台了区域性发展规划，又有地方层面的协调机制如三地各自成立的京津冀协同发展领导小组、府际联席会、府际协议、互访、共同声明等（见表 2－6）。

表 2－6　　京津冀合作框架

行政等级	组织形式	职责任务
中央	京津冀协同发展领导小组及办公室	先后成立京津冀协同发展税收工作领导小组、京津冀交通一体化领导小组、京津冀大气污染防治协作小组、京津冀民航协同发展政策落实办公室等。
	制定区域性发展规划	《京津冀协同发展规划纲要》《京津冀协同发展交通一体化规划》《京津冀协同发展生态环境保护规划》《京津冀区域环境保护率先突破合作框架协议》《京津冀科协全面战略合作》等。

续表

行政等级	组织形式	职责任务
地方	京津冀三地各自成立京津冀协同发展领导小组	2014年北京市成立由常务副市长担任组长、办公室设在市发改委的区域协同发展改革领导小组；2014年天津市成立由中共天津市委书记担任组长的京津冀协同发展领导小组；2014年河北省设立“推进京津冀协同发展工作领导小组”。
	府际联席会	环渤海地区经济联合市长联席会、京津冀信息化工作联席会议、京津冀发改委区域工作联席会议等。

资料来源：笔者根据资料整理获得。

以中央统筹下的纵向府际合作为主。由于京津冀是我国的首都城市群，“三地四政府”的格局下形成复杂性和特殊性并存的区域特色，京津冀的协同发展中主要依靠纵向引导机制，发挥纵向府际合作嵌入作用。如国务院成立的京津冀协同发展领导小组及办公室，力图以高规格、权威性和强有力的组织机制打破既得利益格局，同时统筹发布区域性发展规划，把控区域协同发展方向。

以府际联席会制度为主的横向府际合作越发凸显。京津冀主要以联席会议等为平台、以府际协议等为产品开展横向府际合作，各政府主体大都通过府际联席会做出一体化的制度性安排，基本上形成正式的府际协议，为京津冀城市群的府际协作提供制度保障。京津冀三地分别成立负责各地区的区域协同发展小组，除了政府首脑型府际会议，京津冀三地工商、发改、交通等部门也建立了协同工作联席会议机制。政府首脑型的府际联席会（如京津冀政协主席联席会与京津冀常务副省市长联席会）主要负责区域整体性事务的对话与交流，尽管数量不够突出，但均形成了长效性的协调机制；职能部门型的府际联席会（如京津冀工信系统联席会、京津冀商务部门第三次联席工作会议）则为解决地区间具体问题提供有效途径，且近来趋势是专门性的联席会数量大于综合性。

（二）合作成效

京津冀三地交通一体化建设加快推进，生态治理成效显著，产业升级转移工作扎实开展，公共服务共建共享深入推进。

交通建设方面，京雄城际铁路北京至雄安新区段已建成运营，京滨城际、京唐城际等重大项目建设提速，一批新的城际铁路项目加快谋划，跨区域公路项目取得积极进展，京津冀区域公路网更趋完善。此外，北京市、河北省、首都机场三方正式签订机场运营期收入分享框架协议。天津港智能化码头项目、天津机场总体规划及三期改扩建工程等加快实施。

生态治理方面，三地携手污染联防联控联治取得显著成效。2020 年，京津冀地区平均优良天数比例达 70.1%，比上年上升 8 个百分点。京津风沙源治理、沿海防护林、京津保生态过渡带等重点工程建设持续实施，2020 年三省市共完成植树造林 800 多万亩。天津市和河北省累计整治和修复海岸线 20 多公里、滨海湿地 1500 多公顷。

促进基本公共服务均等化是有序疏解北京非首都功能的重要前提和京津冀协同发展的本质要求。近年来，一批补短板强弱项的公共服务重大工程项目推进实施，优质资源配置更趋科学均衡，协同发展成果不断转化为广大人民群众的获得感、幸福感。

（三）合作局限

利益分享和补偿机制待健全。生态补偿资金是联系京津冀三方环境合作与共治重要的关系纽带。河北在完成与京津两地的产业对接促进了当地经济发展的同时，也同样接纳了环境污染的事实与风险，且河北省长期为京、津两地以政治任务的方式提供大量廉价的水资源。尽管在府际合作的框架下已经或逐步建立起了相关利益补偿机制，然而由于河北省的弱势地位、补偿机制本身的科学性与可行性原因，京津两地对于发展河北责任的承担与生态补偿资金的提供都具有极大的随意性与随机性。

治理主体碎片化。北京在政治地位上的优越性导致京津冀府际合作的开展过多地依赖于行政命令，而不是依靠市场的作用与社会的力量。公共服务内部由于政策、标准、监管体制、福利待遇等差异，公共服务共享存在较大的机制障碍。地区要素禀赋优势突出，但产业同构化严重，区域分工不够明确，三地之间分工弱化和产业结构趋同。

三 成渝地区双城经济圈的三层联动机制

成渝城市群经济总量上虽与长三角、京津冀和粤港澳等城市群有较大差距，但人口集聚效应显著，城市规模等级也很明显，未来增长潜力大，是我国区域协调发展战略实施的重要板块。川渝地区自然环境良好，开发历史悠久，经济社会发展较快，而且该区域位于全国“两横三纵”城市化战略格局中沿长江通道横轴和包昆通道纵轴的交会处。川渝自古一家，两地山水相依，人缘相亲、文化同源；交通相连，合作基础牢固。川渝两地经济社会条件相近，国家战略地位相同或相近。《国家综合立体交通网规划纲要》明确将京津冀、长三角、粤港澳大湾区和成渝地区双城经济圈四“极”列为国际性综合交通枢纽集群。

2016 年 3 月，国务院常务会议通过《成渝城市群发展规划》。2020 年 1 月，中央财经委员会第六次会议召开，会议强调要推动成渝地区双城经济圈建设，在西部形成高质量发展的重要增长极。2020 年 10 月，习近平总书记主持召开中央政治局会议审议《成渝地区双城经济圈建设规划纲要》，为成渝地区双城经济圈建设按下加速键。中央在合作序幕时拔高政治意义、凝聚两地共识，在合作进程中发挥指导不干预作用，提供必要资源支撑，充分给予地方政府自主活力。

成都市和重庆主城区的经济总量分别占川渝两省市的 36.5% 和 39.4%，抓住了双核，就抓住了成渝地区双城经济圈建设的重中之重。城市群建设加强重庆市和四川省互动协同，强化重庆和成都的中心城市带动作用，对内争取国家政策支持，对外集聚高端要素资源，不断促进城市群内产业、人口等各类生产要素合理流动和高效集聚。重庆方面提出，要促进重庆都市圈与成都都市圈相向发展。四川方面则回应，以更大力度推进重庆西扩和成都东进。

（一）合作框架

成渝双城经济圈虽然还未正式确立如长三角那样规范的三级合作运行机制，但形成了有效的联动机制，协同构建起决策层、协调层、执行层上下贯通的三级运作机制。主要是成立推动成渝地区双城经济圈建设暨推进区域协同发展领导小组，省委书记任组长，省政府主要领导为第一副组长，协调推进战略实施。同时建立由川渝两省市党政主要负责同志牵头的联席会议机制，以及由常务副省（市）长牵头的协调会议机制。执行层面组建人员互派、一体运行的联合办公室，设立交通互联、产业协作、协同创新、国土空间、生态环境、体制创新、公共服务 7 个联合专项工作组。在关于两地重大项目工程上，建立两省市领导联系重点项目工作机制，重大项目由主要领导群体牵头负责，两地政府各相应部门负责联动执行，主要是两省市行业主管部门建立“对口衔接”机制（见图2－2）。

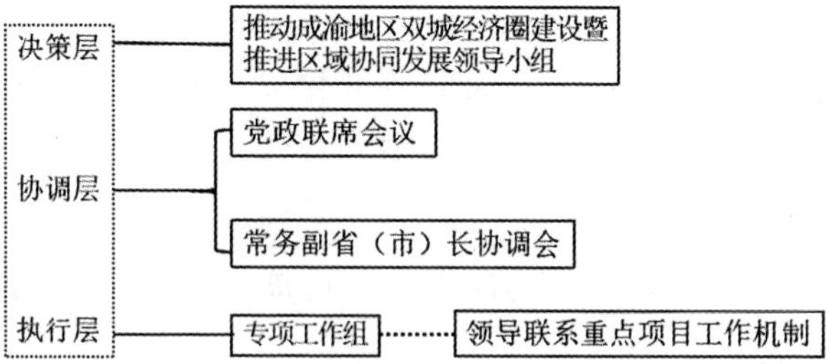

图2－2　成渝双城经济圈三层合作框架

资料来源：笔者根据资料整理获得。

其中，党政联席会议机制对于成渝双城经济圈建设影响重大。按照统一谋划、一体部署、相互协作、共同实施要求，两省市党政领导的每一次“碰面”，都致力于推动成渝地区双城经济圈建设的重大问题解决。为打破行政藩篱，有关部门、市区县也成立了相应组织领导机构，协调推进重点工作，形成川渝全方位协同推动成渝地区双城经济圈建设的共同合力（见表2－7）。

表2－7　重庆四川党政联席会议主要内容

会议名称	会议事项
重庆四川党政联席会议第一次会议	研究建立两省市合作工作机制、谋划先期推动的重要事项。
重庆四川党政联席会议第二次会议	审议通过了两省市贯彻落实规划纲要的联合实施方案、省市领导联系重点项目工作机制、重点规划编制工作方案、便捷生活行动方案等重要文件。
重庆四川党政联席会议第三次会议	聚焦重点区域、重点领域突破，着重对双核联动、产业协作、科技创新等方面进行研究部署。 实地参观考察，举行重庆市·四川省共建具有全国影响力的科技创新中心2021年重大项目集中开工仪式。

资料来源：笔者根据资料整理获得。

从2020年1月以来，推动成渝地区双城经济圈建设重庆四川党政联席会议已召开3次会议，成渝地区双城经济圈建设进一步走深走实。一方面，会议重点不同。第一次会议主要务实推动成渝地区双城经济圈建设开好局、起好步，第二次会议重点聚焦重大规划、重大政策、重大改革、重大项目等方面的研究谋划，第三次会议从"云端"走到线下，不仅带着议题而来，还进行了实地参观考察。另一方面，会议成果更丰硕。前两次会议出台了一系列政策文件，第三次会议既研究了有关文件，听取了重点合作平台进展汇报，还举行了科技创新项目的开工仪式。

在合作资金上，引资本赋能。川渝的默契，来自很深的共识——科技创新是高质量发展的主动力。成渝双城经济圈共同设立300亿元成渝地区双城经济圈发展基金、50亿元（首期10亿元）科创母基金，按市场化机制运营，主要投资于集成电路、智能制造等战略新兴产业，重点支持产业联动、创新协同重大项目。此举有助于促进成渝两地国有平台公司融入双城经济圈建设，会引导和撬动更多社会资本加大对川渝地区重点项目的金融支持力度，更多企业主体在两地间良性互动。

（二）合作方式

联席会议成为川渝双城经济圈最受喜爱的合作形式。两地合作一般的规范化流程是开展联席会议、签署《框架协议》、有条件的建立川渝合作示范区。在体制机制推动下，从2020年1月以来，重庆、四川的党政联席会议开了3次，常务副省市长协调会议开了3次，联合办公室主任调度会议开了8次。各级各部门的合作中，两地有关部门、市区（县）开展各种联席会议、调度会议，已签署合作协议248份，平均两天就"握手"一次。可以看出，成渝双城经济圈积极发挥联席会议制度作用，加强互访交流，通过联席会议及时协商重大事项、制定重要政策、解决重点问题，推进工作落实落地。

战略联盟作用凸显。2021年春，两地开始组建战略联盟，如协同创新战略联盟、科技创新联盟、旅游推广联盟、法律服务联盟等。成渝双城经济圈合作深入，互信增加，联盟作用凸显，促进平等沟通、利益均占、资源共享，以实现区域治理可持续发展。但是目前城市群内成立的联盟与国外的城市联盟制度有所不同，川渝目前只是针对单独领域开展联盟合作，联盟吸纳的主体和资源也不充分。值得注意的是，联盟作为一种方便长期联系的机构，可以为解决需要长期合作的问题提供一个沟通交流的平台，这就突破了联席会议后期执行的限制因素，两地持续相向而行、互为盟友。

清单先行，对标落实。在公共服务领域，成渝双城经济圈内部主体就近期的公共服务事项达成共识，共同发布一年的重点任务清单，清单内容包含了事项梳理、牵头单位和完成期限，再由牵头各政府部门将各项任务具体到项、落实到岗、量化到人。同时设立专班负责日常工作的联系、协调和推动，项目进度可视化。川渝已相继发布两批共 210 项“川渝通办”事项，涉及民政、税务、交通、商务等 23 个行业领域。其中群众日常生活事项 101 项，如异地就医登记备案、身份证换领等。第一批 95 项事项清单已于 2020 年年底前全部实现“川渝通办”，其中 83 项实现了全程网办，12 项实现异地代收代办。接下来将力争 2021 年 12 月底前发布第三批“川渝通办”事项清单。

（三）合作成效

成渝双城经济圈建设不到两年，合作成果突出，亮点频发，充分体现了中国速度。川渝累计签订合作协议 236 份，两地 95 个事项实现“川渝通办”，进行了一系列信息通信业、无障碍旅游、生态环境联防联控联治、基础设施互联互通、制造业集群、科技创新、人才交流等方面的合作，充分发挥了以双城为主体、上级政府协同的推进格局。

围绕政务服务便利化改革，提升公共服务便利共享水平。推进无差别政务服务，重点推进“跨省通办”事项，实现无差别受理、同标准办理、行政审批结果互认。着力深化公共服务领域改革，深入实施成渝地区双城经济圈便捷生活行动，深入推进生态共建和环境共保，协同推进市域社会治理现代化试点，让双城经济圈建设成果更多惠及广大群众。在教育、医疗、公共卫生、户口、社保领域里互联互通、异地办理、由“两地跑”变为“一地办”。

在改革方面，川渝两地也大胆创新，进行了一批在全国具有开创意义的探索。近一年来，两地主要加强了基础设施、产业、环保、公共服务、利益共享、管理运营等领域的合作，由于跨省改革协同没有先例可循，没有经验可用，没有模式可搬，两地在合作过程中激发自身改革创新活力，坚持落实顶层设计和摸着石头过河结合，争取了一批国家级改革试点，获得了中央层面的支持。例如，在城市规划领域，合力推动重庆、成都国家城乡融合发展试验区建设；在交通领域，开展“成渝地区双城经济圈交通一体化发展”交通强国试点；在民生工程领域，开展深化“放管服”改革，重视“跨省通办”工作，两省市《优化营商环境条例》作为川渝首个协同立法项目，将于2021年7月1日起施行；在财税领域，探索经济区和行政区适度分离综合改革，探究建立跨区域合作财政协同投入机制和财税利益分享机制；在毗邻地区合作领域，建立川渝统筹发展示范区等10个合作平台，其中川渝高竹新区和遂潼川渝毗邻地区一体化发展先行区已获两省市政府批复设立；在环保领域，成立川渝河长制联合推进办公室，成为全国首个跨省市设立的联合河长办，协同推进“无废城市”建设，在全国率先建立危险废物跨省市转移“白名单”制度等；在市场监管领域，建立全国首个跨行政区域外商投资企业投诉处理协作机制，建立市场准入异地同标、市场监管案件线索移送等机制，开设“两江天府合作办事窗口”，实现异地申办营业执照。

（四）合作局限

第一，城市间经济联系弱。成渝地区双城经济圈内部有多方参与的协作次级系统尚未完全形成，西部城市群尚处于中心城市自我集聚阶段，区域经济发展水平仍然较低，中心城市资源输入比发散多，合理分工和专业协作还未形成，除核心城市外，城市群内城市密度低，不同行政等级城市间经济发展水平、公共服务水平和城市治理能力差异明显。

第二，同城化难度大。川渝跨越两个省市行政单元，行政成本大大增加，城市群协调发展的难度上升，空间相互作用力弱化，对两翼辐射强度小，存在两地公共服务体系不衔接、政策不同步、财政经费不足、某些公共服务缺失等阻碍。

第三，城市之间竞争大于合作。成都和重庆两个城市产业结构特色趋同，且目前企业之间缺乏横向联系，城市间缺乏交流合作与互补共赢，虽说都在建设成渝双城经济圈，但因为行政区划的限制，四川省全力打造成都都市圈暨成德眉资同城化。

第四，区域合作组织现阶段以简单的联席会议形式存在，府际协议签署频繁，为后续合作打下制度性基础的同时，也对“抓落实”提出了很高要求。目前存在川渝两地政府间大量信息不互通和行政壁垒，使市县政企在项目合作、产业链布局等操作层面会遇到一些现实阻碍。

第三章

城市群公共服务协同供给能力

城市公共服务一般包括基础教育、医疗卫生、公共文化、社会保障和就业等维度，通常以上方面也是衡量城市公共服务质量的主要内容，因此本章节也将基于以上几个方面，参考城市公共服务质量评估的惯常做法，分别从不同维度初步评估成渝地区双城经济圈的公共服务质量，并基于熵权法进一步确定各指标权重并进行客观赋值，分别从整体和局部两个层面对成渝地区双城经济圈公共服务质量作出更全面的评价。

在成渝地区双城经济圈公共服务质量评估的具体操作方面，由于明确的量化指标关系到测评结果的可信度和准确度，合理科学的指标体系是研究的基础，应当参考学界当前的不同做法并结合成渝地区双城经济圈公共服务供给和数据可获取性等实际情况来决定所采用的评价指标体系。根据学者们对基本公共服务范围大小的理解和认识差异，可将他们的观点归纳为三种类型（刘德吉，2009）：第一种“窄派”观点认为，基本公共服务应涵盖基础教育、公共医疗和社会保障等与民生密切相关的公共服务；第二种“中派”观点认为，基本公共服务除了包括教育、医疗、公共文化等基本民生性和公共事业性服务以外，还应包括环境保护、生活生产设施、公共安全方面的服务；第三种“宽派”观点认为除了上述服务，一般行政管理、外交、司法等维持性服务也应该纳入基本公共服务的范畴。

本书对基本公共服务评价指标体系的构建主要是基于以下考虑：

由于中国人口众多、地区间以及城乡之间发展差距大，而且受到自然条件、历史因素和地方政府财力等诸多因素的影响，其基本公共服务均等化的实现不可能一蹴而就，而将是一个伴随中国城镇化和工业化全过程的复杂、艰巨的历史任务，所以基本公共服务及其均等化实质上都是一个动态的范畴，随着社会经济的不断发展，其内涵和外延都将发生变化（翟羽佳，2013）。对此，有学者认为根据我国现阶段的基本国情，对基本公共服务内容的界定不宜过宽，适宜将义务教育、公共医疗卫生和基本社会保障作为基本公共服务的内容（孔凡河，2015），而且这几类公共服务有着“直接生活消费性、基础保障性、生存保底性和增益不可逆转性”等特点，是更为直接和基础的民生问题（刘德吉、胡昭明、程璐、汪凯，2010）。

依照上文所述，本书参照我国《“十三五”推进基本公共服务均等化规划》对基本公共服务内涵的界定，在借鉴已有相关研究成果的基础上，遵循指标选取的科学性、全面性和可操作性等原则，从基础教育类公共服务、医疗卫生类公共服务、公共文化类公共服务、社会保障和就业类公共服务四个层面共 17 个具体指标来建立基本公共服务评价指标体系，同时考虑到成渝地区双城经济圈内不同城市在人口数量、区域面积方面存在较大差异，本书对所选取的测量指标采用相对值的衡量方法。各指标信息如表 3－1 所示。

表 3－1 成渝地区双城经济圈公共服务水平评估指标体系

公共服务种类	具体指标
基础教育	教育支出占财政支出比重（%）A1
	人均教育支出（元）A2
	普通小学生师比 * A3
	普通中学生师比 * A4
	每万人普通小学学校数（所/万人）A5
	每万人普通中学学校数（所/万人）A6
医疗卫生	医疗卫生和计划生育支出占财政支出比重（%）B1
	人均医疗卫生支出（元）B2
	每万人卫生机构数（个/万人）B3
	每万人卫生技术人员数（人/万人）B4
	每万人卫生机构床位数（张/万人）B5

续表

公共服务种类	具体指标
公共文化	文化体育与传媒支出占地方财政一般预算支出比重（%）C1
	人均公共文化支出（元）C2
	每百人公共图书馆藏书量（册/百人）C3
社会保障和就业	社会保障和就业支出占财政支出比重（%）D1
	人均社会保障和就业支出（元）D2
	城镇登记失业率（%）D3

注：* 表示该指标为逆向指标，其他指标为正向指标。

第一节　公共服务供给财政能力

目前，我国城市公共服务供给依然以政府为核心主体，财政支持是政府供给公共服务的前提保障，政府的一般公共预算支出作为公共服务供给投入的主要经济来源，可以反映地方政府在公共服务供给方面的投入水平，从而在一定程度上体现整体公共服务供给状况。本节通过比较一般公共预算支出和人均一般公共预算支出了解成渝地区双城经济圈各城市的整体公共服务供给状况，具体如表 3 －2 所示。

表 3 －2　2018 年成渝地区双城经济圈各城市（人均）一般公共预算支出

一般公共预算支出（亿元）				人均一般公共预算支出（元）			
主城都市区	万州区	黔江区	涪陵区	主城都市区	万州区	黔江区	涪陵区
749	128	65	127	8555	7749	13440	10834
长寿区	江津区	合川区	永川区	长寿区	江津区	合川区	永川区
67	135	99	109	7794	9729	7048	9518
南川区	綦江区	大足区	璧山区	南川区	綦江区	大足区	璧山区
59	98	97	82	10008	8896	12305	11003
铜梁区	潼南区	荣昌区	开州区	铜梁区	潼南区	荣昌区	开州区
64	70	71	97	8790	9663	9923	8213
梁平区	丰都县	垫江县	忠县	梁平区	丰都县	垫江县	忠县
70	69	69	60	10633	11728	9796	8143
云阳县	成都市	自贡市	泸州市	云阳县	成都市	自贡市	泸州市
84	1837	242	412	9021	11252	8297	9532

续表

一般公共预算支出（亿元）				人均一般公共预算支出（元）			
德阳市	绵阳市	遂宁市	内江市	德阳市	绵阳市	遂宁市	内江市
272	408	252	243	7671	8404	7877	6580
乐山市	南充市	眉山市	宜宾市	乐山市	南充市	眉山市	宜宾市
303	495	235	416	9270	7690	7881	9131
广安市	达州市	雅安市	资阳市	广安市	达州市	雅安市	资阳市
289	419	131	192	8918	7320	8476	7635

资料来源：2019 年《四川统计年鉴》、2019 年《重庆统计年鉴》。

一　公共服务财政支出成渝间差异大

（一）成都都市圈财政支出规模更高

从成都都市圈和重庆都市圈比较来看，在一般公共预算支出方面，多数成都都市圈城市的数值明显超过平均值或接近平均值，而重庆都市圈除了重庆主城都市区以外所有城市的数值均在平均值以下，推断认为产生这种现象的主要原因不在于不同城市对公共服务供给投入的重视程度差异，而在于相较于成都都市圈，重庆都市圈大多城市的人口和经济规模明显较小，相应的财政收入和支出规模也更小。另外，从标准差来看，重庆都市圈在该项指标上的内部差异明显小于成都都市圈。

（二）重庆都市圈财政支出水平更均衡

相较于一般公共预算支出而言，人均一般公共预算支出更能有效体现公共服务供给投入水平，而成都都市圈和重庆都市圈在这一项指标上出现了与另一项指标几乎相反的分布情况，即重庆都市圈多数城市超过或接近平均水平，而成都都市圈多数则低于平均水平，重庆都市圈的标准差则略微高于成都都市圈。说明在公共服务供给投入方面，成都都市圈的总体投入规模更大，而重庆都市圈的平均投入水平更高，二者的内部差异相对接近。

二　公共服务财政支出城市间差异很大

从单个城市来看，在一般公共预算支出方面，成都市和重庆主城都市区居于明显超出其他城市的领先地位，尤其是成都市在该指标上独居一档，其金额为所有城市平均值的7.68倍、重庆主城都市区的2.45倍，成都市在该项指标上取得如此巨大领先优势的原因在于其明显超过其他所有城市的人口、经济和财政规模。此外泸州市、绵阳市、南充市、宜宾市、达州市均显著超过平均水平，而其他城市大多接近或低于平均线。在人均一般公共预算支出方面，成都市、黔江区、涪陵区、大足区、璧山区、梁平区和丰都县等市区县明显高于平均水平，其中黔江区最高，内江市最低。

第二节　公共服务供给质量

一　基础教育服务

基础教育类公共服务体现“学有所教”，这一层面主要选取教育支出占财政支出比重、人均教育支出、普通小学生师比、普通中学生师比、每万人普通小学学校数、每万人普通中学学校数6个指标。其中，教育支出占财政支出比重和人均教育支出反映该城市对基础教育类公共服务的投入水平；每万人普通小学学校数和每万人普通中学学校数反映当地居民享受教育服务的可达性，数值越大表明接受教育服务越便利；普通小学生师比和普通中学生师比这一指标可以反映中小学教师配置情况，通常认为生师比越小，即教师需负担的学生数越少，越有利于教师了解学生情况，并进行针对性、多样化教学，从而有助于教育质量的提高。

（一）基础教育服务投入情况

在教育投入方面，主要依据人均教育支出和教育支出占财政支出比重来衡量。从表3－3可以看出成渝地区双城经济圈中不同城市中对基础教育类公共服务的投入水平存在较为显著的差异。具体而言，从成渝地区双城经济圈整体来看，所有城市人均教育支出均值和标准差分别是1621元和331.5650元，教育支出占财政比重的均值和标准差分别是17.81%和0.0257；从成都都市圈和重庆都市圈相比较来看，人均教育支出均值分别为1380元和1794元，标准差分别为231.1956和282.5429，教育支出占财政比重的均值分别为16.46%和18.78%，标准差分别为0.0187和0.0260。从以上两项指标来看，成都都市圈多数城市投入水平低于整体平均值，重庆都市圈多数城市投入水平高于整体平均值。无论从绝对数还是从相对数来看，重庆都市圈对教育投入的整体水平高于成都都市圈，但重庆都市圈教育投入水平的内部差异相较于成都都市圈更大，可以认为成渝地区双城经济圈中重庆都市圈对教育的投入要高于成都都市圈。从单个城市来看，人均教育支出投入最高和最低的分别是黔江区（2450 元）和德阳市（1066 元），教育支出占财政支出比重最高和最低分别是开州区（23.19%）和璧山区（12.83%）。

表 3－3　　2018 年成渝地区双城经济圈各城市教育投入

人均教育支出（元）				教育支出占财政支出比重			
主城都市区	万州区	黔江区	涪陵区	主城都市区	万州区	黔江区	涪陵区
1450	1560	2450	1565	16.95%	20.13%	18.23%	14.44%
长寿区	江津区	合川区	永川区	长寿区	江津区	合川区	永川区
1573	1634	1342	1902	20.18%	16.80%	19.04%	19.98%
南川区	綦江区	大足区	璧山区	南川区	綦江区	大足区	璧山区
1617	1678	1860	1411	16.16%	18.86%	15.12%	12.83%
铜梁区	潼南区	荣昌区	开州区	铜梁区	潼南区	荣昌区	开州区
1729	1943	2037	1905	19.67%	20.11%	20.53%	23.19%
梁平区	丰都县	垫江县	忠县	梁平区	丰都县	垫江县	忠县
2071	2251	1913	1753	19.48%	19.20%	19.53%	21.53%
云阳县	成都市	自贡市	泸州市	云阳县	成都市	自贡市	泸州市
2030	1628	1311	1674	22.51%	14.47%	15.80%	17.56%
德阳市	绵阳市	遂宁市	内江市	德阳市	绵阳市	遂宁市	内江市
1066	1274	1327	1140	13.90%	15.16%	16.84%	17.33%
乐山市	南充市	眉山市	宜宾市	乐山市	南充市	眉山市	宜宾市
1330	1311	1228	1769	14.35%	17.05%	15.58%	19.37%
广安市	达州市	雅安市	资阳市	广安市	达州市	雅安市	资阳市
1832	1299	1279	1228	20.54%	17.74%	15.09%	16.09%

资料来源：2019 年《四川统计年鉴》、2019 年《重庆统计年鉴》。

（二）基础教育服务资源可达性

在基础教育服务资料可达性方面，主要从城市普通小学和普通中学分布密度来考察。从表 3 -4 可以看出，就成渝地区双城经济圈整体而言，每万人普通小学学校数平均值和标准差分别为 0. 9258 和 0. 4803，每万人普通中学学校数平均值和标准差为 0. 4637 和 0. 1662。多数的普通小学密度数值相近，少数城市远高于平均水平。普通中学密度分布则较为不均匀，各城市间存在较大的差异。可以认为整体的教育资源可达性在普通小学层面分布较为平均，在普通中学的层面则差异显著。从成都都市圈和重庆都市圈比较来看，二者的每万人普通小学学校数均值分别为 0. 7811 和 1. 0291，标准差分别为 0. 5349 和 0. 4200，每万人普通中学学校数均值分别为 0. 5785 和 0. 3816，标准差分别为 0. 1419 和 0. 1313。就普通小学而言，重庆都市圈的教育资源可达性更高；就普通中学而言，成都都市圈的教育资源可达性更佳，两项指标的城市群内部差异程度都较为相似。就单个城市来看，普通小学教育资源可达性最高和最低的分别是黔江区（1. 47）和璧山区（0. 23），普通中学教育资源可达性最高和最低的分别是大足区（2. 14）和合川区（0. 24）。

表 3 -4　　2018 年成渝地区双城经济圈各城市教育资源可达性

每万人普通小学学校数（所）				每万人普通中学学校数（所）			
主城都市区	万州区	黔江区	涪陵区	主城都市区	万州区	黔江区	涪陵区
0. 49	0. 64	1. 47	0. 83	0. 26	0. 35	0. 56	0. 41
长寿区	江津区	合川区	永川区	长寿区	江津区	合川区	永川区
0. 73	0. 71	0. 79	1. 09	0. 36	0. 32	0. 24	0. 31
南川区	綦江区	大足区	璧山区	南川区	綦江区	大足区	璧山区
1. 00	0. 65	0. 41	0. 23	0. 29	0. 59	2. 14	0. 51
铜梁区	潼南区	荣昌区	开州区	铜梁区	潼南区	荣昌区	开州区
0. 30	0. 29	0. 28	0. 54	0. 84	1. 54	1. 73	0. 82
梁平区	丰都县	垫江县	忠县	梁平区	丰都县	垫江县	忠县
0. 49	0. 72	0. 28	0. 34	1. 05	1. 03	1. 11	1. 35
云阳县	成都市	自贡市	泸州市	云阳县	成都市	自贡市	泸州市
0. 45	0. 36	0. 41	0. 52	1. 08	0. 37	0. 48	0. 51

续表

每万人普通小学学校数				每万人普通中学学校数			
德阳市	绵阳市	遂宁市	内江市	德阳市	绵阳市	遂宁市	内江市
0.57	0.84	0.61	0.74	0.41	0.45	0.49	0.48
乐山市	南充市	眉山市	宜宾市	乐山市	南充市	眉山市	宜宾市
0.69	0.41	0.58	0.67	0.59	0.76	0.64	0.61
广安市	达州市	雅安市	资阳市	广安市	达州市	雅安市	资阳市
0.59	0.49	1.03	0.72	0.85	0.69	0.57	0.78

资料来源：2019 年《四川统计年鉴》、2019 年《重庆统计年鉴》。

（三）基础教育服务资源质量

在基础教育服务资源质量方面，主要从城市普通小学和普通中学的生师比来测量，通常认为生师比越低教育质量越好。从表 3－5 可以看到，成渝地区双城经济圈中不同城市的教育资源质量差异较大。从成渝地区双城经济圈总体来看，普通小学生师比的均值和标准差分别为 17.38 和 2.5429，普通中学生师比的均值和标准差分别为 13.55 和 1.8731。就成都都市圈和重庆都市圈对比而言，二者的普通小学生师比的均值分别为 18.58 和 16.53，标准差分别为 3.0324 和 1.7427；普通中学生师比的均值分别为 12.35 和 14.41，标准差分别为 1.5809 和 1.5924。就普通小学的教育资源质量来看，重庆都市圈优于成都都市圈且内部城市之间资源分布更平均；就普通中学的教育资源来看，成都都市圈比重庆都市圈更好，二者的内部差异水平相近；就单个城市来看，普通小学教育资源质量最高和最低的分别是长寿区（12.90）和永川区（19.40），普通中学教育资源质量最高和最低的分别是长寿区（11.08）和垫江县（18.28）。

表 3－5　2018 年成渝地区双城经济圈各城市教育资源质量

普通小学生师比				普通中学生师比			
主城都市区	万州区	黔江区	涪陵区	主城都市区	万州区	黔江区	涪陵区
18.64	18.56	16.36	17.30	12.86	14.14	13.11	13.89
长寿区	江津区	合川区	永川区	长寿区	江津区	合川区	永川区
12.90	17.36	16.89	19.40	11.08	15.01	13.17	15.46

续表

普通小学生师比				普通中学生师比			
南川区	綦江区	大足区	璧山区	南川区	綦江区	大足区	璧山区
16.29	14.11	17.55	18.53	15.57	11.24	14.49	14.02
铜梁区	潼南区	荣昌区	开州区	铜梁区	潼南区	荣昌区	开州区
17.94	16.06	15.25	17.88	14.80	14.04	14.80	15.37
梁平区	丰都县	垫江县	忠县	梁平区	丰都县	垫江县	忠县
15.79	14.95	14.69	16.55	15.22	15.29	18.28	16.09
云阳县	成都市	自贡市	泸州市	云阳县	成都市	自贡市	泸州市
14.03	18.48	17.96	18.95	14.68	11.59	14.66	16.68
德阳市	绵阳市	遂宁市	内江市	德阳市	绵阳市	遂宁市	内江市
16.62	17.31	15.42	16.75	11.83	13.04	11.35	15.06
乐山市	南充市	眉山市	宜宾市	乐山市	南充市	眉山市	宜宾市
15.96	15.29	16.02	17.68	11.30	12.77	11.28	13.93
广安市	达州市	雅安市	资阳市	广安市	达州市	雅安市	资阳市
16.12	15.51	14.54	18.21	12.27	14.84	12.82	14.93

资料来源：2019 年《四川统计年鉴》、2019 年《重庆统计年鉴》。

二 医疗卫生服务

医疗卫生类公共服务体现“病有所医”，这一层面选取了医疗卫生和计划生育支出占财政支出比重、人均医疗卫生支出、每万人卫生机构数、每万人卫生技术人员数、每万人卫生机构床位数 5 个指标。其中，以医疗卫生和计划生育支出占财政支出比重和人均医疗卫生支出来衡量政府对医疗卫生服务的投入水平；而医疗卫生机构数、床位数、卫生技术人员数等医疗资源在医疗卫生服务体系中有着基础性作用，是测度地区医疗卫生服务水平的重要统计指标。本书用每万人卫生机构数，即卫生机构密度来反映居民享受医疗卫生服务的可达性，每万人卫生技术人员数和每万人卫生机构床位数用以反映医疗卫生机构的服务供给能力。

（一）医疗卫生服务投入情况

在医疗卫生服务投入方面，主要从人均医疗卫生支出和医疗卫生与计划生育支出占财政支出比重来考察。从表 3－6 可以看出，成渝地区双城经济圈中不同城市对医疗卫生类公共服务的投入水平存在明显的差距。

从成渝地区双城经济圈整体来看，所有城市人均医疗卫生支出均值和标准差分别是1063元和155.6237，医疗卫生和计划生育支出占财政支出比重的均值和标准差分别是11.77%和0.0187；从成都都市圈和重庆都市圈相比较来看，人均医疗卫生支出均值分别为972元和1128元，标准差分别为84.0200和163.9352，医疗卫生和计划生育支出占财政支出比重的均值分别为11.72%和11.80%，标准差分别为0.0132和0.0221；成都都市圈的医疗卫生投入绝对数明显低于重庆都市圈，而二者的医疗卫生投入相对数相近，重庆都市圈医疗卫生投入的内部城市间差异大于成都都市圈；从单个城市来看，人均医疗卫生支出投入最高和最低的分别是主城都市区（1450元）和成都市（860元），医疗卫生和计划生育支出占财政支出比重最高和最低的分别是主城都市区（16.95%）和成都市（7.64%）。

表3-6　　2018年成渝地区双城经济圈各城市医疗卫生投入

人均医疗卫生支出（元）				医疗卫生和计划生育支出占财政支出比重			
主城都市区	万州区	黔江区	涪陵区	主城都市区	万州区	黔江区	涪陵区
1450	937	1224	1108	16.95%	12.10%	9.11%	10.23%
长寿区	江津区	合川区	永川区	长寿区	江津区	合川区	永川区
1061	1206	943	935	13.62%	12.39%	13.37%	9.82%
南川区	綦江区	大足区	璧山区	南川区	綦江区	大足区	璧山区
1039	1069	1097	1003	10.38%	12.02%	8.91%	9.11%
铜梁区	潼南区	荣昌区	开州区	铜梁区	潼南区	荣昌区	开州区
1168	1263	1129	1243	13.29%	13.07%	11.38%	15.14%
梁平区	丰都县	垫江县	忠县	梁平区	丰都县	垫江县	忠县
1372	1356	1313	1234	12.90%	11.56%	13.40%	15.16%
云阳县	成都市	自贡市	泸州市	云阳县	成都市	自贡市	泸州市
1267	860	966	1061	14.05%	7.64%	11.64%	11.13%
德阳市	绵阳市	遂宁市	内江市	德阳市	绵阳市	遂宁市	内江市
904	908	911	861	11.78%	10.81%	11.57%	13.09%
乐山市	南充市	眉山市	宜宾市	乐山市	南充市	眉山市	宜宾市
1034	962	971	1057	11.15%	12.51%	12.32%	11.57%
广安市	达州市	雅安市	资阳市	广安市	达州市	雅安市	资阳市
1129	907	1088	964	12.66%	12.39%	12.84%	12.63%

资料来源：2019年《四川统计年鉴》、2019年《重庆统计年鉴》。

（二）医疗卫生服务可达性

在医疗卫生服务可达性方面，主要从城市卫生机构分布密度来考察。根据表3－7可知，就成渝地区双城经济圈整体而言，每万人卫生机构数平均值和标准差分别为8.1169和2.3506，不同城市的卫生机构密度存在较大差异，整体分布较为不均匀，可以认为整体的医疗卫生服务资源可达性分布的城市间差异显著；从成都都市圈和重庆都市圈比较来看，二者的每万人卫生机构数均值分别为9.7469和6.9527，标准差分别为2.2239和1.6707。成都都市圈的医疗卫生服务资源整体可达性明显高于重庆都市圈，而两者的内部城市差异则相近。就单个城市来看，医疗卫生服务可达性最高和最低的分别是资阳市（13.69）和大足区（5.22）。

表3－7　2018年成渝地区双城经济圈各城市每万人卫生机构数　（个）

地区	主城都市区	万州区	黔江区	涪陵区	长寿区	江津区
每万人卫生机构数	5.23	7.71	6.10	5.30	6.14	8.11
地区	合川区	永川区	南川区	綦江区	大足区	璧山区
每万人卫生机构数	6.50	5.90	6.97	5.45	5.22	6.90
地区	铜梁区	潼南区	荣昌区	开州区	梁平区	丰都县
每万人卫生机构数	11.12	5.73	6.29	5.98	9.23	7.88
地区	垫江县	忠县	云阳县	成都市	自贡市	泸州市
每万人卫生机构数	6.14	10.64	7.34	6.59	7.69	10.68
地区	德阳市	绵阳市	遂宁市	内江市	乐山市	南充市
每万人卫生机构数	7.95	9.62	11.80	8.91	9.98	13.33
地区	眉山市	宜宾市	广安市	达州市	雅安市	资阳市
每万人卫生机构数	6.84	11.55	10.63	7.51	9.45	13.69

资料来源：2019年《四川统计年鉴》、2019年《重庆统计年鉴》。

（三）医疗卫生服务供给能力

在医疗卫生服务供给能力方面，主要从城市卫生机构床位数和卫生技术人员等医疗资源规模来考察。从表3－8可以看到，成渝地区双城经济圈中不同城市的医疗卫生服务供给能力存在显著的差距。从成渝地区双城经济圈总体来看，每万人卫生机构床位数的均值和标准差分别为

68.06 和 9.33，每万人卫生技术人员数的均值和标准差分别为 68.20 和 19.17；就成都都市圈和重庆都市圈对比而言，二者的每万人卫生机构床位数的均值分别为 70.99 和 65.97，标准差分别为 15.59 和 9.70，每万人卫生技术人员数的均值分别为 83.31 和 57.40，标准差分别为 15.59 和 13.39，成都都市圈的卫生机构床位资源要明显低于重庆都市圈，卫生技术人员资源则与之相当，这两项指标的内部分布差异程度相似。就单个城市来看，每万人卫生技术人员资源最多和最少的分别是成都市（132.19）和江津区（39.24），卫生机构床位资源最多和最少的分别是成都市（87.72）和合川区（48.36）。

表 3-8　2018 年成渝地区双城经济圈各城市医疗卫生服务供给能力

每万人卫生技术人员数（个）				每万人卫生机构床位数（张）			
主城都市区	万州区	黔江区	涪陵区	主城都市区	万州区	黔江区	涪陵区
97.21	66.93	76.48	60.64	83.89	63.45	83.32	58.51
长寿区	江津区	合川区	永川区	长寿区	江津区	合川区	永川区
51.17	39.24	51.31	61.46	60.40	58.05	48.36	70.82
南川区	綦江区	大足区	璧山区	南川区	綦江区	大足区	璧山区
62.90	61.87	41.39	60.04	71.34	78.30	61.98	65.63
铜梁区	潼南区	荣昌区	开州区	铜梁区	潼南区	荣昌区	开州区
57.42	43.03	59.95	46.85	57.30	53.64	62.87	65.72
梁平区	丰都县	垫江县	忠县	梁平区	丰都县	垫江县	忠县
53.88	52.53	60.84	48.90	61.15	77.90	72.91	61.02
云阳县	成都市	自贡市	泸州市	云阳县	成都市	自贡市	泸州市
48.17	132.19	85.14	84.74	66.24	87.72	75.39	73.63
德阳市	绵阳市	遂宁市	内江市	德阳市	绵阳市	遂宁市	内江市
85.83	87.18	72.63	70.79	68.42	79.39	62.90	65.17
乐山市	南充市	眉山市	宜宾市	乐山市	南充市	眉山市	宜宾市
82.21	77.32	77.16	83.72	73.65	64.74	66.00	73.43
广安市	达州市	雅安市	资阳市	广安市	达州市	雅安市	资阳市
70.83	65.60	95.60	78.65	61.02	57.59	80.16	75.65

资料来源：2019 年《四川统计年鉴》、2019 年《重庆统计年鉴》。

三 公共文化服务

公共文化类公共服务体现“文体有获”。在这一维度上，选取了文化体育与传媒支出占地方财政一般预算支出比重、人均公共文化支出、每百人公共图书馆藏书量3个指标。其中文化体育与传媒支出占地方财政一般预算支出比重和人均公共文化支出体现政府对公共文化服务的投入水平；而每百人图书馆藏书量则主要反映满足人民群众精神文化需求、提高全民文化素质的公共文化服务供给质量。

（一）公共文化服务投入情况

从表3－9可以看出，成渝地区双城经济圈中不同城市对公共文化类公共服务的投入水平存在一定的差异。从成渝地区双城经济圈整体来看，所有城市人均公共文化支出均值和标准差分别是115元和42.5093，文化体育和传媒支出占财政比重的均值和标准差分别是1.25%和0.0039；从成都都市圈和重庆都市圈相比较来看，人均公共文化支出均值分别为118元和113元，标准差分别为55.1922和31.9163，文化体育和传媒支出占财政比重的均值分别为1.38%和1.17%，标准差分别为0.0049和0.0027。成都都市圈的公共文化投入人均绝对数和总额相对数均与重庆都市圈较为相近，但成都都市圈的内部城市差异略大于重庆都市圈。从单个城市来看，人均公共文化支出投入最高和最低的分别是乐山市（266元）和开州区（62元），文化体育和传媒支出占财政比重最高和最低的分别是乐山市（2.87%）和云阳县（0.75%）、开州区（0.75%）。

表3－9　　2018年成渝地区双城经济圈各城市公共文化投入

人均公共文化支出（元）				文化体育和传媒支出占财政比重			
主城都市区	万州区	黔江区	涪陵区	主城都市区	万州区	黔江区	涪陵区
113	130	192	123	1.32%	1.67%	1.43%	1.13%
长寿区	江津区	合川区	永川区	长寿区	江津区	合川区	永川区
72	157	91	109	0.93%	1.61%	1.29%	1.15%
南川区	綦江区	大足区	璧山区	南川区	綦江区	大足区	璧山区
110	102	148	137	1.10%	1.15%	1.20%	1.25%

续表

人均公共文化支出（元）				文化体育和传媒支出占财政比重			
铜梁区	潼南区	荣昌区	开州区	铜梁区	潼南区	荣昌区	开州区
99	153	91	62	1.13%	1.59%	0.92%	0.75%
梁平区	丰都县	垫江县	忠县	梁平区	丰都县	垫江县	忠县
113	89	104	103	1.07%	0.76%	1.06%	1.27%
云阳县	成都市	自贡市	泸州市	云阳县	成都市	自贡市	泸州市
67	230	94	128	0.75%	2.05%	1.13%	1.34%
德阳市	绵阳市	遂宁市	内江市	德阳市	绵阳市	遂宁市	内江市
95	91	85	87	1.24%	1.08%	1.08%	1.32%
乐山市	南充市	眉山市	宜宾市	乐山市	南充市	眉山市	宜宾市
266	112	111	103	2.87%	1.46%	1.41%	1.12%
广安市	达州市	雅安市	资阳市	广安市	达州市	雅安市	资阳市
104	98	67	97	1.16%	1.34%	0.79%	1.28%

资料来源：2019 年《四川统计年鉴》、2019 年《重庆统计年鉴》。

（二）公共文化服务供给质量

在公共文化服务供给质量方面，主要考察城市每百人拥有的公共图书资源数量。从表 3－10 可以看到，成渝地区双城经济圈各城市的供给质量存在较大的差异，少数城市明显超出平均水平，多数城市则达不到平均值。总体来看，每百人公共图书馆藏书量的均值和标准差分别为 39.57 和 23.92，就成都都市圈和重庆都市圈对比而言，二者的每百人公共图书馆藏书量的均值分别为 37.79 和 40.84，标准差分别为 22.38 和 25.43，重庆都市圈的公共文化服务资源质量要略高于成都都市圈，但其组内差距也更大。就单个城市来看，公共文化服务资源最多和最少的分别是主城都市区（114.11）和云阳县（14.55）。

表 3－10　2018 年成渝地区双城经济圈各城市每百人公共图书馆藏书量

地区	主城都市区	万州区	黔江区	涪陵区	长寿区	江津区
每百人公共图书馆藏书量（本）	114.11	17.67	68.46	58.44	48.50	89.17

续表

地区	合川区	永川区	南川区	綦江区	大足区	璧山区
每百人公共图书馆藏书量（本）	26.65	16.84	23.65	34.23	47.21	37.13
地区	铜梁区	潼南区	荣昌区	开州区	梁平区	丰都县
每百人公共图书馆藏书量（本）	51.25	38.41	27.81	47.05	15.17	37.15
地区	垫江县	忠县	云阳县	成都市	自贡市	泸州市
每百人公共图书馆藏书量（本）	21.53	22.58	14.55	99.32	19.55	36.96
地区	德阳市	绵阳市	遂宁市	内江市	乐山市	南充市
每百人公共图书馆藏书量（本）	33.57	43.85	28.33	20.68	30.49	30.12
地区	眉山市	宜宾市	广安市	达州市	雅安市	资阳市
每百人公共图书馆藏书量（本）	18.40	29.98	66.58	25.26	62.92	20.82

资料来源：2019 年《四川统计年鉴》、2019 年《重庆统计年鉴》。

四 社会保障和就业服务

社会保障和就业服务体现“劳有所得”“老有所养”“困有所帮”。这一层面，选取了社会保障和就业支出占财政支出比重、人均社会保障和就业支出和城镇登记失业率 3 个指标。其中，社会保障和就业支出占财政支出比重、人均社会保障和就业支出反映政府对社会保障与就业方面的资金投入程度，城镇登记失业率能够体现居民享受的就业保障水平和城乡低保人数用以反映居民享受社会福利服务情况。

（一）社会保障和就业服务投入情况

成渝地区双城经济圈中城市间的社会保障和就业类公共服务的投入总体分布相对不均衡。从成渝地区双城经济圈整体来看，所有城市人均社会保障和就业支出均值和标准差分别是 1095 元和 114.0224，社会保障和就业支出占财政支出比重的均值和标准差分别是 12.12% 和 0.0190；从成都都市圈和重庆都市圈比较来看，人均社会保障和就业支出均值分别为 1061 元和 1118 元，标准差分别为 86.1285 和 126.9226。社会保障和就业支出占财政支出比重的均值分别为 12.77% 和 11.66%，标准差分别为 0.0137 和 0.0212。在社会保障和就业类公共服务支出方面，成都都市圈的人均支出低于重庆都市圈，但相对支出高于重庆都市圈，总体上重庆都市圈的社会保障和就业服务内部差异更大。从单个城市来看，人均社会保障和就业支出投入最高和最低的分别是黔江区（1331 元）和璧山区（850 元），社会保障和就业支出占财政支出比重最高和最低的分别是开州区（15.94%）和璧山区（7.73%），具体如表 3－11 所示。

表 3－11 2018 年成渝地区双城经济圈各城市社会保障和就业投入

人均社会保障和就业支出（元）				社会保障和就业支出占财政支出比重			
主城都市区	万州区	黔江区	涪陵区	主城都市区	万州区	黔江区	涪陵区
954	955	1331	1148	11.15%	12.32%	9.90%	10.59%
长寿区	江津区	合川区	永川区	长寿区	江津区	合川区	永川区
1078	1103	1055	914	13.83%	11.33%	14.96%	9.60%
南川区	綦江区	大足区	璧山区	南川区	綦江区	大足区	璧山区
1177	1221	1213	850	11.76%	13.72%	9.86%	7.73%
铜梁区	潼南区	荣昌区	开州区	铜梁区	潼南区	荣昌区	开州区
1082	1085	1182	1309	12.31%	11.23%	11.91%	15.94%
梁平区	丰都县	垫江县	忠县	梁平区	丰都县	垫江县	忠县
1159	1231	1042	1086	10.90%	10.50%	10.63%	13.34%
云阳县	成都市	自贡市	泸州市	云阳县	成都市	自贡市	泸州市
1280	1081	1003	1138	14.19%	9.61%	12.09%	11.94%
德阳市	绵阳市	遂宁市	内江市	德阳市	绵阳市	遂宁市	内江市
1133	1080	1021	963	14.78%	12.85%	12.96%	14.63%
乐山市	南充市	眉山市	宜宾市	乐山市	南充市	眉山市	宜宾市
1167	1068	971	1053	12.59%	13.88%	12.32%	11.54%
广安市	达州市	雅安市	资阳市	广安市	达州市	雅安市	资阳市
1248	934	981	1072	14.00%	12.76%	11.57%	14.05%

资料来源：2019 年《四川统计年鉴》、2019 年《重庆统计年鉴》。

（二）社会保障和就业服务供给质量

在社会保障和就业服务供给质量方面，主要通过城市的城镇登记失业率进行判断。根据表 3－12 的结果，成渝地区双城经济圈各城市的社会保障和就业服务供给质量存在特殊分布规律。总体来看，城镇登记失业率的均值和标准差分别为3.21%和0.0063；就成都都市圈和重庆都市圈对比而言，二者的城镇登记失业率的均值分别为3.62%和2.93%，标准差分别为0.0038和0.0061。重庆都市圈的城镇失业登记率总体水平低于成都都市圈，其空间分布更加不均衡，相较于成都都市圈其内部差异更大。就单个城市来看，城镇登记失业率最高和最低的分别是南川区（4.05%）和璧山区（1.50%）。

表3－12　2018年成渝地区双城经济圈各城市城镇登记失业率

地区	主城都市区	万州区	黔江区	涪陵区	长寿区	江津区
城镇登记失业率	2.84%	2.93%	3.19%	3.16%	3.10%	2.84%
地区	合川区	永川区	南川区	綦江区	大足区	璧山区
城镇登记失业率	2.00%	3.05%	4.05%	2.43%	2.70%	1.50%
地区	铜梁区	潼南区	荣昌区	开州区	梁平区	丰都县
城镇登记失业率	3.06%	2.00%	2.79%	2.40%	3.50%	3.42%
地区	垫江县	忠县	云阳县	成都市	自贡市	泸州市
城镇登记失业率	3.40%	3.30%	3.80%	3.29%	3.65%	3.07%
地区	德阳市	绵阳市	遂宁市	内江市	乐山市	南充市
城镇登记失业率	3.71%	2.60%	3.63%	3.70%	3.85%	3.72%
地区	眉山市	宜宾市	广安市	达州市	雅安市	资阳市
城镇登记失业率	3.98%	3.76%	3.47%	4.03%	3.88%	3.95%

资料来源：2019年《四川统计年鉴》、2019年《重庆统计年鉴》。

五　综合评价

从成渝地区双城经济圈整体来看，城市各类公共服务质量参差不齐，且均存在较为明显的城市间公共服务质量差异，但并未出现以上四类公共服务综合水平明显突出的城市，即使是经济规模和人口规模远超出其他城市的两大极核城市成都市和重庆市主城都市区，在公共服务综合水平上也并未表现出显著的领先趋势。从单个城市来看，各项公共服务质量综合排名最靠前的是重庆市的黔江区，最靠后的是重庆市的璧山区，但从各项公共服务质量综合排名来看，所有城市之间的公共服务质量差异相对较小。

从成都都市圈和重庆都市圈相比较来看，就各项公共服务综合水平而言，重庆都市圈的公共服务综合水平略高于成都都市圈。不过在各项具体公共服务指标上，重庆都市圈内部城市之间的组内差异程度要大于成都都市圈，即重庆都市圈的内部公共服务质量两极分化现象更为严重。

从公共服务分类来看，不同类型公共服务质量的空间分布情况存在差异。在基础教育类公共服务中，不同城市的投入水平和城际差异均较为相近，在资源可达性和资源质量方面除了个别城市存在明显的水平领先外其他多数城市的水平及差异均相近；在医疗卫生类公共服务中，成都都市圈在整体投入水平、服务可达性和服务供给能力方面均低于重庆都市圈，成都都市圈的组内差异大于重庆都市圈，该类公共服务质量在所有城市间的空间分布较为不平衡；在公共文化类公共服务中，成都都市圈和重庆都市圈的投入水平和供给质量均较为相近，其中成都都市圈的组内差异更大；在社会保障和就业类公共服务中，成都都市圈的投入水平和服务质量均与重庆都市圈相近，其中重庆都市圈的组内差异更为明显。

第三节　公共服务供给差异分析

一　公共服务供给质量城市差异

公共服务供给治理府际差异值采用熵权 TOPSIS 法计算得到。熵权 TOPSIS 法即是熵权法和 TOPSIS 法的结合，其基本思想是：首先计算各指标值的变异程度，在此基础上进行客观赋值，然后测度各评价对象与最优方案的相对贴近度，以此作为评价排序的依据。熵权 TOPSIS 法对各城市基本公共服务的横向比较及评价能够客观反映出各城市在基本公共服务发展中所处的相对水平，而且它能够克服多元指标变量之间信息的重叠以及减少确定权重的主观性，故本书选取熵权 TOPSIS 法来对各指标进行综合评价。运用熵权法程序对本书所使用的指标体系和相关数据进行计算，可以得到如表 3 – 13 所示的指标体系权重。

表 3 - 13　　历年成渝地区双城经济圈公共服务水平评估指标体系及其权重

一级指标	二级指标	指标权重				
		2010 年	2015 年	2016 年	2017 年	2018 年
基础教育	A1	3. 26%	1. 87%	4. 02%	4. 94%	4. 47%
	A2	7. 03%	5. 31%	3. 91%	5. 23%	5. 71%
	A3	5. 29%	5. 29%	4. 55%	3. 03%	3. 12%
	A4	4. 86%	5. 58%	5. 47%	5. 32%	6. 65%
	A5	7. 99%	10. 70%	8. 71%	9. 12%	8. 61%
	A6	4. 18%	2. 28%	9. 51%	7. 48%	7. 79%
医疗卫生	B1	5. 60%	3. 52%	4. 39%	3. 91%	2. 69%
	B2	5. 35%	7. 13%	3. 15%	4. 50%	3. 27%
	B3	13. 09%	8. 64%	8. 79%	7. 60%	10. 11%
	B4	6. 57%	6. 62%	9. 85%	8. 17%	6. 61%
	B5	3. 44%	3. 47%	3. 84%	3. 75%	3. 66%
公共文化	C1	5. 33%	9. 08%	7. 03%	6. 85%	7. 78%
	C2	8. 70%	9. 69%	7. 94%	7. 09%	8. 02%
	C3	9. 12%	9. 26%	7. 84%	7. 47%	12. 00%
社会保障和就业	D1	3. 91%	3. 38%	3. 87%	5. 80%	3. 33%
	D2	1. 66%	4. 28%	2. 48%	3. 76%	3. 65%
	D3	4. 62%	3. 90%	4. 64%	5. 99%	2. 53%

资料来源：笔者计算所得。

基于以上的指标体系及权重，可以得到 2010 年、2015—2018 年成渝地区双城经济圈各城市公共服务供给综合质量，结果如表 3 - 14 所示。

表 3 - 14　　历年成渝地区双城经济圈公共服务供给质量评分

城市＼年份	2010	2015	2016	2017	2018
成都市	0. 452	0. 479	0. 475	0. 454	0. 516
自贡市	0. 429	0. 357	0. 368	0. 364	0. 281
泸州市	0. 423	0. 323	0. 375	0. 381	0. 380
德阳市	0. 349	0. 335	0. 384	0. 374	0. 338

续表

城市＼年份	2010	2015	2016	2017	2018
绵阳市	0.390	0.390	0.407	0.411	0.374
遂宁市	0.458	0.370	0.406	0.423	0.396
内江市	0.405	0.307	0.353	0.391	0.306
乐山市	0.470	0.535	0.534	0.529	0.511
南充市	0.495	0.412	0.476	0.480	0.458
眉山市	0.382	0.335	0.389	0.411	0.346
宜宾市	0.471	0.368	0.429	0.446	0.418
广安市	0.478	0.414	0.454	0.508	0.508
达州市	0.372	0.289	0.346	0.377	0.318
雅安市	0.472	0.442	0.462	0.470	0.431
资阳市	0.506	0.394	0.486	0.458	0.440
主城都市区	0.357	0.383	0.389	0.371	0.439
万州区	0.277	0.271	0.267	0.293	0.304
黔江区	0.407	0.500	0.468	0.545	0.508
涪陵区	0.382	0.389	0.342	0.303	0.325
长寿区	0.384	0.314	0.314	0.336	0.349
江津区	0.290	0.338	0.315	0.345	0.427
合川区	0.248	0.268	0.268	0.296	0.272
永川区	0.321	0.301	0.280	0.292	0.265
南川区	0.298	0.283	0.290	0.347	0.280
綦江区	0.288	0.335	0.358	0.379	0.365
大足区	0.412	0.525	0.392	0.400	0.394
璧山区	0.229	0.265	0.225	0.233	0.247
铜梁区	0.371	0.403	0.393	0.369	0.390
潼南区	0.302	0.357	0.330	0.363	0.371
荣昌区	0.311	0.333	0.346	0.372	0.348
开州区	0.306	0.390	0.238	0.322	0.351
梁平区	0.203	0.316	0.294	0.373	0.360
丰都县	0.282	0.428	0.319	0.427	0.396
垫江县	0.262	0.316	0.358	0.416	0.287
忠县	0.296	0.405	0.423	0.411	0.380
云阳县	0.313	0.440	0.329	0.351	0.343

资料来源：笔者计算得到。

（一）公共服务供给质量差异显著

成都都市圈的公共服务供给质量整体上优于重庆都市圈，并且整体公共服务发展均等化水平也更高。从得分结果可以看出，成渝地区双城经济圈 36 个城市间公共服务供给质量存在一定的差异，总体上表现为以成都市、乐山市为代表的少数城市明显领先，剩下的多数城市间则差异较小。从成都都市圈和重庆都市圈比较来看，成都都市圈综合得分历年均值分别为 0.44、0.38、0.42、0.43、0.40，标准差分别为 0.048、0.066、0.056、0.051、0.076。重庆都市圈综合得分历年均值分别为 0.31、0.36、0.33、0.36、0.35，标准差分别为 0.056、0.073、0.061、0.064、0.064。不难看出成都都市圈历年均值明显高于重庆都市圈，同时其内部的城市间差异也更小。

从单个城市间比较来看，有 8 个城市的公共服务供给质量综合评分明显高于其他城市（历年均≥0.4），分别是成都市、乐山市、南充市、广安市、雅安市、资阳市、黔江区、大足区，其中成都都市圈城市 6 个，重庆都市圈城市 2 个。成都作为成渝地区双城经济圈的一大极核城市，明显领先的各方面发展优势为其公共服务供给质量提供了保障，然而同样作为极核城市的重庆主城都市区的公共服务质量却未能达到与其经济发展和城市规模相匹配的地位，其历年均值均接近甚至略落后于同年所有城市公共服务供给质量综合得分的均值，未能取得明显领先。进一步看，将主城都市区历年的得分和各项指标数值与当年均值相比较可以看出，重庆在基础教育公共服务领域整体得分明显落后于平均水平，其次是医疗卫生公共服务类指标得分也略微低于均值，而这两类是经过熵值法调整后权重最大的两类指标，主城都市区在这两个领域内公共服务质量的相对落后导致了其在成渝地区双城经济圈中呈现出综合评分靠后的结果。

成渝地区双城经济圈城市间的公共服务供给质量最大值和最小值之间差距较大，多数城市综合评分未能达到平均值。在所有城市中，历年综合得分高于均值的城市有 15 个，分别是乐山市、黔江区、成都市、广安市、南充市、资阳市、雅安市、宜宾市、大足区、遂宁市、绵阳市、主城都市区、铜梁区、忠县、泸州市，其中成都都市圈城市 10 个，重庆都市圈城市 5 个。历年综合得分均值最高的是乐山市（0.52），最低的是璧山区（0.24），综合得分均值极差为 0.28。

整体上成渝地区双城经济圈各城市的公共服务供给质量呈现出稳定迅速发展的态势。从各城市综合得分历年变化来看，在单一城市的公共服务供给质量逐年变化上，绝大多数城市均呈现出稳定增长或波动上涨的趋势，少数城市则表现为相对稳定或逐年下滑态势。

综合以上几方面，可看出成渝地区双城经济圈的公共服务供给总体上呈现出一定程度的两极分化格局，少数城市明显领先，多数城市的供给质量则相对较低，各类公共服务在地理分布上的均等化程度较低，同时还存在部分城市内公共服务供给质量存在极大差距，应该给予特殊关注和扶持发展。

（二）公共服务供给质量趋于均衡

基尼系数（Gini Coefficient）是国际上用来综合考察居民内部收入分配差异状况的一个重要分析指标，目前已被广泛地引入公共服务领域以测算不同对象（武力超、林子辰、关悦，2014）和不同时间阶段（许莉，万春，2020）的公共服务供给质量差异。本书以成渝地区双城经济圈36个城市公共服务供给质量综合得分为样本，结合基尼系数计算公式，得到历年成渝地区双城经济圈基尼系数时间分布如表3－15所示。

表3－15　成渝地区双城经济圈历年基尼系数

年份	2010	2015	2016	2017	2018
基尼系数	0.2539	0.2101	0.2256	0.1932	0.2167

资料来源：笔者计算得到。

基尼系数取值通常介于0到1之间，国际上一般认为，基尼系数越趋向于0代表内部分布越趋于平等，相反则内部分布越趋于不平等。0.4是一个通用的基尼系数警戒线，当基尼系数大于0.4时被认为存在较为严重的内部差距。而就成渝地区双城经济圈的公共服务供给质量基尼系数而言，2010年、2015年至2018年的基尼系数分别是0.2539、0.2101、0.2256、0.1932、0.2167。2010年的基尼系数明显高于其他年份，主要原因是2010年属于较早发展阶段，成渝地区双城经济圈各城市的公共服务发展尚呈现出较为明显的不平衡、不充分特征。从基尼系数随时间变化的发展情况来看，自2010年以来，成渝地区双城经济圈的基尼系数整体呈现出波动下降的趋势，2015年到2016年基尼系数出现了小幅度上涨，属于正常波动范围，2016年到2017年出现了较为明显的下降，主要原因是2016年发布了代表成渝地区双城经济圈合作起源的关键性文件——《成渝城市群发展规划》，区域内各城市均加强了彼此在公共服务领域的合作力度，到2018年又出现了小幅度的回升。但从总体来看，成渝地区双城经济圈公共服务发展的基尼系数呈现波动下降趋势。

（三）公共服务均衡程度差距明显

采用不平衡指数 UI_i 来衡量城市 i 不同类别公共服务发展的均衡程度，UI_i 值越大，表明城市各类公共服务的发展越不均衡，UI_i 值越接近0则表明城市各类公共服务的发展水平相当。成渝地区双城经济圈各城市公共服务的不平衡指数 UI_i 计算结果如表3－16所示。历年各城市不平衡指数均值分别为0.400、0.308、0.295、0.286、0.278。从各城市公共服务发展的时间维度来看，成渝地区双城经济圈所有城市的各类公共服务发展呈现出均等化趋势，这与上文中关于不同领域公共服务的均等化发展的现象相互印证。而从单独城市来看，各城市历年不平衡指数明显超过其他城市（>0.45）的城市有4个，分别是成都市、大足区、自贡市、垫江县，这四个城市代表了三种不同的城市公共服务发展状态，其中成都市和大足区的公共服务供给质量综合评分较高，属于第一类，即部分公共服务领域优势突出的高分城市，其中成都市在公共文化服务领域的“长板效应”明显，大足区则由于其在基础教育和公共文化领域的公共服务优势而排名靠前。自贡市属于第二类，即在公共服务供给中既存在优势领域，又存在落后部分，自贡市在社会保障和就业领域的公共服务得分较高，而在基础教育和公共文化领域则表现普通。第三类是整体公共服务发展水平相对落后，且存在严重短板的城市，如垫江县，其各类公共服务供给质量均相对落后，且在公共文化服务领域存在明显短板，因此不平衡指数较大。除了以上4个城市之外的其他城市中，主城都市区、永川区、云阳县、璧山区、涪陵区、开州区、乐山市、南川区、荣昌区、内江市、资阳市、合川区等城市的不平衡性均超过平均水平，除去上述城市的剩下城市均呈现出各类公共服务质量相对均衡的现象，但均衡并不意味着是较高水平的均衡，结合上文中各城市的公共服务供给质量综合评分结果来看，这些各类公共服务发展相对均衡的城市是在相对较低的整体水平上实现的均衡，因此更应该尽快提高其公共服务供给质量，从而更好地推动城市发展。

表3－16　　成渝地区双城经济圈公共服务不平衡指数

城市＼年份	2010	2015	2016	2017	2018
成都市	0. 601	0. 520	0. 452	0. 433	0. 429
自贡市	0. 638	0. 482	0. 439	0. 421	0. 348
泸州市	0. 392	0. 172	0. 170	0. 155	0. 150
德阳市	0. 322	0. 181	0. 201	0. 185	0. 187
绵阳市	0. 352	0. 160	0. 142	0. 139	0. 145
遂宁市	0. 411	0. 251	0. 224	0. 202	0. 202
内江市	0. 462	0. 285	0. 318	0. 329	0. 266
乐山市	0. 271	0. 378	0. 393	0. 370	0. 364
南充市	0. 385	0. 279	0. 262	0. 271	0. 274
眉山市	0. 360	0. 244	0. 238	0. 232	0. 225
宜宾市	0. 275	0. 172	0. 143	0. 161	0. 169
广安市	0. 298	0. 285	0. 269	0. 252	0. 272
达州市	0. 445	0. 296	0. 270	0. 266	0. 268
雅安市	0. 235	0. 281	0. 195	0. 202	0. 244
资阳市	0. 421	0. 269	0. 377	0. 298	0. 259
主城都市区	0. 329	0. 484	0. 485	0. 477	0. 473
万州区	0. 230	0. 252	0. 213	0. 239	0. 286
黔江区	0. 351	0. 311	0. 322	0. 304	0. 263
涪陵区	0. 643	0. 320	0. 387	0. 218	0. 216
长寿区	0. 723	0. 201	0. 192	0. 213	0. 184
江津区	0. 284	0. 215	0. 243	0. 251	0. 318
合川区	0. 332	0. 344	0. 311	0. 307	0. 323
永川区	0. 457	0. 459	0. 435	0. 400	0. 418
南川区	0. 393	0. 283	0. 317	0. 362	0. 348
綦江区	0. 327	0. 155	0. 155	0. 160	0. 164
大足区	0. 732	0. 546	0. 377	0. 379	0. 387
璧山区	0. 396	0. 344	0. 371	0. 385	0. 401
铜梁区	0. 295	0. 171	0. 175	0. 207	0. 163

续表

城市 \ 年份	2010	2015	2016	2017	2018
潼南区	0.295	0.234	0.250	0.265	0.296
荣昌区	0.324	0.317	0.360	0.339	0.334
开州区	0.470	0.457	0.300	0.275	0.276
梁平区	0.303	0.221	0.301	0.183	0.222
丰都县	0.319	0.287	0.211	0.278	0.216
垫江县	0.411	0.441	0.505	0.529	0.393
忠县	0.343	0.279	0.402	0.316	0.234
云阳县	0.589	0.508	0.228	0.276	0.300
成都都市圈均值	0.391	0.284	0.273	0.261	0.253
重庆都市圈均值	0.407	0.325	0.311	0.303	0.296
成渝地区双城经济圈均值	0.400	0.308	0.295	0.286	0.278

资料来源：笔者计算得到。

（四）公共服务均衡趋势差异大

从单个城市比较来看，不同城市在公共服务供给内容均衡发展方面呈现出明显不同的趋势，且成都都市圈和重庆都市圈在三类变化趋势上均有城市包含在内，在供给内容的均衡发展方面表现出整体差异化较大的分布情况。根据表3－16，在各城市的不平衡指数逐年变化过程中，超过半数城市呈现出逐年稳定下降的趋势，如成都市、自贡市、泸州市、绵阳市、遂宁市、南充市、眉山市、宜宾市、广安市、达州市、黔江区、涪陵区、长寿区、合川区、永川区、綦江区、大足区、铜梁区、开州区、丰都县等，而少数城市表现为持续上升，如乐山市、主城都市区、万州区、江津区、璧山区、潼南区等，剩下城市则相对稳定地波动变化无明显上升或下降趋势，如德阳市、内江市、雅安市、资阳市、南川区、荣昌区、梁平区、垫江县、忠县、云阳县等。

从成都都市圈和重庆都市圈相比较来看，成都都市圈的历年不平衡指数均值均略低于重庆都市圈。同时，在不平衡指数的逐年变化上，成都都市圈和重庆都市圈呈现出完全不同的演进规律。成都都市圈多数城市的不平衡指数整体在逐年稳定下降，而重庆都市圈各城市的不平衡指数则大多相对稳定地波动甚至持续上升。说明在公共服务均等化发展方面，成都都市圈的发展趋势优于重庆都市圈，重庆都市圈各城市的公共服务均等化发展有待进一步加强。

二　公共服务供给质量空间差异

（一）供给质量呈“中心—外围”递减的空间特征

以表3－14的各城市公共服务供给质量综合得分为基础数据，计算得到2018年成渝地区双城经济圈36个城市公共服务供给质量综合得分的平均值为Z，依据每个城市公共服务供给质量综合得分的值与平均值Z的值进行比较后，将36个城市分为两组，高于平均得分组和低于平均得分组，分别计算这两组的平均分Z1和Z2。根据各城市公共服务供给质量综合得分与Z、Z1或Z2的关系，将成渝地区双城经济圈公共服务供给质量划分为4种区域类型（宋潇君、马晓冬、朱传耿、李浩，2012）。分类结果利用ARCGIS软件进行空间表达，结果如图3－1所示。

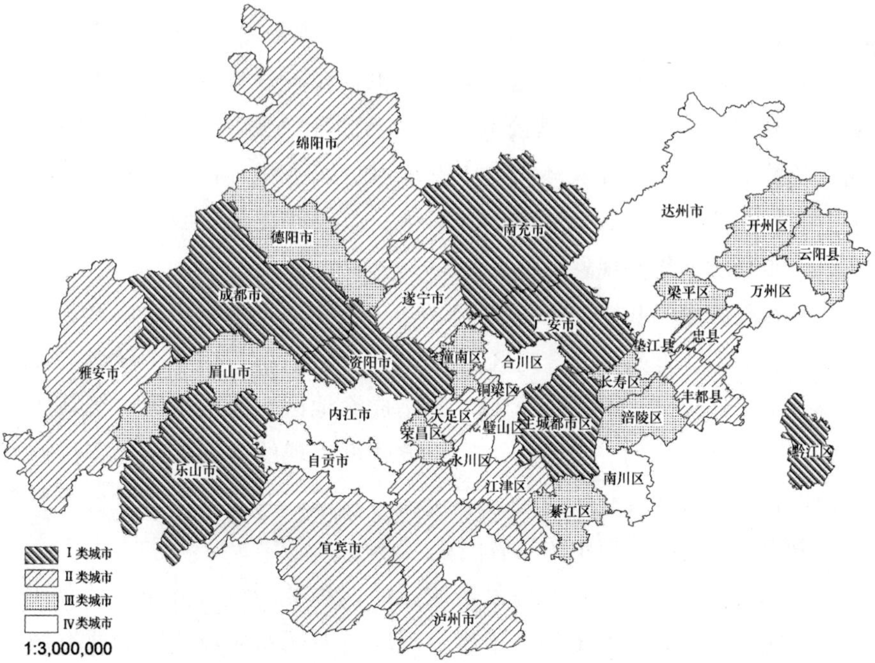

图3－1　2018年成渝地区双城经济圈各城市公共服务供给质量空间分布

公共服务供给Ⅰ类城市包括成都市、达州市、重庆主城都市区、大足区、江津区、黔江区。这6个城市的公共服务供给质量综合得分不仅高于Z，并且高于Z1。成都市和重庆主城都市区是成渝地区双城经济圈的极核城市，综合发展水平明显高于区域内其他城市，其公共服务供给质量也处于领先位置。而达州市、大足区、江津区、黔江区的公共服务供给质量领先则主要是由于其在所有城市中发展相对不均衡的公共文化服务领域具备优势，或是各类公共服务整体发展水平较为均衡从而实现得到较高的公共服务供给质量。

公共服务供给Ⅱ类城市包括乐山市、广安市、雅安市、涪陵区、南川区、铜梁区、潼南区、荣昌区、丰都县、忠县。以上城市的公共服务供给质量综合得分高于Z，但低于Z1。这些城市大多邻近成都市或主城都市区这两大极核城市，或其他公共服务供给质量较高的Ⅰ类城市，城市公共服务的协同供给存在外溢性特征，这些城市因具备地缘优势从而使自身公共服务得到较好的发展。

公共服务供给Ⅲ类城市包括德阳市、绵阳市、宜宾市、资阳市、长寿区、綦江区、开州区、梁平区、垫江区、云阳县。这10个城市公共服务得分低于Z，但大于Z2。这些城市中也存在一些自身经济发展水平相对较高的个体，说明限制其公共服务综合供给质量的不是其经济条件，而从各城市的各项指标具体得分中发现以上城市综合得分相对较低的原因主要是在公共文化服务领域的相对落后，或各类公共服务综合发展存在较为明显的不均衡现象。

公共服务供给Ⅳ类城市包括自贡市、泸州市、遂宁市、内江市、南充市、眉山市、万州区、合川区、永川区、璧山区。这10个城市公共服务得分不仅低于Z，同时低于Z2。其是成渝地区双城经济圈中公共服务整体发展水平最低的一批城市，这一类城市表现的共同特征为不仅占分数比重较大的公共文化服务领域质量相对较低，同时其他各类公共服务的得分也处于所有城市中的靠后位置。

总体而言，按照公共服务供给质量的四种类型城市分布，结合四川省和重庆市的整体地形地貌，不难发现成渝地区双城经济圈的所有城市的公共服务供给质量呈现出“平原—山区”的空间特征分布。具体而言，四川省主要由东部平原和西部山地构成，而成都都市圈的城市中Ⅰ类和

Ⅱ类城市主要分布在东部平原地区。而重庆市的地势表现为中部低，南北高，因此重庆都市圈中的Ⅰ类和Ⅱ类城市则多数分布在中部地带，从而形成成渝地区双城经济圈城市公共服务供给质量在空间分布上呈现出“平原—山区”的特征。

（二）供给质量空间特征呈稳定态势

为取得成渝地区双城经济圈公共服务供给质量区域差异随时间变化的数据，依据2018年公共服务供给区域类型划分的方法，对2010年、2015—2018年各年度成渝地区双城经济圈公共服务供给质量进行了分类，结果如图3-2所示。由图3-2可知：

结合历年空间分布情况，公共服务供给Ⅰ类城市的分类结果存在逐年变化的情况，其中成都市和乐山市稳定地出现在每年的Ⅰ类城市中，而雅安市、南充市、广安市、资阳市和黔江区则长期保持在Ⅰ类城市队列中，偶有少数年份被归类为Ⅱ类城市。

公共服务供给Ⅱ类城市和Ⅲ类城市涵盖的范围变动较为频繁，其中绵阳市每年都稳定分布在Ⅱ类城市中，眉山市、宜宾市、泸州市、丰都县、忠县、主城都市区、涪陵区也在多年进入Ⅱ类城市分布。Ⅲ类城市则主要包括德阳市、自贡市、潼南区、铜梁区、江津区、南川区、云阳县、开州区、梁平区等。

公共服务供给Ⅳ类城市则主要由璧山区、万州区、合川区、永川区、开州区等城市组成，其他Ⅲ类城市也偶尔会进入Ⅳ类城市范围。不难发现，Ⅳ类城市基本由重庆都市圈的城市构成，也从侧面印证了成都都市圈总体公共服务供给质量高于重庆都市圈的现象。

总的来看，多数城市在逐年的空间分布中通常会出现在不同分类的城市类型里，但变化情况相对稳定。公共服务供给质量分类的四类城市总体分布的逐年变化程度均相对较小，说明成渝地区双城经济圈的公共服务整体发展以相对均衡的速度前进。在空间格局上，呈现出较为明显的成都都市圈公共服务供给质量领先于重庆都市圈的特征，同时各城市公共服务供给质量分布表现出一定程度上的“中心—外围”结构，以成渝地区双城经济圈的成都市和重庆主城都市区作为区域核心，外围的各城市公共服务供给质量逐渐降低，与中心呈现一定的梯度差异。

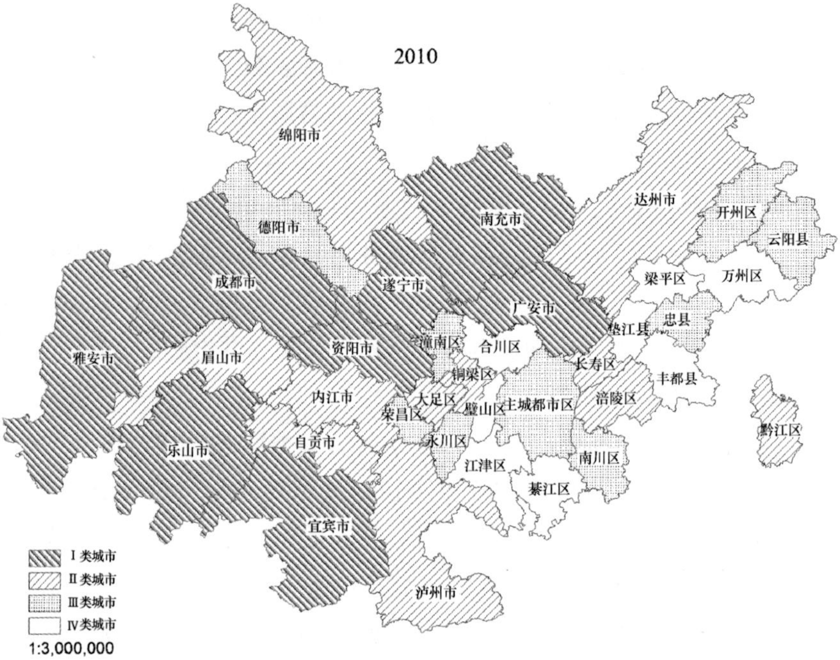
2010
绵阳市
达州市
德阳市
南充市
开州区
云阳县
成都市
遂宁市
梁平区
万州区
广安市
忠县
垫江县
潼南区
合川区
雅安市
眉山市
资阳市
长寿区
铜梁区
丰都县
内江市
大足区
璧山区
主城都市区
涪陵区
荣昌区
黔江区
乐山市
自贡市
永川区
南川区
江津区
綦江区
宜宾市
泸州市
Ⅰ类城市
Ⅱ类城市
Ⅲ类城市
Ⅳ类城市
1:3,000,000

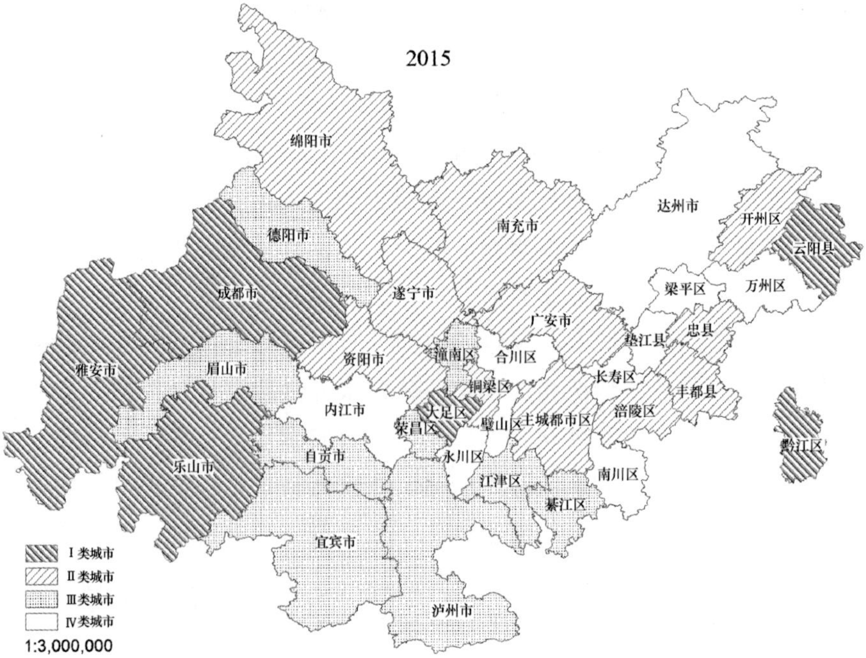
2015
绵阳市
达州市
开州区
南充市
德阳市
云阳县
成都市
遂宁市
梁平区
万州区
广安市
忠县
垫江县
潼南区
合川区
雅安市
眉山市
资阳市
长寿区
铜梁区
丰都县
内江市
大足区
璧山区
主城都市区
涪陵区
荣昌区
黔江区
自贡市
永川区
南川区
乐山市
江津区
綦江区
宜宾市
泸州市
Ⅰ类城市
Ⅱ类城市
Ⅲ类城市
Ⅳ类城市
1:3,000,000

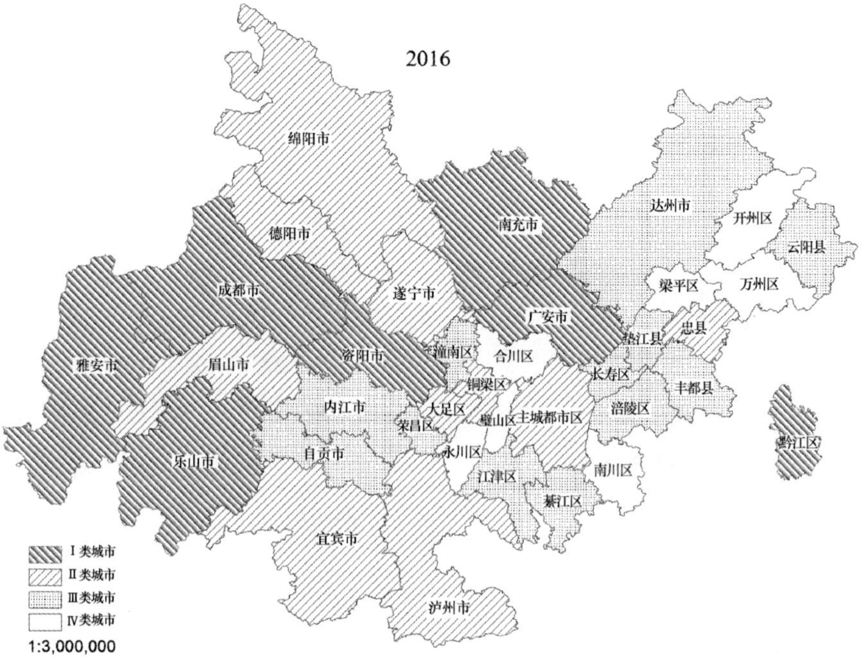
2016
绵阳市
德阳市
南充市
达州市
开州区
云阳县
成都市
遂宁市
梁平区
万州区
广安市
垫江县
忠县
雅安市
眉山市
资阳市
潼南区
合川区
长寿区
丰都县
铜梁区
内江市
大足区
荣昌区
璧山区
主城都市区
涪陵区
黔江区
乐山市
自贡市
永川区
南川区
江津区
綦江区
宜宾市
泸州市
Ⅰ类城市
Ⅱ类城市
Ⅲ类城市
Ⅳ类城市
1:3,000,000

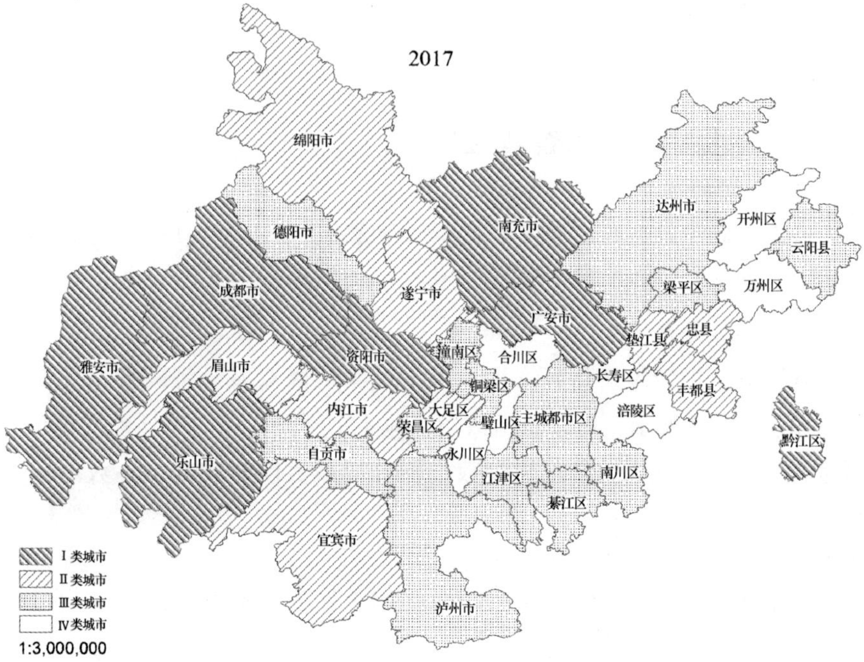
2017
绵阳市
德阳市
南充市
达州市
开州区
云阳县
成都市
遂宁市
梁平区
万州区
广安市
垫江县
忠县
雅安市
眉山市
资阳市
潼南区
合川区
长寿区
丰都县
铜梁区
内江市
大足区
荣昌区
璧山区
主城都市区
涪陵区
黔江区
乐山市
自贡市
永川区
南川区
江津区
綦江区
宜宾市
泸州市
Ⅰ类城市
Ⅱ类城市
Ⅲ类城市
Ⅳ类城市
1:3,000,000

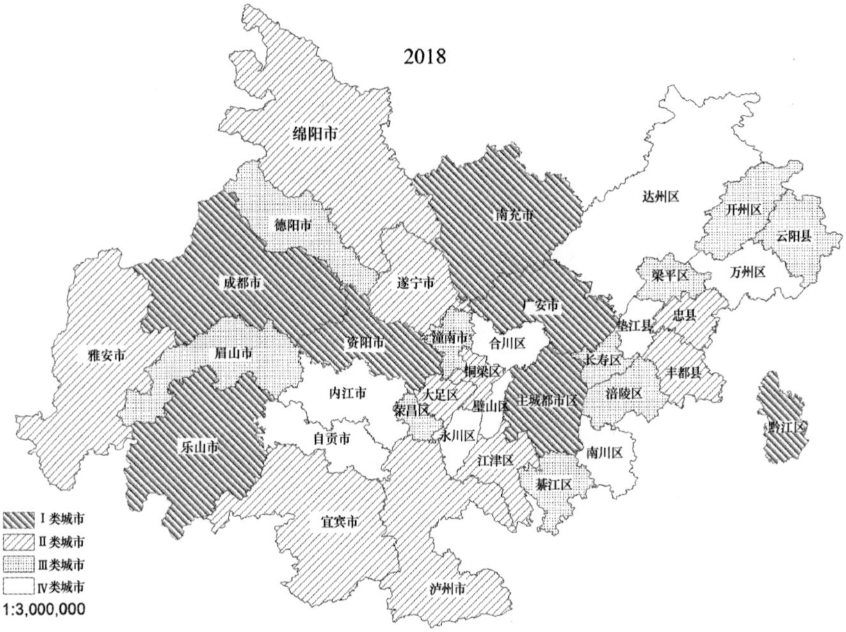

图3－2 历年成渝地区双城经济圈各城市公共服务供给质量空间分布

资料来源：笔者计算得到。

三 公共服务供给质量类型差异①

（一）供给质量呈“一大三小”特征

城市不同类别公共服务供给质量存在客观差异，呈现出“一大三小”的特征，即公共文化服务差异大，基础教育、医疗卫生与社会保障和就业三类公共服务差异小。

基于现有指标体系和数据计算得出成渝地区双城经济圈各指标变异系数如表3－17所示，可以看出该指标体系中不同指标的变异系数存在较为显著的差异，总体上呈现为少数指标变异系数明显较高，多数指标变

① 公共服务供给质量类型差异值计算采用变异系数估计。变异系数（Coefficient of Variation，CV），是指总体中单位样本值变异程度的相对数，是绝对差异与平均值之比。CV反映了各城市公共服务质量相对于该指标平均值的整体离散状况，CV值越大，说明该类公共服务指标在供给质量上的地区差异越大，反之差异越小。

异系数相对较低的特征。具体而言，根据各指标历年变异系数与平均值的对比，变异系数超过平均值的指标有 7 个，按变异系数高低排序分别是每百人公共图书馆藏书量、每万人普通小学学校数、人均公共文化支出、每万人普通中学学校数、文化体育与传媒支出占地方财政一般预算支出比重、每万人卫生机构数、每万人卫生技术人员数。

表 3－17　　历年成渝地区双城经济圈各类公共服务变异系数

一级指标	二级指标	变异系数				
		2010 年	2015 年	2016 年	2017 年	2018 年
基础教育	A1	25.29%	17.16%	15.49%	13.58%	14.24%
	A2	21.98%	18.39%	25.56%	19.41%	20.16%
	A3	16.52%	11.68%	10.22%	9.55%	9.28%
	A4	11.76%	13.15%	12.65%	12.48%	12.18%
	A5	66.38%	60.24%	49.12%	49.49%	45.40%
	A6	28.20%	36.44%	40.37%	34.84%	35.34%
医疗卫生	B1	32.93%	20.61%	19.18%	18.41%	15.66%
	B2	16.71%	21.77%	28.37%	21.06%	14.44%
	B3	76.08%	30.35%	30.07%	29.94%	28.55%
	B4	32.13%	29.86%	28.41%	28.11%	27.71%
	B5	17.93%	16.47%	15.04%	13.24%	13.52%
公共文化	C1	41.25%	38.63%	32.89%	31.70%	30.41%
	C2	50.63%	44.24%	38.66%	36.92%	36.49%
	C3	86.12%	63.62%	60.35%	59.97%	59.61%
社会保障和就业	D1	31.66%	18.68%	16.46%	16.93%	15.48%
	D2	15.40%	11.98%	18.44%	10.50%	10.27%
	D3	15.85%	14.90%	16.10%	14.89%	19.22%

资料来源：笔者计算得到。

从单个指标来看，高于均值的指标历年变异系数均值分别为64.09%、43.34%、38.53%、38.71%、37.64%，剩下的指标历年变异系数均值为22.20%、16.48%、16.57%、15.01%、14.45%，说明变异系数相对较高的指标和变异系数相对较低的指标存在较为悬殊的差距，变异系数介于中间地带的指标相对较少，各指标的变异系数整体上呈现出两极分化的格局。

从分布领域来看，变异系数较高的指标主要集中在公共文化服务领域，少数指标分布在基础教育和医疗卫生领域。在具体考察取向上，以公共服务财政投入衡量服务质量类的指标均呈现出变异系数较高的现象，说明财政投入会对城市公共服务质量产生重要影响，同时成渝地区双城经济圈各城市在各类公共服务财政投入上存在较大差异；变异系数较低的指标主要分布在基础教育、医疗卫生与社会保障和就业领域，在公共文化服务领域则完全没有分布，推断认为基础教育、医疗卫生与社会保障和就业类的公共服务相较于公共文化服务是更为基础性的兜底保障，因此各城市的这三类公共服务供给质量均较接近，城市间差异也相对较小。

（二）供给质量类型间呈均等化趋势

从整体分布来看，所有指标的历年变异系数均值分别为34.52%、27.54%、26.90%、24.77%、24.00%，从整体变化趋势来看，历年变异系数均值持续稳定下降，说明不同类型公共服务发展的异质化程度在下降，即成渝地区双城经济圈的公共服务供给在不同类型服务上的均等化程度在不断提高。

另外，虽然成渝地区双城经济圈历年的各类公共服务发展之间存在较为显著的组间差异，但是无论从单个指标还是指标分布领域的变异系数来看，差距最大的指标之间和不同公共服务领域之间的差异化程度在迅速缩小，表现出较为明显的均等化发展趋势，即各类公共服务之间差距正在迅速缩小，说明成渝地区双城经济圈在不同公共服务领域的均等化发展取得了卓越成果（见表3-18）。

表 3-18　　2010—2018 年成渝地区双城经济圈各类公共服务指标变异系数

指标 \ 年份	2010	2015	2016	2017	2018
基础教育	28%	26%	26%	23%	23%
医疗卫生	35%	24%	24%	22%	20%
公共文化	59%	49%	44%	43%	42%
社会保障和就业	21%	15%	17%	14%	15%

资料来源：笔者计算得到。

第四章

城市群公共服务协同供给特征

2020年10月16日，中共中央政治局召开会议，审议《成渝地区双城经济圈建设规划纲要》，将成渝之间的高质量合作视作构建以国内大循环为主体、国内国际双循环相互促进的新发展格局的一项重大举措，也将成渝双城经济圈建设提升至国家级区域发展战略。成渝地区历史同脉、文化同源、地理同域，曾隶属同一行政区划，无论是民间交流合作，还是官方协同发展都源远流长且非常稳定，从2003年开启的西部大开发总体规划，到2011年的成渝经济区发展规划，再到2016年的成渝城市群发展规划，直至成渝双城经济圈概念的提出，成渝两地之间的经济联系与经济合作日益密切。

2020年成渝地区双城经济圈建设作为国家战略提出，在宏观战略层面凸显了成渝地区双城经济圈在区域协调发展中的重要地位，也意味着推动成渝地区双城经济圈发展的任务紧迫性。在微观地方政府行为层面，明确了区域协同发展和城市治理的重点和目标，坚定了各级地方政府区域合作的决心，表现为各级地方政府纷纷将成渝地区双城经济圈区域合作作为年度重点工作大力推动。四川省人民政府办公厅明确将"推动成渝地区双城经济圈建设"作为年度重点工作，纳入《2021年度市（州）政务目标考评指标》和《2021年度省政府系统部门（单位）绩效考评指标》，在省政府系统部门中牵头考核单位为四川省发展改革委，指标权重为2%，四川省所辖21个地（市、州）均相应按2%的权重，将"推动成渝地区双城经济圈建设"作为2021年度重点工作；重庆市在《2021年市政府工作报告目标任务分解方案》中，将成渝协同作为"十四五"时期重点工作和2021年重点工作，并具体明确为建设成渝综合性科学中心、推动成渝基础设施互联互通、产业发展协作协同、生态环保联建联治、改革开放共促共进、城乡建设走深走实、公共服务共建共享、提升主城都市区发展能级和综合竞争力、加快形成优势互补高质量发展的区域经济布局等领域和具体任务。在规划引领、考核导向、责任明确、任务分解等机制推动下，成渝地区双城经济圈公共服务协同供给行为更加频繁。

随着区域一体化的推进和人口流动性的增强，跨区域公共服务的建立和完善成为重要议题，协同合作内容也从经济向公共服务等领域持续纵深发展，呈现出合作范围广泛、协同主体多元等特征，尤其地方政府间在公共服务合作中产生了大量合作协议及政策文本，对区域公共服务协同发展具有明显的政策导向作用。跨区域公共服务是打破行政区划壁垒，实现区域一体化的必然要求，也是服务型政府建设的重要一环，优化跨区域公共服务的意义不仅在于化解跨行政区公共服务供给不足、不均衡、边缘化、碎片化等问题，还在于弱化地方政府的“地方主义”倾向。成渝地区出现的大量公共服务府际协议和区域一体化治理机制，是城市间合作要素流动的必然产物，体现了跨区域公共服务的协同供给过程，深刻影响着成渝两地间的协同治理格局。

我国目前及今后一个阶段都处于以城市圈层为主体形态的城市化快速发展阶段，城市圈层内部产业分工向功能性分工演进，城市间依赖性增强，势必会加强城市间资源流动，使城市内部的公共服务供给处于一种更高效快速的动态联系过程中。由于成渝双城经济圈独特的自然禀赋、区位优势和历史沿革导致其内部协同合作形式不同于其他城市圈层，进而其公共服务层面的关联形式也表现出独特性，现在对成渝双城经济圈内部公共服务协同供给状况及关联网络进行研究，是掌握成渝双城经济圈公共服务协同供给现状特征、应对未来城市治理新要求的重要基础。因此，本书通过网络爬虫获取成渝双城经济圈公共服务府际协同的政策文本资料，借助 NVivo 质性分析软件进行文本分析，总结了成渝双城经济圈公共服务协同供给的发展脉络及演化趋势，剖析了协同主体、协同领域、协同内容、协同方式、协同机制等层面的现实逻辑，重点探讨了成渝双城经济圈公共服务协同供给背后所呈现的时间趋势、府际结构、行政等级与网络结构特征，试图描摹成渝双城经济圈公共服务府际协同的全貌。主要探讨了如下问题：第一，成渝双城经济圈公共服务协同供给的概况如何？第二，公共服务协同供给的时间变化趋势如何？第三，公共服务协同供给的地方政府参与规模如何？第四，公共服务协同供给过程中是否实现了跨行政等级的城市协同？第五，成渝双城经济圈公共服务协同供给的网络是否已经形成？其呈现出了怎样的特质？

第一节　公共服务协同供给的总体特征

成渝双城经济圈公共服务协同供给的相关文本资料蕴含着价值与资源在成渝两地的权威分配，其具体内容更是呈现利益分配状况的客观载体，反映着成渝双城经济圈的协同程度。为更清晰地呈现成渝双城经济圈公共服务协同供给现状，我们将从协同主体、协同领域、协同内容、协同方式以及协同机制 5 个方面，描述和分析成渝双城经济圈内地方政府在不同内容维度下的协同合作偏好与发展变化过程。

一　协同主体

成渝双城经济圈围绕公共服务的协同合作需要多元主体参与，其参与的程度充分体现了主体话语权大小以及利益协调的结果。通过阅读材料文本，将本书中的协同主体界定为 9 种类型：政府、企业组织［包括企业、行业组织、商（协）会、产业联盟、创新联盟等］、公众、研究机构、党员干部、政协、群团组织、社会组织、人大。图 4 -1 描述了协同主体这一树节点下各子节点的参考点数量分布情况。

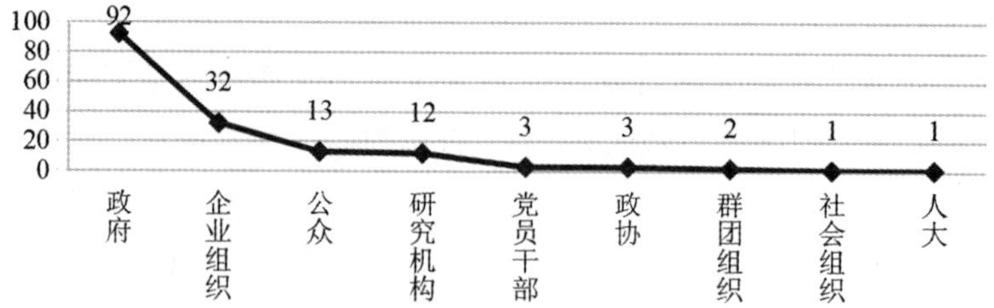

图 4 -1　协同主体各子节点的参考点数量分布（个）

在成渝双城经济圈的公共服务协同供给过程中，首先是政府占据主导地位，既是权威政策的制定者和核心资源的掌握者，也是成渝双城经济圈协同合作开展的核心组织者，共有 92 个参考点，占比约为 58%；其次是企业组织，在跨区域多领域合作中也担任了重要位置，共有 32 个编码参考点，占比约为 20%；成渝双城经济圈在合作建设过程中注重加强宣传引导和政策解读，试图增进社会共识，激发了公众参与；而以院所、高校为代表的各类研究机构则为成渝双城经济圈的协同合作注入了强有力的智力支撑；虽然党员干部、政协、群团组织、社会组织和人大在成渝双城经济圈公共服务协同供给过程中出现的频率不高，参与程度不深，但也发挥了民主监督、建言献策的组织桥梁作用，为营造成渝双城经济圈协同供给多主体参与的良好氛围贡献了坚实力量，缺一不可。

二　协同领域

协同领域是指成渝双城经济圈各城市之间开展合作的具体领域，因为成渝双城经济圈之间通过一一梳理成渝双城经济圈具体的协同领域，并且统计各领域之下的编码参考点数量，能够充分体现成渝双城经济圈在协同领域层面呈现出的差异，彰显协同供给的政策倾斜度，有助于把握成渝双城经济圈协同合作的注意力分配情况。通过阅读材料文本，将本书中的协同领域界定为 13 种类型，分别涉及：市批联动、服务共享、设施共建、事项通办、环境共治、商务合作、市场共建、创新改革、政法工作、税务协作、统战工作、气象合作、基层治理等层面。图 4－2 描述了协同领域这一树节点下各子节点的参考点数量分布情况。

从图 4－2 可以明显看出，成渝双城经济圈之间协同合作的具体领域存在较为明显的差异，充分反映了政府协同合作的注意力分配情况。毋庸置疑，围绕产业发展的行政审批服务联动是成渝双城经济圈协同供给最频繁的领域，其参考点数为 48 个，占比约为 25%；其次是公共服务共享，共有 40 个参考点，占比约为 21%；再者是公共设施的建设互通层面，以及政务服务事项通办层面，各有 21 个、20 个编码参考点，占比分别为 11% 及 10%；与此同时，成渝双城经济圈之间在环境、商务、市场、创新以及政法等领域的合作也较为频繁，呈现出多领域并行的态势；相对而言，税务、统战以及气象、基层治理等领域的合作，成渝双城经济圈尚处在探索阶段，协同供给合作尚不深入。

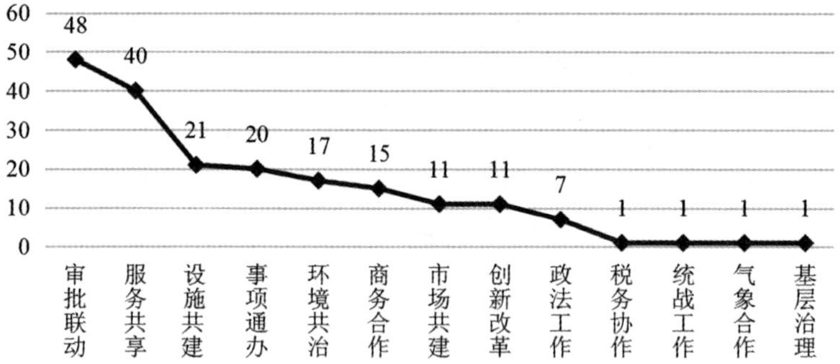

图4－2 协同领域各子节点的参考点数量分布（个）

总体来看，审批联动、商务合作、市场共建以及创新改革等都是经济建设的内容，而服务共享、设施共建、事项通办则属于社会建设的内容，成渝双城经济圈协同供给聚焦经济、社会两个层面，尤其专注于产业与公共服务领域的协同合作。与此同时，环境共治、政法工作以及基层治理等涉及政府社会管理和环境保护职能领域的合作在成渝协同合作过程中也较为突出。总而言之，成渝双城经济圈公共服务协同供给领域始终围绕着经济调节、市场监管、社会管理、公共服务、生态环境保护等政府的基本职能展开，是国家“五位一体”战略总布局的延伸。

三 协同内容

社会保障及就业是成渝双城经济圈公共服务协同供给最主要的内容，具体包括了基本社会保险、公积金、社会救助、公共就业服务等各方面的跨域协同合作，占比达42%；成渝双城经济圈公共服务协同供给的另一项主要内容是公共文化，主要涵盖公共文化体育设施免费开放、文旅融合推广、公共文化服务提供等层面的跨域协同，占比为22%；医疗卫生主要是公共卫生及健康资源共享、跨域诊疗服务与管理等层面的协同合作，其编码参考点数量仅次于公共文化，占比为20%；最后是基础教育，表现为义务教育共享、教育联盟构建、教育人才培养、教育资源扶持等层面的成渝双城经济圈协同合作，占比为16%（见图4－3）。

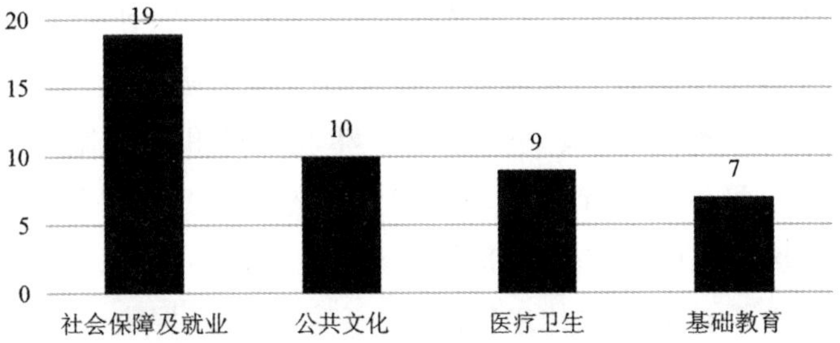

图4-3　协同内容各子节点的参考点数量分布（个）

四　协同方式

成渝双城经济圈公共服务协同的具体方式呈现多样化态势。签订合作协议是成渝双城经济圈公共服务协同供给的最主要方式，其参考点数量最多，为30个，占比达25%，说明成渝双城经济圈多数时候都采用签订合作协议的方式来达成跨域协同合作的目标。其次是联合开展活动的参考点数量为27个，占比为22.5%，是成渝双城经济圈地方政府之间较常用的协同方式。而信息通办资源共享也是成渝双城经济圈协同的重要方式，其参考点数量为26个，占比为21.7%，这一方式在文本资料中主要体现在成渝双城经济圈之间各类资源及信息的跨域联合共享，例如，川渝之间公积金异地转入、跨省异地就医、开设政务大厅“川渝通办”窗口等（见图4-4）。

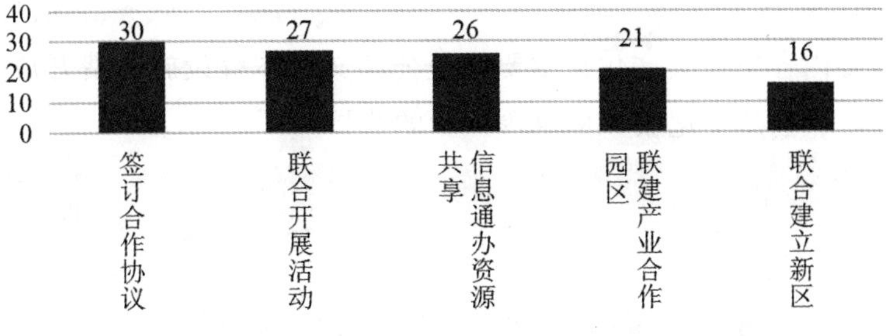

图4-4　协同方式各子节点的参考点数量分布（个）

同时成渝双城经济圈发展以产业为基础，围绕产业发展的公共服务主要是联建产业合作园区，其参考点数量为 21 个，占比为 17.5%，共同建设了一批诸如川渝合作高滩新区、川渝合作荣隆工业园的产业园区，有力推动了汽车及零部件、电子信息、生物医药和现代服务业“3 + 1”特色产业高质量发展，促进了重点产业率先合力延链补链强链。此外，联合建立新区也是成渝双城经济圈协同供给方式的创新，2021 年川渝两省市批复设立了首个跨省共建新区——高竹新区，探索经济区与行政区适度分离改革、产城景融合发展等新路径，为成渝地区区域协作提供了鲜活样板。

五 协同机制

协同机制是指成渝双城经济圈协同过程中为保障跨域合作顺利开展所制定的一系列机制手段，其具体内容往往存在于保障措施机制或各项具体任务规划的文本中。而无论在何种时间节点、协同结构以及行政等级的城市协同过程中，这些机制手段始终存在，且发挥着极其重要的作用。通过对 79 份文本资料的详细阅读及编码归纳，总共梳理出 7 种成渝双城经济圈协同过程中惯用的机制手段，如图 4 – 5 所示，包括合作协同机制、信息互通机制、宣传推介机制、工作考核机制、示范引领机制、合作共享机制以及资金保障机制等。

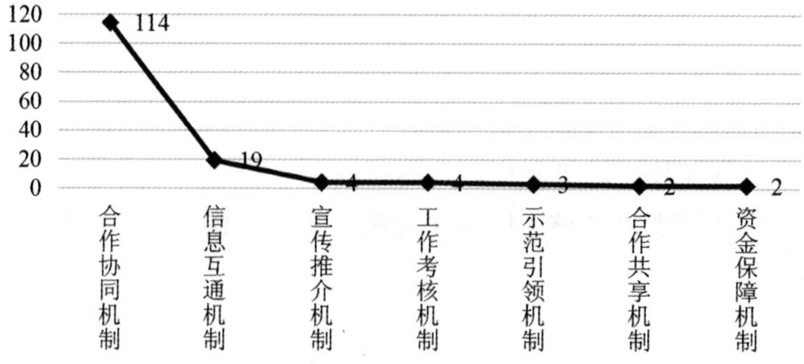

图 4 – 5 协同机制各子节点的参考点数量分布（个）

成渝双城经济圈公共服务协同供给机制多元。建立合作协同机制是成渝双城经济圈公共服务协同供给最主要的手段，其参考点数量最多，为 114 个，占总参考点数量的 77%，从侧面说明成渝双城经济圈协同过程中尤其重视建立相应的合作机制，以保证协同的顺利开展。例如，文本资料中提到，绵阳市与重庆市北碚区签订合作框架协议时提出，要协同谋划重点工作，协同对上争取支持，协同实施重大项目，协同推进重大改革，协同制定政策措施，以战略上的协同促进战术上的合作，主动在推动成渝地区双城经济圈建设中展现更大担当、作出更大贡献。

而信息互通机制亦是成渝双城经济圈协同合作中常常采用的保障性举措，其编码参考点数量为 19 个，占比 13%，这一机制措施在文本资料中主要体现在成渝双城经济圈之间各类资源及信息的跨域联合共享，例如，遂宁市与重庆潼南区开展“遂潼一体化”建设以来，积极探索部分证明类材料减免或互认机制，建立政务服务事项部分证明类材料“互认互享”机制，着力解决两地群众来回跑等效率低下、感受糟糕问题。

除此之外，成渝双城经济圈公共服务协同供给过程中，宣传推介机制、工作考核机制、示范引领机制、合作共享机制以及资金保障机制等亦发挥着重要作用，只是这些机制都是围绕合作协同机制而构建的附属补充类机制，其参考点数量均不超过 5 个，占比很少。

其一，在宣传推介机制构建层面，主要是借助新媒体及其他舆论传播力量形成线上宣传通路，再通过举办线下分享会等活动扩大影响力，由此构建宣传推介闭环，推广成渝双城经济圈协同内容。以川渝间事项通办业务的协同为例，其要求两省市各地各部门（单位）加强宣传引导，用好用活线上线下宣传平台，主动回应公众关切，不断提升川渝通办事项知晓度和参与度。

其二，在工作考核机制层面，则将专项工作队伍的工作绩效与协同成效相结合开展严格考核，以内江为例，其在全面融入成渝地区双城经济圈建设过程中，要求强化考核激励，定期开展督查考核、跟踪分析、效果评估，形成了严格的工作考核机制。

其三，示范引领机制层面在文本资料中主要体现在打造示范试点或推举协同案例，以形成规范化可借鉴的模板，助力引领各地的跨域协同。比如绵阳市与重庆北碚区在协同过程中尤其注重争取成渝区域一体化工业互联网平台试点，试图以此推动绵碚两地一体化网络平台的搭建。

其四，合作共享机制则主要体现在成本共担机制与利益共享机制的建立，例如，文本资料中提到，内江市在融入成渝双城经济圈规划中便明确提到要探索建立跨区域产业转移、重大基础设施建设、园区合作等方面的成本分担和利益共享机制。

其五，充足稳定的资金来源是成渝双城经济圈稳步开展协同合作的物质基础，因此也有许多城市在构建协同举措时尤其注重资金保障，要求充分利用各类资金渠道，整合各项资金，加强资金保障。

由于合作协同机制编码的参考点数量最多，而根据文本资料内容，不同城市针对不同领域所建立的合作协同机制有所不同，因此合作协同机制的构成极其复杂，这一子节点之下实质上还可以细分出更多的子节点。因而本书将合作协同机制单独做了下属子节点划分，其结果如表4－1所示。

表4－1　　合作协同机制子节点层次及参考点信息汇总

子节点	下属节点	资料来源（份）	参考点（个）	编码举例
合作协同机制	推进重点项目建设	32	39	高效率推进重点项目
	编制专项行动规划	21	25	制订具体实施方案，明确分工和责任
	组建专项工作队伍	18	20	高规格组建工作专班
	完善协同工作机制	17	19	要健全机制，加强协同，进一步建立完善议事协调、政策协同、标准互认、执法联动、评价督导等工作机制
	加强政策研究争取	11	11	统筹规划对接和政策争取

成渝双城经济圈公共服务协同供给的合作协同机制分为5个层面的内容，分别是推进重点项目建设、编制专项行动规划、组建专项工作队伍、完善协同工作机制以及加强政策研究争取，其具体内容可见表4－1的编码举例。

可以看出，在合作协同机制的构建中，成渝双城经济圈重视程度最高的是推进重点项目建设，其编码参考点数量为39个，占比为34%，这些项目可能涉及产业规划、公共服务、基础设施等多领域多层面的内容，根据协同城市的不同而存在些微差异。

其次是编制专项行动规划也是成渝双城经济圈合作协同机制的重要内容，其编码参考点数量为25个，占比约为22%，主要涉及协同编制政策，例如，绵阳市与重庆北碚区在合作过程中便积极加强两地“十四五”工业发展规划、专项规划对接，力争将绵碚两地更多合作事项纳入成渝地区制造业高质量一体化发展意见编制中。

再者是组建专项工作队伍，其编码参考点有20个，占比为18%，由于成渝双城经济圈之间跨域协同领域存在较大差异，除需要加强组织领导之外，仍需要配备高素质、专业化人才，探索组建合作联盟、专项工作组、重大项目建设联合指挥部等政府间合作组织，加强部门对口联系，扎实推动成渝双城经济圈公共服务跨域一体化发展。

除配备专项工作队伍外，构建完善的协同工作机制是落实主体责任、提升工作能力的重要路径，其编码参考点数量为19个，占比为17%，在本文资料中主要体现在构建决策层、协调层、执行层上下贯通的运作机制，尽快建立合作协商联席会议、对口衔接制度等运行机制，完善议事协调、政策协同、标准互认、执法联动、评价督导等工作机制。

最后是加强政策研究争取也是成渝双城经济圈公共服务协同供给的重要手段，其编的参考点数量为11个，占比为10%，主要体现在积极跟进衔接国家规划纲要、“十四五”规划和重大专项规划，细化制定成渝双城经济圈协同的规划方案，同时积极向上争取中央、省（市）的重大政策支持。

综合而言，成渝两地间在公共服务方面已经建立起了多重合作，并形成了相应的合作机制，成果显著。从参与主体来看，已形成了以政府为主、企业为辅，各类社会团体、专家、机构等多元参与的格局；并且其协同领域范围不断扩大，从以经济建设为主，到以社会治理为辅，再到税务、统战以及气象、基层治理等遍地开花；其中公共服务协同的具体内容覆盖面也不断拓展，涵盖了社会保障及就业、公共文化、医疗卫生、基础教育等方方面面；成渝双城经济圈的协同合作方式也从以签订合作协议为主，逐步过渡到联合开展活动、信息通办资源共享、联建产业合作园区以及联合建立新区等多种协同方式并存的状态；此外还建立了囊括合作协同机制、信息互通机制、宣传推介机制、工作考核机制、示范引领机制、合作共享机制以及资金保障机制在内的多重合作机制，涉及政策规划、队伍建设、工作机制等方方面面，不断为成渝双城经济圈的持续稳定发展注入强心剂。

第二节 公共服务协同供给的时间趋势特征

前文根据具体内容将文本资料进行了属性划定，共归纳出时间趋势、协同结构以及行政等级三大类型，本节主要从时间趋势这一特征出发，通过对文本整体时间趋势特征的归纳、文本内容与时间趋势特征的交叉分析等，总结成渝双城经济圈公共服务协同供给政策的演进规律及发展趋势。

一 战略规划驱动，合作领域深化

由于文本资料收集的时间范围在2021年7月30日之前，资料内容呈现出了显著的年份差异，极有必要按照时间年份将文本资料进行分类，以区分不同时间段成渝双城经济圈公共服务协同供给情况。时间趋势主要是指文本资料所涉及的成渝双城经济圈公共服务协同供给事件发生的具体年度，通过遴选346份文本资料发现，最早记载成渝地区双城经济圈公共服务协同供给内容的文本所在年度是2010年，其后随着时间发展，成渝双城经济圈之间的协同合作越来越紧密，相关文本资料数量逐渐增多，详情如图4－6所示。

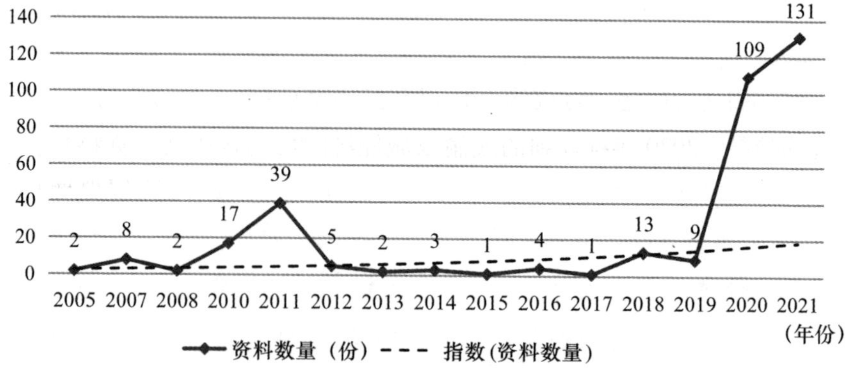

图4－6 文本资料的年度数量分布及趋势

整体把握各时间段的文本数量可观察图 4－6 中的指数曲线，可知自 2010 年以来成渝地区双城经济圈协同治理相关的政策文本资料呈现指数上升的稳定态势，这离不开相关政策规划的指导，可以说图 4－6 中所呈现的时间节点都与国家战略计划的时间点一一对应、密切相关。

中央及有关部门一直十分关注成渝地区的发展及其在西部大开发中的带动作用，在《“十五”西部开发总体规划》中，“以线串点，以点带面”的重点开发战略和建设重点经济区的措施成为研究重点，乘此东风，“成渝经济区”的概念由地方课题成为国家课题，并于 2012 年顺理成章被纳入具有法律效力的《西部大开发“十二五”规划》之中。如图 4－6 所示，在 2012 年及之前，统计到的描述成渝地区双城经济圈协同供给合作的文本资料共有 39 份，尤其是 2011 年相关文本资料数量高达 28 份，此时有关“成渝经济区”规划的课题层出不穷，相关讨论非常丰富，无疑都在为《成渝经济区区域规划》的出台造势。如何促进最大限度地发挥成都与重庆两个大城市“双核”的辐射和带动作用，实现区域内资源的优化配置是当时政策规划的焦点。

随着时间的发展，成渝之间的合作日益频繁，国家发改委相继出台政策文件，“成渝城市群”“成渝双城经济圈”的概念也接连出现。2016 年 4 月，国家发展改革委、住房和城乡建设部联合印发《成渝城市群发展规划》，成渝之间的合作关系愈加紧密，由图 4－6 可知，2016 年统计到的描述成渝城市群合作的相关文本资料有 2 份，主要记载了成渝证件异地办理的合作内容。而 2018 年至 2019 年，所统计到的文本资料数量有所增加，其内容多指向川渝合作，且合作事项不断深化。

2020 年 1 月 3 日，中央财经委员会第六次会议首次提出了成渝地区双城经济圈建设问题，将成渝合作提升到一个前所未有的新高度。与此相对应的是，2020 年统计到的成渝双城经济圈协同合作文本资料数量陡增，共有 109 份之多，占总数的 31.5%，与前些年不温不火缓慢增长的统计量形成了鲜明对比，说明成渝两地的发展迈入了一个全新的发展阶段。虽然文本资料的统计时间截至 2021 年 7 月 30 日，但 2021 年成渝双城经济圈相关合作的文本资料数量也比 2020 年全年多出了 22 份，达到了曲线峰值，预计年底总数将是 2020 年的约 2 倍，增长趋势尤其明显，可以预见的是 2021 年成渝地区双城经济圈之间的合作力度只增不减，联系将会愈加紧密。

二　协同主体由政府主导企业助力发展为多元参与

构建相互依存的多元伙伴关系可以促使公共与私人组织间共同努力，基于互相尊重、信任、承诺、沟通等基础形成牢固的协同合作框架，从而为复杂状况及问题的解决提供超越常规治理手段的方案，成渝地区双城经济圈公共服务层面的协同合作便经历了将传统政府的做法与私营部门的市场驱动方法以及非营利组织的资源相结合的变迁过程。从单一主体的参与过程来看，最早参与成渝地区双城经济圈协同的主体是政府，早在2012年成渝地区双城经济圈之间就实现了府际交流合作，一直到2021年，跨区域地方政府之间的协同愈加密切，府际合作可以说是贯穿了成渝合作的首尾。随后加入成渝地区双城经济圈协同过程中的主体主要是企业组织，其时间点最早可以追溯到2018年，说明随着2016年《成渝城市群发展规划》的出台，产业市场以及科技创新领域的建设得到了充分发展。整体来看，多元主体参与成渝双城经济圈公共服务协同供给过程的局面直到2020年才正式形成，尤其党员干部、群团组织、人大、社会组织、政协等主体，2020年之前的参与度为0，2020年则达到了100%参与。由此可以发现，随着2020年成渝双城经济圈建设的提出，成渝两地之间多元主体的协同合作愈加紧密，一张跨域多元协同网络正在逐步形成，而政府则始终占据着网络的核心位置（见表4－2）。

表4－2　不同时间趋势各协同主体的参考点分布差异　（%）

时间趋势 / 协同主体	2012年	2016年	2018年	2019年	2020年	2021年
党员干部	0.00	0.00	0.00	0.00	100.00	0.00
公众	0.00	0.00	0.00	0.00	53.37	46.63
企业组织	0.00	0.00	3.40	0.00	76.50	20.10
群团组织	0.00	0.00	0.00	0.00	100.00	0.00
人大	0.00	0.00	0.00	0.00	100.00	0.00

续表

协同主体＼时间趋势	2012 年	2016 年	2018 年	2019 年	2020 年	2021 年
社会组织	0.00	0.00	0.00	0.00	100.00	0.00
研究机构	0.00	0.00	19.30	0.00	80.70	0.00
政府	1.24	0.89	4.36	3.31	65.58	24.62
政协	0.00	0.00	0.00	0.00	100.00	0.00

三　协同领域由产业服务扩展为公共服务共建共享

成渝双城经济圈城市间多领域协同合作模式直到2020年之后才逐步成型，在2020年之前，仅有部分领域之间发生了协同合作。如在图4－2中提到参考点数量较少的基层治理、气象合作、统战工作、政法工作以及税务协作等领域，都是直到2020年或2021年才开始出现在成渝双城经济圈的合作领域之中，由此可知，这些领域都是近年来新兴的协同合作领域，合作工作才刚刚起步，因此相关的文本资料记载较少，政府注意力倾斜度稍显不足。与此形成鲜明对比的是产业协作、市场共建这两个协同领域，属于成渝地区双城经济圈之间最早开展合作的领域，基于2012年成渝经济区的规划要求，成渝地区双城经济圈之间的产业协作和市场共建尤其频繁，其合作历史也最为悠久。2016年成渝地区双城经济圈的建设进一步促进了两地公共服务及政务服务层面的互动交流，因此这一阶段服务共享和事项通办领域的跨域协同较为突出。2020年之前，成渝双城经济圈在产业市场以及民生服务等领域的协同合作愈加频繁，2020年成渝双城经济圈建设的提出则是两地多领域发散合作的开端，其合作领域也从经济、民生拓展到社会、政治等方方面面，呈现出百花齐放的盛势（见表4－3）。

表4－3　　不同时间趋势各协同领域的参考点分布差异　　（%）

协同领域＼时间趋势	2012 年	2016 年	2018 年	2019 年	2020 年	2021 年
审批联动	4.92	0.00	4.80	2.82	80.80	6.65
创新改革	0.00	0.00	4.06	0.00	70.37	25.57

续表

协同领域＼时间趋势	2012 年	2016 年	2018 年	2019 年	2020 年	2021 年
服务共享	0.00	1.33	2.60	1.30	67.05	27.72
环境共治	0.00	0.00	5.86	0.00	76.84	17.31
基层治理	0.00	0.00	0.00	0.00	100.00	0.00
气象合作	0.00	0.00	0.00	0.00	100.00	0.00
商务合作	0.00	0.00	21.98	0.00	75.21	2.81
设施共建	0.00	0.00	2.38	0.00	85.75	11.87
市场共建	11.11	0.00	0.00	0.00	88.89	0.00
事项通办	0.00	2.70	0.00	0.00	56.30	41.00
税务协作	0.00	0.00	0.00	0.00	0.00	100.00
统战工作	0.00	0.00	0.00	0.00	100.00	0.00
政法工作	0.00	0.00	0.00	0.00	100.00	0.00

四　协同内容从政策意向深入具体领域实践

直到2020年，成渝双城经济圈城市之间社会保障及就业、医疗卫生、公共文化和基础教育层面的公共服务协同合作才开始出现，但从表4－4可知，城市群内部城市间公共服务合作起步于2016年成渝地区双城经济圈规划建设时期，只是当时公共服务协同治理的重心在政策研究与布局，并未正式就公共服务合作领域的具体内容展开实践。如从文本资料内容上来看，2016—2019年的文本内容中均是诸如“推动公共服务便捷共享”“拓展与成渝特大城市公共服务合作领域，加快公共服务一体化进程”等总括性介绍两地公共服务协同合作的语句，无法进行更细致的内容拆分，因此并未将其编码至协同内容下的4个子节点之中，从而使结果最终可视化为表4－5中的情形。

由此可知，成渝双城经济圈建设的早期专注于公共服务整体领域协同合作谋篇布局，缺乏针对具体公共服务事项的跨域协同合作实践，而在2020年成渝双城经济圈概念提出之后，为促进区域公共服务一体化，两地政府针对公共服务的具体领域开展了更为密切和频繁的交流合作，也为社会保障及就业、医疗卫生、公共文化和基础教育4个具体的公共服务内容进入繁荣发展阶段创造了契机。

表4－4　不同时间趋势各协同内容的参考点分布差异　(%)

协同内容＼时间趋势	2012 年	2016 年	2018 年	2019 年	2020 年	2021 年
公共文化	0.00	0.00	0.00	0.00	96.66	3.34
基础教育	0.00	0.00	0.00	0.00	97.63	2.37
社会保障及就业	0.00	0.00	0.00	0.00	84.09	15.91
医疗卫生	0.00	0.00	0.00	0.00	91.28	8.72

表4－5　不同时间趋势各协同方式的参考点分布差异　(%)

协同方式＼时间趋势	2012 年	2016 年	2018 年	2019 年	2020 年	2021 年
签订合作协议	0.00	0.00	11.64	9.22	64.03	15.11
联合建立新区	0.00	0.00	0.00	0.00	72.75	27.25
联合开展活动	0.00	0.00	3.96	0.00	93.62	2.42
联建产业合作园区	9.55	0.00	2.66	5.48	82.31	0.00
信息通办资源共享	0.00	2.21	0.00	0.00	71.20	26.59

五　协同方式从线下转线上，由单一到多元

联建产业合作园区是成渝双城经济圈公共服务协同供给最原始的方式，这种协同方式出现的时间为2012年，编码参考点数量为1，其文本内容是国家工商行政管理总局印发的《关于支持成渝经济区区域发展的意见》，充分说明成渝地区双城经济圈合作的早期是以区域经济合作为主，且具体形式包含了联合建立产业合作园区，以产业发展促经济同行。值得注意的是，此后的年份中联合建立产业合作园区这一协同方式依旧在延续，这也与成渝地区双城经济圈致力于产业领域协同的目标相契合。

此后，到2016年，随着互联网信息技术的发展以及线上政务服务的普及，成渝地区双城经济圈之间的协同方式转为信息通办、资源共享，参考点内容介绍了川渝异地办证协同合作的进展。此时成渝地区双城经济圈的发展规划出台，成渝两地间愈加注重除产业领域之外的服务领域的协同合作，信息与资源的跨域交流共享作为合作开展的基础在此时得

到了充分重视，标志着成渝地区双城经济圈之间的协同打破了线下的产业园区建设桎梏，走向了线上互惠的新形式。

到 2018 年与 2019 年，成渝地区双城经济圈的建设渐入佳境，成渝地区双城经济圈公共服务协同供给的方式也愈加多样化，签订合作协议、联合开展活动、联建产业合作园区等成为较为普遍的合作方式。

2020 年成渝双城经济圈建设的提出，加快了成渝两地之间跨域协同交流的进程，多种方式的协同合作不断涌现，取得显著进展，且开创了跨省联建新区的全新合作方式，将成渝双城经济圈的协同供给推向新高潮。总而言之，随着时间的推移、政策的推动及合作的深入，成渝双城经济圈协同供给方式实现了从单一到多元、线下到线上、有形到无形的转变。

从成渝经济区到成渝地区双城经济圈，再到成渝双城经济圈，区域政策网络对成渝地区双城经济圈公共服务府际协同供给网络的形成具有显著的催化促进作用。成渝双城经济圈的公共服务协同呈现出了鲜明的时间趋势、府际结构与行政等级特征。从时间趋势特征来看，成渝两地之间的公共服务协同合作起步较早，其颁布的政策文本数量由 2010 年的 7 项增加至 2021 年的 89 项，充分说明成渝双城经济圈各城市在公共服务领域的协同合作活跃度逐渐升高，特别是 2020 年 1 月 3 日，中央财经委员会第六次会议首次提出了成渝地区双城经济圈建设问题，将成渝合作提升到一个前所未有的新高度。与此相对应的是，2020 年统计到的成渝地区双城经济圈协同合作文本资料数量陡增，共有 109 份之多，占总数的 31.5%，与前些年的统计量形成了鲜明对比，说明成渝两地的发展迈入了一个全新的发展阶段。虽然文本资料的统计时间截至 2021 年 7 月 30 日，但 2021 年成渝双城经济圈相关合作的文本资料数量也比 2020 年全年多出了 22 份，达到了曲线峰值，预计年底总数将是 2020 年的约 2 倍。

第三节　公共服务协同供给的主体结构特征

前文根据具体内容将文本资料进行了属性划定，共归纳出时间趋势、协同结构以及行政等级三大类型，本节主要从协同结构这一特征出发，通过对文本整体协同结构特征的归纳、文本内容与协同结构特征的交叉分析等，总结成渝双城经济圈公共服务协同供给过程中所呈现的协同结构状况。

一 双边小规模协同为主，多边复杂协同为辅

成渝双城经济圈公共服务供给合作是多元的，既有发生在两个城市之间的合作，也有三方协同、多方参与等形式。从行动主体规模来看，双边协同的核心为捆绑互惠，而多边、全体协同的核心则是协调共赢，参与主体越多，合作的规模收益将会增高，协同的灵活性更强。

随着时间的发展，成渝双城经济圈公共服务协同供给合作呈现出由双边小规模为主，到双边协同与多边协同并行的特征，具有明显政策倾向性。在2016年成渝地区双城经济圈概念提出之前，成渝之间的协同以双边结构为主，主要是四川省与重庆市之间的零散交流合作。2016年之后，成渝地区双城经济圈所辖城市之间的多边交流结构不断形成，尤其是2020年成渝双城经济圈建设的提出，川渝之间的交流合作行为愈加频繁，并且已经不止步于高行政级别城市如四川省、重庆市、成都市之间的合作，市县之间合作也愈加频繁。尤其诸多关联城市为抓住成渝发展的大好机遇，大都出台相关政策规划，签订合作协议框架等，促进与周边多个城市间的区域协同。由图4－7可知，2020年双边协同结构的文本数量有30份，而多边协同结构的数量也高达23份，直追双边协同结构。可以预见的是，随着时间的推移以及成渝双城经济圈多城市间愈加紧密的交流合作，成渝双城经济圈的协同必然不止步于简单的小规模双边协同结构，城市间一个更加多边多元的大规模复杂协同网络正在形成。

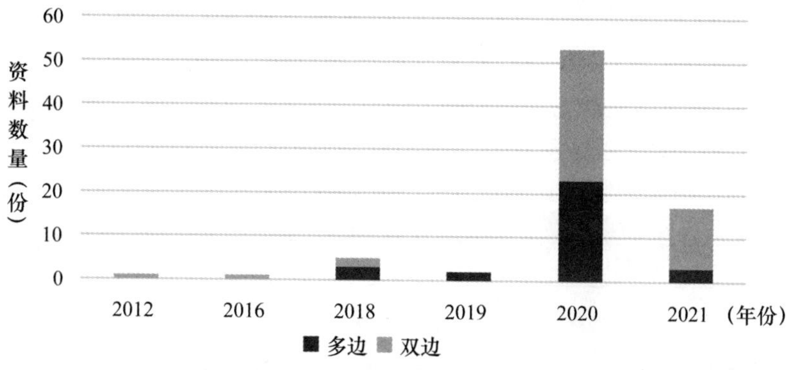

图4－7 不同协同结构文本资料的年度数量分布

二 文化教育多边协同，社保医疗双边融合

城市群公共文化层面的府际合作主要以多边协同结构为主，其参考点占比为60%，如内江市为融入成渝双城经济圈建设，主动加强与成渝地区的文旅合作，建设成渝文化融合发展试点区，并且联合推广巴蜀文化，建设巴蜀文化旅游走廊等。与此类似，在基础教育层面，成渝双城经济圈的协同供给结构也呈现出多边格局，其编码参考点占比为71.43%，如遂宁市紧抓“进城入圈”的先机，致力于编制《遂潼川渝毗邻地区一体化发展先行区总体方案》等规划方案，积极推进遂宁市及潼南区等川渝毗邻地区的基础教育协同工作，成功将遂潼教育一体化项目建设成为了成渝协同重大教育改革试验项目。

而相比之下，社会保障及就业和医疗卫生层面的成渝双城经济圈府际合作则以双边协同结构为主，其参考点数量占比分别为各自的52.63%和55.56%。如2020年4月，四川省、重庆市两地住建部门签署《深化川渝合作推动成渝地区双城经济圈住房公积金一体化发展合作备忘录》，深化川渝两地包括公积金互认互贷等方面的多个合作内容，实现了社会保障及就业的跨域协同。而为了推进区域医疗卫生的协同供给，自贡市卫健委与重庆市涪陵区卫健委签订了合作协议，致力于打造成渝地区医疗重要汇聚中心（见表4-6）。

表4-6 不同协同结构各协同内容的参考点分布差异 （%）

协同结构 / 协同内容	双边	多边
公共文化	40.00	60.00
基础教育	28.57	71.43
社会保障及就业	52.63	47.37
医疗卫生	55.56	44.44

总体而言，成渝双城经济圈公共服务协同供给内容层面，社会保障及就业和医疗卫生层面的协同结构分布相对更加均衡，双边合作关系略占上风，反映出成渝双城经济圈区域在社保医疗方面的小规模双向交流

合作非常活跃，呈现出较强的协同针对性；而在公共文化与基础教育服务层面，成渝双城经济圈更偏向多个城市间协同合作的趋势，反映出成渝双城经济圈区域在教育文化方面的复杂多边交流结构特征，说明教育文化层面的区域一体化合作机制正在形成。

三　联建园区多边服务，资源交互更为均衡

无论是双边合作还是多边合作，都离不开签订合作协议、联合建立新区、联合开展活动、联建产业合作园区以及信息通办资源共享 5 种协同供给方式，只是不同方式在协同结构的分布占比有所不同。比如签订合作协议、联合建立新区、联合开展活动以及信息通办资源共享 4 种协同方式主要发生在成渝双城经济圈的双边合作结构之中，其编码参考点数量分别占各自的 76.67%、75%、70.37%、53.85%；而联建产业合作园区这一协同方式主要发生在多个城市的协同合作模式中，其编码参考点数量占比为 66.67%，如内江经开区为做强特色产业，主动“配套”成渝，着力协同打造千亿产业园区；除此之外，相比其他几种协同方式，信息通办资源共享这种协同方式在不同协同结构中分布更加均匀，多边与双边合作基本持平。

由此可见，成渝双城经济圈在协同合作的过程中对城市产业之间的合作协同关系尤其重视，因此积极推动产业合作园区的建设，致力于多个区域之间产业链条的串联完善。而无论是两个城市之间合作的双边协同，还是多个城市间建立的多边协同关系，都极其注重运用多样化协同方式，以及跨区域间的信息通办资源共享，创造跨域合作的信息资源基础（见表 4－7）。

表 4－7　不同协同结构各协同方式的参考点分布差异　（%）

协同方式＼协同结构	双边	多边
签订合作协议	76.67	23.33
联合建立新区	75.00	25.00
联合开展活动	70.37	29.63
联建产业合作园区	33.33	66.67
信息通办资源共享	53.85	46.15

由此可见，成渝地区双城经济圈协同主体也由单一政府主导发展到多元主体共同参与，协同领域由经济建设拓展到公共服务建设，协同内容不断深化到具体实践中，协同方式也从线下的联建产业园区等走向线上的资源信息互通共享，手段愈加丰富。从府际结构特征来看，成渝双城经济圈公共服务协同供给合作呈现出由双边小规模为主，到双边协同与多边协同并行的特征，协同城市的数量不断攀升，并且在公共服务具体内容以及协同方式层面，呈现出了不同结构的府际协同特征；从行政等级特征上看，成渝双城经济圈公共服务府际协同基本实现了跨越城市行政级别的协同合作，其中政府、企业、研究机构等主体间，产业与服务等领域间，以及信息通办资源共享这一协同方式层面，均撬动了成渝地区间所有行政层级城市的参与，尤其四川省与重庆市等上级政府在公共服务府际协同合作过程中参与更加积极。

第四节　公共服务协同供给的行政等级特征

本节主要从行政等级这一特征出发，通过对文本整体行政等级特征的归纳、文本内容与行政等级特征的交叉分析等，总结成渝双城经济圈公共服务协同供给过程中不同行政等级城市所呈现的合作差异。

一　成都都市圈主导下的跨等级协同

我国城镇行政等级体系一般分为六个层级：特别行政区、直辖市（首都和其他直辖市）、省区首府城市（计划单列市）、一般地级市、县级市、建制镇。而成渝双城经济圈如若按照此种行政等级体系划分，则共包括直辖市 1 个——重庆，副省级城市 1 个——成都，一般地级市 14 个，县级市 17 个，除此之外还有大量区县。研究所收集 79 份文本资料均描述了成渝双城经济圈所辖城市之间的协同合作，不同文本资料中协同合作的城市及其行政等级都有所不同，理应有所区分。因此本书建立了文本资料的行政等级类属，根据文本资料所述不同行政级别城市间的合作进行分类，分出了四川省、重庆市、成都市、四川的其他区市县、重庆的区县 5 个层次，在此基础上结合文本资料阅读发现，还有许多城市为融入川渝/成渝之间的协同关系而积极行动，特增加成渝/川渝这一形式，总共分成6个层次，并且根据文本资料查阅的结果建立了各个层次之间的协同互动关系如表4－8所示。

表4－8　不同行政等级间地方政府协同互动文本资料的数量分布

	地方政府	文本数量（份）
行政等级相同（份）	四川省—重庆市	30
	四川省所辖市州（不含成都）—重庆所辖区县	15
	四川省所辖市州之间（不含成都）	4
行政等级不同	成都市—四川省所辖其他市州（不含成都）	25
	成都市—重庆所辖区县	4
	成都市—重庆市	1

由表4－8可知，79份成渝双城经济圈公共服务协同供给相关文本资料当中，有30份描述了四川省和重庆市之间的协同合作，说明成渝双城经济圈之间的协同合作以两地最高行政等级城市间的互动为主，川渝两省市政府对川渝协同发展给予了重点关注，重庆市与四川省的合作既是成渝双城经济圈合作的指向标，其相关政策规划的发布亦是成渝双城经济圈后续协同合作的基础。

此外，有25份文本资料都是除成都之外的，四川省其他区市县与成都之间的合作，足以说明四川省内的区市县都将融入成渝/川渝之间的合作摆在重要位置，并且为融入成渝双城经济圈的建设发展拟定了长远的计划。与之形成鲜明对比的是，本次收集到的79份文本资料中并未有提到重庆其他区县融入成渝/川渝建设的内容。

除此之外，从本次收集到的文本资料来看，四川省的其他区市县与重庆的区县之间也有较为密切的交流与合作，充分说明成渝双城经济圈建设并非四川省与重庆市两方之间独有的合作，其下辖的诸多区市县也对这次机遇给予了足够重视，并且按照上级给出的合作框架积极采取行动，试图建立起跨行政区域的长期联络与合作。

综合而言，从本次收集到的文本资料的行政等级特征来看，成渝双城经济圈各城市之间实现了跨区域、跨行政级别的多方合作，而这一协作过程始终以四川为核心的都市圈为主导。

二 政府企业与研究机构联动下的跨等级协同

不同协同主体在不同行政等级城市合作中参与程度存在较大差异。整体来看，所有协同主体都参与了四川省其他区市县与成渝/川渝之间的合作，尤其党员干部、人大以及社会组织三种类型的协同主体，参与此类行政等级合作占比均为100%，而研究机构的参与占比也达到了61.58%。其次，四川省与重庆市之间的协同合作也吸引了诸如群团组织、政协、公众等主体的参与，占比分别为95.48%、93.75%、48.67%。多行政等级间城市协同均有参与的则是企业组织、研究机构和政府这3个主体，尤其是政府主体，已经打破了行政级别的限制，实现了跨区域跨级别的协同（见表4-9）。

表4-9 不同行政等级各协同主体的参考点分布差异 （%）

协同主体＼行政等级	成都市—四川省所辖其他市州（不含成都）	四川省—重庆市	成都市—重庆市	成都市—重庆所辖区县	四川省所辖市州（不含成都）—重庆所辖区县	四川省所辖市州之间（不含成都）
党员干部	100.00	0.00	0.00	0.00	0.00	0.00
公众	43.04	48.67	0.00	8.29	0.00	0.00
企业组织	34.63	30.28	0.00	7.47	13.47	14.15
群团组织	4.52	95.48	0.00	0.00	0.00	0.00
人大	100.00	0.00	0.00	0.00	0.00	0.00
社会组织	100.00	0.00	0.00	0.00	0.00	0.00
研究机构	61.58	22.79	0.00	7.44	8.19	0.00
政府	34.55	32.03	0.89	5.97	24.61	1.95
政协	6.25	93.75	0.00	0.00	0.00	0.00

根据上述分析可以得出结论：一是四川省内部表现出了超高的政策敏锐度、执行力与协同性，尤其聚焦成渝/川渝合作发展的重大机遇，铆足力量凝聚各方主体合力，共同参与到成渝双城经济圈协同治理的过程

中；二是无论城市间的行政等级如何，均重视发挥政府、企业组织、研究机构等主体的作用，实现政策规划、市场产业以及科技智力的联动；三是与其他参与主体相比，政府这一主体始终居于协同合作网络的中心地位，发挥着联络各级城市、串联多元主体的功能，是实现成渝双城经济圈协同治理的基础。

三　产业与服务建设并重的跨等级协同

根据行政等级的不同，成渝双城经济圈各城市间的协同领域也存在较大差异。从整体行政等级来看，四川省其他区市县与重庆的区县之间合作的领域最多，除了基层治理与税务协作之外，其他 11 个领域都开展了相应的合作，尤其是气象与统战领域的合作，均占各自领域的 100%；其次是四川省和重庆市之间开展的合作，其合作领域包含了除基层治理、气象合作、统战工作之外的其余 10 个领域，尤其税务协作、政法工作以及事项通办 3 个领域的合作集中在这一行政等级，分别占比为各自领域的 100%、93.16% 和 58.21%；此外，四川省的其他区市县与成渝/川渝之间的合作领域也有 9 个之多，其中尤以基层治理、创新改革、商务合作、产业协作、设施互通、服务共享等领域的合作开展最为频繁，分别占各自领域的 100%、57.38%、47.19%、46.78%、38.38%、37.09%；最后，四川的其他区市县内部开展的交流合作也较多，集中在市场共建、环境共治及设施互通等 3 个领域，分别占各自领域的 53.06%、44.43% 和 36.40%（见表 4—10）。

表 4－10　不同行政等级各协同领域的参考点分布差异　（%）

行政等级 / 协同领域	成都市—四川省所辖其他市州（不含成都）	四川省—重庆市	成都市—重庆市	成都市—重庆所辖区县	四川省所辖市州（不含成都）—重庆所辖区县	四川省所辖市州之间（不含成都）
产业协作	46.78	15.48	0.00	2.56	18.91	16.27
创新改革	57.38	7.11	0.00	0.00	35.51	0.00
服务共享	37.09	23.36	1.33	6.05	15.32	16.85

续表

行政等级 协同领域	成都市—四川省所辖其他市州（不含成都）	四川省—重庆市	成都市—重庆市	成都市—重庆所辖区县	四川省所辖市州（不含成都）—重庆所辖区县	四川省所辖市州之间（不含成都）
环境共治	26.21	1.18	0.00	0.00	28.19	44.43
基层治理	100.00	0.00	0.00	0.00	0.00	0.00
气象合作	0.00	0.00	0.00	0.00	100.00	0.00
商务合作	47.19	9.34	0.00	12.45	31.01	0.00
设施互通	38.38	10.17	0.00	0.00	15.13	36.40
市场共建	5.22	18.41	0.00	18.51	4.79	53.06
事项通办	20.00	58.21	2.70	12.26	6.83	0.00
税务协作	0.00	100.00	0.00	0.00	0.00	0.00
统战工作	0.00	0.00	0.00	0.00	100.00	0.00
政法工作	0.00	93.16	0.00	0.00	6.84	0.00

而从单一协同领域来看，不同类型的协同领域之间具有明显的行政等级分异。产业协作、服务共享、商务合作、设施互通 4 个领域几乎打破了行政区划的隔膜，实现了跨区域多领域的协同合作，无论是高行政级别的省市之间合作，还是区县之间的协同，这 4 个领域始终存在，无疑是成渝双城经济圈协同供给合作的重点领域。

总的来说可以发现：其一，成都都市圈实现了对内以及对外的跨区域多领域协同合作，而重庆都市圈的跨域多领域合作稍显不足；其二，成渝两地合作领域总体上呈现出百花齐放的盛势，新的合作领域不断涌现，但产业协作、服务共享、商务合作以及设施互通 4 个领域始终占据跨行政等级城市间协同的主流地位。

四 公共服务内容跨等级协同差异显著

成渝双城经济圈公共服务具体内容的府际合作呈现出显著的行政等

级分异：四川省与重庆市之间的公共服务协同较为频繁，尤其四川省除成都市以外的其他区市县始终活跃在川渝/成渝间的公共服务协同供给过程中；然而成都市与重庆都市圈之间的公共服务协同供给较为缺乏，其参考点分布均为0%（见表4－11）。

表4－11　不同行政等级各协同内容的参考点分布差异　（%）

行政等级＼协同内容	公共文化	基础教育	社会保障及就业	医疗卫生
成都市—四川省所辖其他市州（不含成都）	55.58	66.45	62.36	27.06
四川省—重庆市	41.08	19.62	23.63	18.35
成都市—重庆市	0.00	0.00	0.00	0.00
成都市—重庆所辖区县	0.00	0.00	0.00	0.00
四川省所辖市州（不含成都）—重庆所辖区县	3.34	2.37	3.75	25.23
四川省所辖市州之间（不含成都）	0.00	11.56	10.26	29.36

而从公共服务协同具体内容来看，基础教育、社会保障及就业、公共文化等服务内容主要集中在四川省的其他区市县与成渝/川渝的协同过程中，其参考点数量占比分别为各自领域的66.45%、62.36%和55.58%；虽然29.36%的医疗卫生公共服务协同供给集中在四川省的其他区市县内部，但是仍有27.06%的比例发生在四川省的其他区市县与成渝/川渝之间的合作过程中，其在各行政等级城市间的分布更均衡。此外，41.08%的公共文化服务合作发生在四川省与重庆市的协同供给过程中，而四川省的其他区市县内部公共文化服务协同则较为欠缺。

从文本资料的整体编码情况来看：其一，参与到医疗卫生这项公共，服务协同合作的城市其行政等级分布更加均衡，与此形成鲜明对比的是公共文化服务层面的协同合作集中在四川省和重庆市这两个最高行政等级的城市之间，说明不同类型的公共服务存在明显的协同供给壁垒；其二，无论是成都市与重庆市主城区之间，还是成都市与重庆市其他区县之间，都没有出现直接表明两地公共文化、基础教育、社会保障及就业、医疗卫生等层面合作的内容。恰恰相反的是，除成都市之外的四川省内部城市之间表现出了高度的合作积极性，并且致力于开展与重庆都市圈的协同合作。从侧面说明成渝双城经济圈之间的协同合作并非是两地核心城市——成都市与重庆市之间的直接合作，而是以成都市与重庆市为核心，撬动周边毗邻城市交流互动的过程，显然在这一过程中，成都都市圈的城市相比重庆都市圈的城市表现更为积极。

五 信息通办资源共享基础上的跨等级协同

不同行政等级的城市协同过程中所采用的协同方式也有所不同。从联合建立新区这一协同方式来看，其72.55%的编码参考点都集中在四川省的其他区市县与成渝/川渝的合作过程中，说明联合建立新区是四川省其他区市县参与到成渝/川渝城市群建设最有效最普遍的方式，如广安市聚力建设川渝高竹新区，试图全面融入成渝地区双城经济圈。而从联合开展活动这一协同方式来看，其56.34%的编码参考点集中在四川省与重庆市的协同合作之中，说明川渝之间经常以开展各类活动的形式促进两地跨域合作，如为促进川渝文旅融合而开展一系列文化调研走访活动。与此同时，信息通办资源共享这一协同方式编码参考点数量的40.55%亦集中在四川省与重庆市的协同之中，而作为行政级别最高的区域，四川省与重庆市之间的资源信息共享是其下辖区市县间资源与信息交流贯通的模板与基础。联建产业合作园区这种协同方式则是四川省其他区市县与成渝/川渝协同、四川省其他区市县内部协同的时候所采取的主要形式，其编码参考点占比分别为44.17%和31.57%，由此可知四川省极其注重内外部产业领域层面的协同合作。除此之外，四川省的其他区市县与重庆的区县之间协同合作时惯常采用的模式是签订合作协议，其编码参考点数量占比为34.86%，如2020年自贡市与重庆市荣昌区签订了政法合作协议，致力于两地政法领域的协同合作（见表4-12）。

表4－12　　不同行政等级各协同方式的参考点分布差异　　（%）

行政等级 / 协同方式	成都市—四川省所辖其他市州（不含成都）	四川省—重庆市	成都市—重庆市	成都市—重庆所辖区县	四川省所辖市州（不含成都）—重庆所辖区县	四川省所辖市州之间（不含成都）
联合建立新区	72.55	5.66	0.00	0.00	21.79	0.00
联合开展活动	20.88	56.34	0.00	3.13	14.98	4.68
联建产业合作园区	44.17	12.94	0.00	0.00	11.33	31.57
签订合作协议	27.27	29.80	0.00	5.09	34.86	2.98
信息通办资源共享	30.88	40.55	2.21	6.76	12.16	7.43

此外，还发现：其一，从行政等级来看，四川省的其他区市县与成渝/川渝、四川省与重庆市、四川省的其他区市县与重庆的区县这3个行政等级协同合作过程中，所采取的协同方式最为多样化，每一种协同方式均有所涉及，充分说明相比重庆都市圈来说，成都都市圈更重视成渝双城经济圈的协同供给，通过充分撬动区域内各城市采纳多种协同方式，实现区域内外的互惠合作；其二，从协同方式本身来看，信息通办资源共享这一协同方式贯穿了所有行政级别的城市合作，即信息通办资源共享是成渝双城经济圈各个城市之间协同合作的核心与基础。

第五章

城市群公共服务协同供给网络特征

协同网络是指由成渝双城经济圈所辖的区市县之间，基于资源流动和资源配置所构成的联系网络，是成渝双城经济圈地方政府间联系和协同网络状况最直观的体现。近年来越来越多的学者开始关注都市圈或者城市群等跨域地方政府协作及协作网络关系研究，推动了理论与实践的探索，社会网络分析方法因其能够将难以量化的关系数据进行可视化测度，而被广泛应用于协同供给网络的研究之中。

2021 年 8 月 18 日，成都市经济信息中心（成都市经济发展研究院）微信公众号“成经智库”发布了其研究团队基于企业资本关联数据构建的成渝地区双城经济圈城市网络①，发现产业联系主要发生在成都市和重庆主城，成都、重庆主城两个城市之间的联系强度在成渝地区双城经济圈内占绝对领先优势，其他城市相较成都和重庆主城，辐射能力和集聚能力都存在极大差距。成都市与重庆主城的联系占成都市联系网络的 15%，重庆主城与成都市的联系占重庆主城联系网络的 28%，成都市的网络联系密度高于重庆主城。电子信息、装备制造、新型材料和医药健康四大主导产业的核心城市主要是成都和重庆主城，只有在装备制造产业，德阳市进入了核心城市，而重庆各区县均为边缘城市。基于成渝地区双城经济圈产业网络的基本形态，本书聚焦地方政府间公共服务协同供给，尝试描述成渝地区双城经济圈地方政府间公共服务协同网络形态和特征。

---

① 成经数据：《从企业关联看城市关联——成渝地区双城经济圈城市联系特征分析》，https：//mp. weixin. qq. com/s/bIaWJ6HzBHcurSPQ1_2SDQ。

本书在文本资料编码过程中归纳出了协同网络这一树节点，并以文本中出现的各个成渝双城经济圈辖区城市为子节点进行了协同关系梳理。因此本章也主要运用社会网络分析方法对成渝双城经济圈公共服务协同供给的网络结构特征进行考察，将采集到的 235 份文本资料作为研究载体，通过 NVivo 11 软件进行节点编码及数据矩阵构建，在此基础上选用 Ucinet 6 软件及其加载的 Net Draw 绘图工具对整体网络的密度、中心性、凝聚子群、核心—边缘结构等进行分析及可视化，以期对整个成渝双城经济圈公共服务协同供给态势进行研判。

第一节　公共服务协同供给网络构建

"社会网络"指的是社会行动者及其间的关系的集合。也可以说，一个社会网络是由多个点（社会行动者）和各点之间的连线（行动者之间的关系）组成的集合（刘军，2007）。本书目的在于探究成渝双城经济圈公共服务协同供给网络，关注的是成渝双城经济圈各城市地方政府之间在公共服务领域的合作关系，因此点（社会行动者）是成渝双城经济圈各城市地方政府，连线（行动者之间的关系）是府际公共服务领域合作关系，通过构建针对各城市地方政府主体的网络社会关系图，可以反映各城市地方政府在公共服务协同治理方面所扮演的角色。社会网络分析的分析单位不是行动者（如个体、群体、组织等），而是行动者之间的关系，因此开展社会网络分析的前提是获取关系数据，即关于联系、接触、联络或者聚会等方面的数据，并且编制成 Ucinet 软件可以识别操作的关系矩阵表格数据，生成关系矩阵可以通过 NVivo 软件的矩阵查询功能来实现。

通过运用 NVivo 软件对筛选出的每一份文本资料进行编码，研究在"协同网络"树节点之下编码了"协同城市"子节点，这一子节点之下则包含了在成渝双城经济圈公共服务领域有过府际合作的 33 个城市节点，分别有：四川省、成都市、绵阳市、遂宁市、达州市、自贡市、德阳市、资阳市、雅安市、广安市、内江市、眉山市、南充市、乐山市、宜宾市、泸州市；重庆市、北碚区、江北区、九龙坡区、合川区、潼南区、渝中区、荣昌区、大足区、永川区、渝北区、江津区、綦江区、涪陵区、开州区、万州区、垫江县，如表5－1所示，这33个城市构成了成渝双城经济圈公共服务协同供给网络的点，即社会行动者。

表5－1　协同城市各子节点一览

省/市	省辖区/市辖区
重庆	渝中、万州、涪陵、江北、九龙坡、北碚、綦江、大足、渝北、江津、合川、永川、潼南、荣昌、垫江、开州
四川	成都、德阳、绵阳、眉山、宜宾、广安、达州、乐山、雅安、自贡、泸州、内江、南充、资阳、遂宁

在找出成渝双城经济圈公共服务协同供给的具体行动者之后，需要构建点之间的连线关系，即城市之间的互动协同关系。本书依靠NVivo中的文本编码功能来实现。在完成文本编码之后，本书运用NVivo的矩阵编码查询功能，将协同城市节点下属的33个城市子节点与自身做交叉分析，并且将所得对称表格对角线上数值全部设置修改为0，由此生成Ucinet分析所需的33×33协同供给关系矩阵。为进一步探究成渝双城经济圈各城市节点之间深层次的协同互动结构关系，本书借助Ucinet软件中加载的Net Draw功能将成渝双城经济圈公共服务协同供给网络构建的33×33行动者合作关系矩阵进行可视化处理，得到如图5－1所示的社群图。社群图反映了整体网络中各个行动者之间的协同合作关系，通过对经过各节点的线条的疏密及粗细程度的比较，能够较为直观地判断出各个节点在网络中的活跃程度以及节点之间合作关系的强弱，节点处链接的线条越密集则节点越活跃，线条越粗则两节点之间合作关系越强。

由图5－1看出，从线条疏密来讲，成渝双城经济圈明显存在两个协同治理次级系统，一个是同属四川省行政区划的成都都市圈，另一个是以重庆市为首的重庆都市圈。从川渝行政区域相比而言，成都都市圈的连线更为密集，且城市间合作强度也显著较高，特别是在四川省积极推进的成德眉资同城化的几个城市间，说明成都都市圈公共服务协同供给的水平更高，且片区内的城市都表现得非常活跃，区域内外的协同网络都已经较为成熟；而重庆都市圈的网络也很密集，但合作强度不明显，片区内的城市节点联络不紧密，如以江津区、渝北区、江北区为代表的

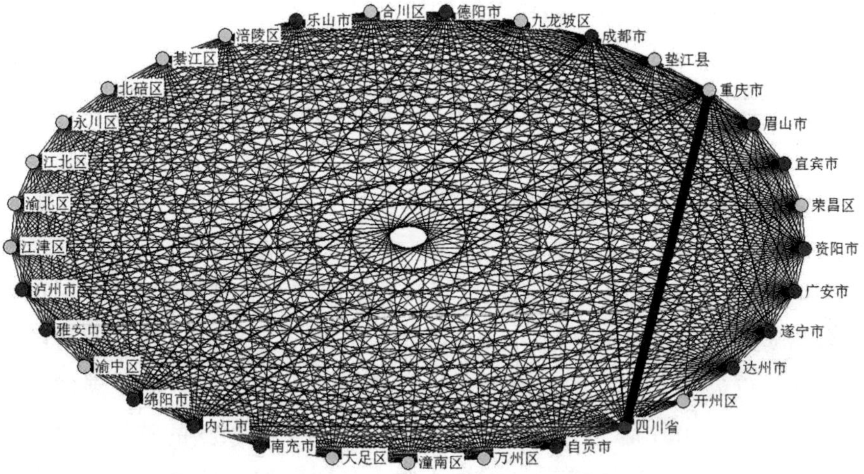

图5－1　成渝双城经济圈公共服务协同供给网络社群

图例左上角城市尚未与重庆都市圈内其他城市节点之间形成连线，碎片节点近乎孤悬于协同治理网络之中。

从线条粗细来讲，整个网络中最粗的线段连接的是重庆市和四川省，表示两地间的协同合作关系最为密切，这也说明川渝两省市的地方政府在成渝双城经济圈协同供给进程中始终扮演着主轴中心的角色，二者之间的协同有助于以二者为首的两个都市圈之间突破区域壁垒，优化谋篇布局。其次是重庆市和成都市，作为成渝地区双城经济圈的中心城市，无论是作为经济增长极、要素聚集点、资源集中区，两个城市政府之间公共服务的合作都在城市群有重要需求回应压力和示范带动效应。四川省内部的城市互动主要发生在“成德眉资”片区，即资阳市和眉山市、成都市和资阳市、成都市和眉山市。此外，重庆市与泸州市、绵阳市、内江市等之间的连线也较粗，说明其建立了紧密的合作关系，这几个城市都是成渝双城经济圈发展规划图中标记的主轴城市，它们的密切协同更能助推成渝双城经济圈的发展。而其他城市之间的连线则较细，说明城市之间公共服务协同较少。

综合而言，当前的成渝双城经济圈公共服务协同供给网络尚存在协同水平区域分异、合作关系强弱显著的特征，其中协同水平呈现出成都都市圈高而重庆都市圈低的特点，合作关系强弱则呈现出主轴城市间强而其他城市间弱的特点，整体网络的协同水平并不均衡。

第二节 公共服务协同供给网络密度特征

一 公共服务协同供给网络密度大

网络密度描述了社会网络之中各行动者之间连接的紧密程度，是社会网络分析中最常用的一种测度指标。总的来说，整体网络的密度越大，该网络对其中行动者的态度、行为等产生的影响也越大，联系紧密的整体网络不仅为其中的个体提供各种社会资源，也成为限制其发展的重要力量（刘军，2007）。成渝双城经济圈公共服务协同供给的整体网络密度是指成渝双城经济圈协同网络中各个城市间实际拥有的关系数量与理论上拥有的最大可能关系数量之比。由于本书所建构的网络为1－模多值无向网络，因此其网络密度的计算公式为：

$$D = \frac{2m}{n(n-1)}$$

其中，n 指网络中包含的行动者数量，即城市数量；m 指代该网络中包含的实际关系数量，即成渝双城经济圈网络中所包含的实际协同关系连线的数量。网络的密度值介于0和1之间，该值越接近1则代表成渝双城经济圈公共服务领域的协同供给关系越紧密（见图5－2）。

	Density	No. of Ties
城市与城市交互矩阵GTO	0.9640	1018.0000

图5－2 成渝城市群府际协同网络整体密度

在将矩阵进行二值化处理之后，通过网络密度计算，目前成渝双城经济圈公共服务协同供给的网络密度值是0.9640，接近最大值1，网络中包含的关系连线共有1018条。这一结果说明，成渝双城经济圈公共服务协同供给网络的整体密度很高，也就是说，成渝双城经济圈各地方政府之间在公共服务领域的协同关系很紧密，整个空间协同网络发展较为成熟。随着区域整合和一体化程度的加快，成渝城市间公共服务联系与跨区域交流互动势必会更加频繁，城市集群的整体优势将得到进一步的发挥。

二　公共服务协同供给网络双核共存

中心性是度量网络中心化程度的重要指标，它反映了个人或组织在网络中拥有权力的程度，或某一行动者在网络中处于怎样的中心地位的程度，是社会网络最早讨论的内容之一。就成渝双城经济圈公共服务协同供给网络而言，处于相对中心位置的城市拥有更大的权力和对其他城市更强的影响力，因此便更易获得相关资源。网络中心性一般采用度数中心度、中间中心度和接近中心度。“度数中心度”刻画的是行动者的局部中心指数，测量网络中行动者自身的交易能力，没有考虑到能否控制他人。“中间中心度”研究一个行动者在多大程度上居于其他两个行动者之间，因而是一种“控制能力”指数。“接近中心度”考虑的是行动者在多大程度上不受其他行动者的控制（刘军，2007）。为了避免混淆，一般用中心度来描述图中任何一点在网络中占据的核心性，用中心势刻画网络图的整体中心性。

（一）度数中心度：双核引领型网络协同

度数中心度，主要测量与该点有直接关联的行动者数量，若一个行动者与很多行动者有直接的关联，该行动者就居于中心地位，从而拥有较大的权力和影响力。在成渝双城经济圈公共服务协同供给网络分析中，拥有较高度数中心度的城市或地区就越处于成渝双城经济圈协同网络结构的中心位置，在协同合作中更为积极，与更多的城市或地区有着协同关系，并且可以令自身的行为对其他城市或地区造成正向的影响。度数中心度越高的城市或地区会越重视城际间的协同活动，也凸显了当地有着对公共服务协同的强烈需求。

度数中心度又可以分为绝对中心度和相对中心度两类，其计算公式也有所不同，一般而言常用相对中心度的表达式来计算度数中心度，它是点的绝对中心度与网络中点的最大可能的度数之比，公式如下：

$$C_D(i) = d(i)/(n-1)$$

其中，$d(i)$ 代表 i 这个点在网络中的绝对中心度，n 代表网络规模，即网络中包含行动者的数量，整体网络度数中心度的取值为0—1，反映了整体网络之中每个节点与其他节点协同发展关系的状况。

通过Ucinet计算，列出成渝地区双城经济圈协同治理网络各城市主体的度数中心度如表5－2所示，发现33个城市之中，重庆市与四川省的度数中心度最高，余下城市中又以成都都市圈的城市中心度较高，由此呈现出重庆与四川双核引领，成都都市圈互动积极的网络特征；同时网络图的度数中心势测度结果为5.62%，说明成渝双城经济圈公共服务协同供给整体网络的度数中心势并不高，城市之间的协同关系并不紧密，呈现出松散耦合网络的特征。

表5－2　　成渝双城经济圈公共服务协同供给网络度数中心度

排序	城市	度数中心度	排序	城市	度数中心度
1	重庆市	864	18	万州区	91
2	四川省	723	19	荣昌区	86
3	成都市	401	20	雅安市	83
4	遂宁市	266	21	大足区	75
5	内江市	264	22	永川区	69
6	资阳市	259	23	北碚区	62
7	德阳市	251	24	江津区	60
8	绵阳市	235	25	渝北区	51
9	泸州市	225	26	合川区	45
10	广安市	213	27	开州区	42
11	眉山市	194	28	垫江县	40
12	宜宾市	191	29	涪陵区	39
13	达州市	190	30	渝中区	37
14	乐山市	178	31	江北区	35
15	南充市	142	32	綦江区	32
16	自贡市	135	33	九龙坡区	32
17	潼南区	92		均值	172.788

第一，从整体排名来看，成都都市圈所属城市居于前列，重庆都市圈所辖城市较为落后，说明成都都市圈在成渝双城经济圈公共服务协同

合作中互动协作更加积极主动。重庆市的度数中心度最高，其次是四川省，二者的度数中心度分别为 864 和 723，均超过了 700，意味着这两个城市在成渝双城经济圈公共服务协同治理网络中处于中间位置，这与四川省与重庆市合作交流的历史进程息息相关。2012 年以来国家颁布了一系列促进四川省与重庆市协同发展的政策，成渝经济区、成渝地区双城经济圈、成渝双城经济圈的概念层出不穷，两地之间的协同交流愈加紧密，而四川省与重庆市作为两个区域的核心，其聚集与扩散效应不断凸显，其在区域网络中的中心地位便越来越明显。在度数中心度排名前十的城市中，除重庆市之外，其他全部隶属于成都都市圈；再看排名 11 名到 20 名，处在协同水平中游位置的城市或者地区，除潼南区、荣昌区和万州区之外，其他 7 个城市全部属于成都都市圈；在最末梯队的 13 个地区当中，全部都是重庆市所辖的区县，尤其是綦江区和九龙坡区，其度数中心度均只有 32。由此可以证明，四川省的城市在成渝双城经济圈公共服务协同供给过程中发挥了积极贡献，并且区域内城市对于协同的响应程度极高。

第二，从都市圈内部来看，成都都市圈绝大多数城市度数中心度较高，而重庆都市圈仅有重庆市数值较高。在成都都市圈内，度数中心度最高的是四川省，其次是成都市、遂宁市、内江市，其度数中心度均超过了 250，而度数中心度最低的是雅安市，其度数中心度为 83。在重庆都市圈内，度数中心度最高的是重庆市，随后是潼南区，但是其度数中心度仅有 92，低于平均值 172.788，其余地区都处在成渝双城经济圈公共服务协同供给网络的最末端。由此可以看出，四川省的各城市对于公共服务府际活动具有普遍的参与性，但是重庆都市圈的城市参与情况出现了明显的差距，仅仅只有一个突出城市成为其内部的核心协同地区，而其他区县普遍存在协作程度低的现象（见图 5－3）。

综合而言，在成渝双城经济圈公共服务协同网络之中，成都都市圈所辖区域具有较高的度数中心度，处于协同网络结构的中心位置，在公共服务协同治理过程中表现积极，且表现出了强烈的公共服务协同需求；相比之下重庆都市圈的城市除重庆市之外，其他区域公共服务协同参与度较低，处于协同网络的边缘位置。

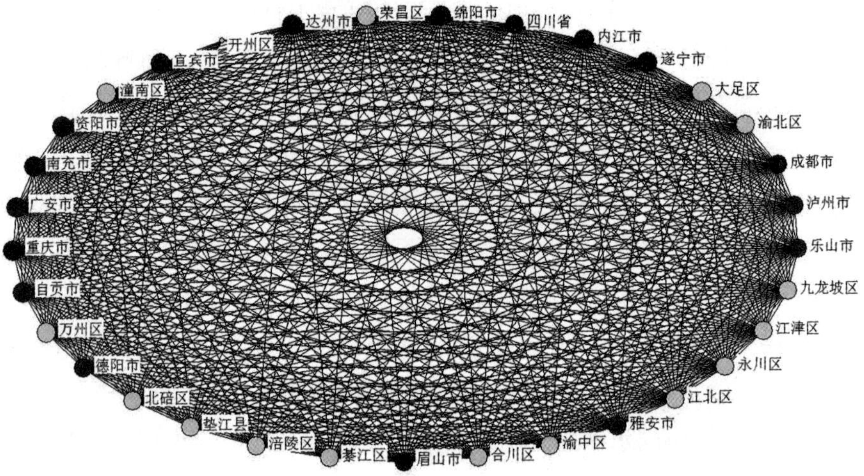

图5-3 成渝双城经济圈公共服务协同供给网络度数中心度社群

（二）中间中心度：权力分散型资源流通

中间中心度，主要测量的是行动者对资源控制的程度。如果一个点处于许多其他点对的捷径（最短的途径）上，就说明该点具有较高的中间中心度，在网络中起着沟通各个他者的桥梁作用（刘军，2007）。在成渝双城经济圈公共服务协同供给网络之中，若某个城市节点具有较高的中间中心度，则说明它是两个或多个其他城市主体之间协同交流的枢纽媒介，具有控制其他城市协同的能力。其计算公式为：

$$C_B(i) = \frac{2\,C_{ABi}}{n^2 - 3n + 2}$$

其中，$C_{ABi} = \sum_{j}^{n} \sum_{k}^{n} b_{jk}(i)$，$j \neq k \neq i$，代表点 i 的绝对中间中心度；$b_{jk}(i) = g_{jk}(i)/g_{jk}$ 为点 i 处于点 j 和 k 之间的捷径上的概率。网络的中间中心度值介于0和1之间，若某个节点的中间中心度为0，则表明其无法控制任何其他主体，正处于网络的边缘；而当某个节点的中间中心度为1时，则说明它有能力完全地控制在该网络中的其他所有主体，它因此而能够位居该网络的绝对核心位置，并因此拥有极大的权力。

表5-3列出了成渝双城经济圈协同治理网络各城市主体的中间中心度，可知33个城市之中，有14个城市的中间中心度并列最高值，且其中

9 个城市属于成都都市圈，其余 5 个城市属于重庆都市圈，余下中间中心度数值较低的城市几乎都是重庆都市圈的城市，由此呈现出并无明显网络枢纽城市，但成都都市圈主要掌握着资源调配权力，而重庆都市圈处于弱势地位的网络特征；同时绘制成渝城市群府际协同网络中间中心度社群图如图 5－4 所示，网络图的中间中心势测度结果为 0.13%，其数值非常低，体现的是在成渝城市群协同网络中的多数节点并不需要通过桥梁节点就可以完成沟通和资源的传递，即整个成渝城市群协同网络的资源流通比较顺畅，各个城市主体之间的协同合作不会过多受到其他城市主体的影响。这可能是因为成渝城市群整体网络规模比较小，而且网络存在“小世界效应”，城市之间的距离比较短，因此在该网络中，信息和资源的实际传递过程中并不会对中间节点形成明显的依赖性。

表 5－3　　成渝双城经济圈公共服务协同供给网络中间中心度

排序	城市	中间中心度	排序	城市	中间中心度
1	绵阳市	1.212	18	成都市	0.069
2	南充市	1.212	19	渝北区	0.069
3	达州市	1.212	20	九龙坡区	0.069
4	大足区	1.212	21	德阳市	0.069
5	荣昌区	1.212	22	垫江县	0.069
6	广安市	1.212	23	泸州市	0.069
7	遂宁市	1.212	24	永川区	0.069
8	资阳市	1.212	25	合川区	0.069
9	万州区	1.212	26	雅安市	0.069
10	潼南区	1.212	27	江津区	0.069
11	宜宾市	1.212	28	眉山市	0.069
12	自贡市	1.212	29	北碚区	0.069
13	重庆市	1.212	30	渝中区	0.069
14	内江市	1.212	31	涪陵区	0
15	四川省	1	32	綦江区	0
16	江北区	0.069	33	开州区	0
17	乐山市	0.069		均值	0.576

第一，从整体排名来看，前 14 个城市的中间中心度同为 1.212，其中 9 个城市属于成都都市圈，仅有 5 个城市属于重庆都市圈，说明成都都市圈相对处于整体网络的权力中心位置。绵阳市、南充市、达州市、大足区、荣昌区、广安市、遂宁市、资阳市、万州区、潼南区、宜宾市、自贡市、重庆市、内江市的中间中心度数值并列最高，为 1.212，其次是四川省，这 15 个城市的中间中心度数值均在 1 及以上。这一结果意味着上述城市在成渝双城经济圈公共服务协同供给网络之中对于资源的控制能力相对较强，区域内许多城市之间的协同都需要通过它们之间的联络交互来实现，其始终充当着网络“中介人”的角色，均具备了发展成为枢纽城市的潜力。与此同时，从中间中心度排名前 15 的城市来看，除大足区、荣昌区、万州区、潼南区和重庆市之外，其余的城市全部隶属于四川片区，且中间中心度数值均远超均值；而排名 16 名到 30 名的城市之中，仅有乐山市、成都市、德阳市、泸州市、雅安市、眉山市 6 个城市隶属于成都都市圈，其余 9 个城市都来自重庆都市圈，但它们的中间中心度同为 0.069 的低值，远低于 0.576 的平均值；不容忽视的是，余下的 3 个城市主体其中间中心度数值全部为 0，涪陵区、綦江区和开州区全都隶属于重庆都市圈。由此可以证明，四川省城市在成渝双城经济圈公共服务协同供给过程中发挥了积极贡献，并且区域内的多数城市都扮演着网络中介的角色，处于控制资源流动的权力地位，相比之下重庆片区的城市都比较弱势。

第二，从都市圈内部来看，成都都市圈绝大多数城市中间中心度较高，其中 9 个城市中间中心度数值并列最高；相比之下重庆都市圈仅有 5 个城市数值较高。在成都都市圈内，中间中心度最高的就是绵阳市、南充市、达州市、广安市、遂宁市、资阳市、宜宾市、自贡市、内江市，其次是四川省，其中间中心度数值均超过均值；而中间中心度并列最低的是乐山市、成都市、德阳市、泸州市、雅安市、眉山市，其取值均为 0.069，说明其在成渝双城经济圈公共服务协同供给网络中的话语权较低。而在重庆都市圈内，中间中心度最高的便是大足区、荣昌区、万州区、潼南区和重庆市，均为 1.212，余下的城市中间中心度全部远低于平均值，且有 3 个城市取值为 0。由此可以看出，成渝双城经济圈之中，成都都市圈与重庆都市圈的资源控制能力表现出了轻微的差距，呈现出成都都市圈相对强势而重庆都市圈暂时弱势的现象。

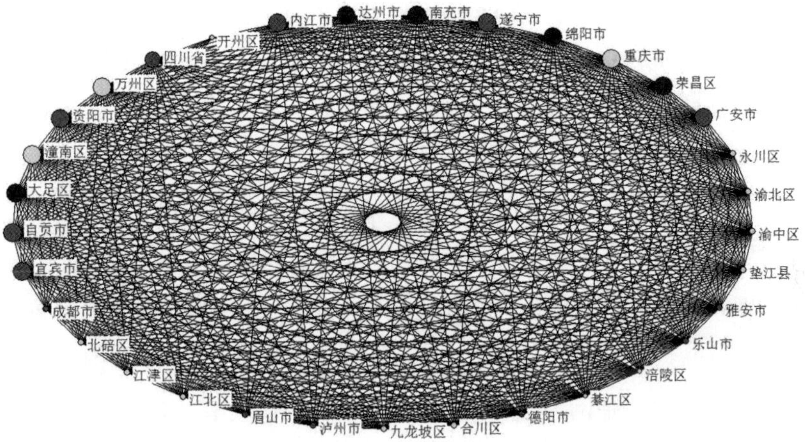

图5－4　成渝双城经济圈公共服务协同供给网络中间中心度社群

综合而言，在当前的成渝双城经济圈公共服务协同供给网络之中，虽然14个城市并列中间中心度的最高值，并未识别出明显的枢纽型城市，但是仍能清晰看出，以成都都市圈为主的城市主要掌握着资源的控制调配能力；而重庆都市圈内的城市主体多数尚不具备控制网络中资源流动的能力，其通常位于成渝双城经济圈公共服务协同供给网络的边缘位置，能够从其他城市主体处获取的资源和信息有限，难以起到沟通桥梁作用，往往也很难对其他城市主体造成显著影响。

（三）接近中心度：均衡型资源控制能力

接近中心度，测量的是一个行动者不受其他行动者“控制”的能力，指行动者与网络中所有其他行动者的接近性程度。如果一个节点与网络中所有其他节点的距离都很短，则称该节点具有较高的接近中心度，说明其较少依赖其他节点（崔晶，2015）。由于接近中心度指标一般通过直接计算节点与网络中其他节点的距离来衡量，而距离越短则能够表明该节点越容易到达网络中的其他节点。因此一般认为当网络中某个节点接近中心度的距离值越大，说明该节点越不是网络的核心节点，其接近中心度越低；反之，节点接近中心度的距离数值越小，能以最短的路径到达其他节点，其接近中心度越高，在网络中往往处于比较核心的位置。

即在成渝双城经济圈公共服务协同供给网络结构中，拥有高距离数值的城市或者地区，说明其与其他地区的相对距离会更远，与其他城市间的联系程度越低，其并不是核心城市；反过来可以得出，当网络中某个城市主体距离数值较低时，那么这个城市主体与其他城市间的联系程度就越密切，在网络中更居于核心地位，在资源、权力和声望影响等方面更有优势。接近中心度的计算公式为：

$$C_c(i) = (n-1)/\sum_{j=1}^{n} d_{ij}$$

其中，$\sum_{j=1}^{n} d_{ij}$，代表点 i 的绝对接近中心度，指代该点与图中所有其他点的捷径距离之和，d_{ij} 为点 i 和点 j 之间的捷径距离。整体网络的接近中心度重点关注的是网络中核心行动者与其他行动者之间在距离分布上的差异，从路径的角度考察整体网络的资源传递能力，接近中心度越趋近于 0，则主体之间资源传递依赖程度就越强。

表 5－4 列出了成渝双城经济圈协同治理网络各城市主体的接近中心度，可知 33 个城市之中，除开州区之外，其余城市的接近中心度数值相对较小且差异不大，说明整体上讲成渝双城经济圈的城市彼此靠近，信息资源的交互迅速，彼此之间相互控制制约的情况并不明显，由此呈现出成都都市圈与重庆都市圈城市互动合作、公平竞争的网络特征；同时绘制成渝城市群府际协同网络接近中心度社群图如图 5－5 所示，同时网络图的接近中心势测度结果为 6.21%，其数值比较低，体现的是成渝双城经济圈协同互动网络的接近中心性较低，即网络内部主体之间的地位相对平等、交往密切，且整体网络受外部其他主体或环境的影响制约程度较低，能够实现网络的自我控制与运作。

第一，从整体排名来看，除开州区接近中心度数值最高之外，重庆和成都都市圈其余城市之间的接近中心度差值不大，说明开州区在整体网络中需要高度依赖其他城市开展公共服务合作，其自主性较低，而除开州区之外的其他成渝城市之间已然建立了高效便捷的沟通互联机制。开州区的接近中心度距离值位于榜首，为 49，表明其在成渝双城经济圈公共服务协同供给过程中参与合作的次数很少，与其他城市之间的协同关系不密切且依赖程度较高，抵达其他城市的协同距离较远，接近中心

表 5－4　　成渝双城经济圈公共服务协同供给网络接近中心度距离数值

排序	城市	距离	排序	城市	距离
1	开州区	49	18	眉山市	33
2	四川省	34	19	北碚区	33
3	涪陵区	34	20	绵阳市	32
4	綦江区	34	21	南充市	32
5	垫江县	33	22	达州市	32
6	江北区	33	23	大足区	32
7	乐山市	33	24	荣昌区	32
8	成都市	33	25	广安市	32
9	渝北区	33	26	遂宁市	32
10	九龙坡区	33	27	资阳市	32
11	德阳市	33	28	万州区	32
12	渝中区	33	29	潼南区	32
13	泸州市	33	30	宜宾市	32
14	永川区	33	31	自贡市	32
15	合川区	33	32	重庆市	32
16	雅安市	33	33	内江市	32
17	江津区	33		均值	33.152

度较低。从接近中心度距离数值排名第 2 名到第 19 名的城市来看，除四川省、乐山市、成都市、德阳市、泸州市、雅安市、眉山市 7 个城市隶属于成都都市圈之外，其余 11 个城市全部隶属于重庆都市圈，它们的接近中心度数值为 34 或 33，和均值差不多，与开州区稳居排名第一的原因类似，说明这些城市与成渝双城经济圈中其他城市建立的协同合作关系相对较少，且在协同交流的过程中较多依赖中心城市作为中介，接近中心度较低。同样，排名第 20 名至第 33 名的城市之中，除大足区、荣昌区、万州区、潼南区、重庆市 5 个城市隶属于重庆都市圈之外，其余 9 个城市全部隶属于成都都市圈，它们的接近中心度数值为 32 低于均值，说明其与其他城市间的联系程度非常密切，在网络中居于核心地位，在资源、权力和声望影响等方面会占有极高优势。由此可以说明，四川省和重庆市均有部分城市在成渝双城经济圈公共服务协同供给过程中处于控制资源流动的权力地位，较少受到其他城市的影响，虽然相比之下重庆

片区这一类型的城市数量较少，但重庆都市圈绝大多数城市距离数值与成都都市圈接近，成渝双圈层之间基本实现了互惠合作，平等交流、共谋发展的协作机制已经逐步成型。

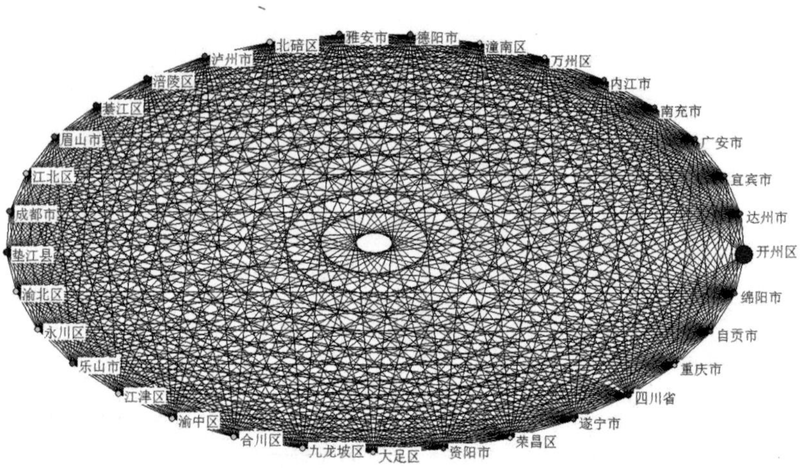

图 5－5　成渝双城经济圈公共服务协同供给网络接近中心度数值社群

第二，从都市圈内部来看，成都都市圈绝大多数城市接近中心度数值较低，参与公共服务协同较为便利；而重庆都市圈部分城市数值相对较高，如开州、涪陵、綦江等辖区数值尤高，说明其与其他城市主体之间的接近距离较远，不利于其参与公共服务协同合作。在成都都市圈内，接近中心度最高的城市有 9 个，其距离数值均较小，说明这几个城市在公共服务协同供给过程中距离成渝双城经济圈其他城市间的协同距离都较近，占据了网络核心优势地位；余下城市的距离数值都高于均值且接近中心度最低的是四川省，说明其在成渝双城经济圈公共服务协同供给网络中处于成都都市圈的边缘地位，与其他城市的协同距离较远。而在重庆都市圈内，接近中心度最高的便是大足区、荣昌区、万州区、潼南区、重庆市 5 个城市，其距离值为 32，余下的城市距离数值全部高于平均值，说明重庆都市圈的多数城市在成渝双城经济圈协同网络中距离中心城市较远，自身发展容易受到其他城市的制约。

成渝双城经济圈各城市公共服务协同供给关系的接近中心度距离平均值不高，为 33. 153，并且网络中各城市主体的接近中心度距离数值围绕重庆都市圈与成都都市圈呈现出明显的双圈层融合趋势，即两个圈层内距离数值分布基本均匀，处在同一圈层网络中的各个城市到其他城市的距离差异不明显，说明无论是成都都市圈网络还是重庆都市圈网络，都已经呈现出了较强的整体联结性；并且不容忽视的是，以成都与重庆为首的两个城市圈层之间的协同距离差距也非常细微，说明当前成渝双城经济圈协调合作的整体网络正在逐步形成，导致协同群落由分化走向整合，整体结构呈现由“双圆”或“双椭圆”状向“圆”或者“椭圆”进化的趋势，成都都市圈与重庆都市圈的强弱二极化特征也在逐渐消失。

总体而言，通过社会网络分析明显看出，目前成渝地区双城经济圈地方政府已形成了全连接的公共服务协同供给网络。各地方政府之间在公共服务领域的协同关系很紧密，整个空间协同网络发展较为成熟。“高聚集度＋趋同化”合作策略在成都与重庆两个都市圈内部逐渐凸显，由此呈现出双圈层内部“高聚集度＋同质化”与网络整体“低聚集度＋差异化”并存的趋势，协同水平也呈现出与产业网络相似的形态，即双圈层内部较高而川渝区域之间较低的特点。

第一，整体网络的密度大但结构松散，四川省所辖城市参与度更高。四川省与重庆市是成渝地区双城经济圈行政等级相当的两个最高行政组织，在成渝双城经济圈公共服务协同治理网络中处于中心地位。但四川省所辖城市在成渝双城经济圈公共服务协同供给中更为积极，所辖城市对于协同的响应程度极高，参与度显著高于重庆市所辖区县。这可能是因为四川省政府和重庆市政府在落实成渝地区双城经济圈战略，推动成渝地区双城经济圈建设中，虽然均“官方表态”纳入年度重点工作，并通过“年度目标考核”机制大力推进任务完成和激励创新探索，但在我国条块结构的基础性组织架构下，四川省政府是将工作打包下发到“块”的各级地方政府，四川省人民政府办下发的《2021 年度市（州）政务目标考评指标》和《2021 年度省政府系统部门（单位）绩效考评指标》文件中，“推动成渝地区双城经济圈建设”作为年度重点工作指标权重为 2%，四川省所辖 21 个地（市、州）均相应按 2% 的权重，将“推动成渝地区双城经济圈建设”作为 2021 年度重点工作。由于各层级政府关注各自利益，统筹辖区内的经济社会发展，地方政府间合作表现为更积极的城市间互动；而重庆市政府则是将“任务”分解到“条”的各类职能部门，重庆市在《2021年市政府工作报告目标任务分解方案》中，将“成渝协同”作为“十四五”时期重点工作和2021年重点工作，并分解为建设成渝综合性科学中心、推动成渝基础设施互联互通、产业发展协作协同、生态环保联建联治、改革开放共促共进、城乡建设走深走实、公共服务共建共享、提升主城都市区发展能级和综合竞争力、加快形成优势互补高质量发展的区域经济布局等具体任务，并明确责任部门。例如“深入推动公共服务共建共享。责任单位：市发展改革委、市教委、市科技局、市文化旅游委、市卫生健康委、市体育局等，各区县政府”。在这一机制下，各职能部门承担专业领域的管理职能，合作更多表现为行政区域内部职能部门间的协调共建等。因此，在这一差异性的地方治理策略下，就地方政府间的网络关系而言，四川省行政区划的城市在公共服务协同供给中无论是同四川省内其他城市还是重庆市其他区县，合作行为均更频繁，网络联系更为密集。

第二，成都市都市圈相对处于整体网络的权力中心位置。在成渝双城经济圈公共服务协同供给网络的15个中心城市中有14个属于成都都市圈，其对于资源的控制能力相对较强，扮演着网络“中介人”的角色，是潜在的枢纽城市，区域内许多城市之间的协同都需要通过它们之间的联络交互来实现。重庆都市圈内的城市主体多数尚不具备控制网络中资源流动的能力，其通常位于成渝双城经济圈公共服务协同供给网络的边缘位置，能够从其他城市主体处获取的资源和信息有限，难以起到沟通桥梁作用，往往也很难对其他城市主体造成显著影响。因此，在网络权力方面，成都都市圈较重庆都市圈强势。

第三，隶属同一行政区划的城市之间公共服务协同更易形成。当前成渝双城经济圈协调合作的整体网络正在逐步形成，导致协同群落由分化走向整合，整体结构呈现由“双圆”或“双椭圆”状向“圆”或者“椭圆”进化的趋势，成都都市圈与重庆都市圈的强弱二极化特征也在逐渐消失。同时，与成渝同行政属地城市之内的协同行为相比，不同属行政区城市主体之间的协同行为也逐步增多，充分说明两地共通互融特征明显，但由核心协作主体再根据自身辐射范围去形成分化协作网络机制还没有形成，整体协作网络的效率和多元性受到了影响，间接抑制了整体协作网络的活跃性和创造性。已有研究可知，各方的偏好和政治、经济实力上的不对称水平、异质性程度越高以及取胜者越明晰，合作面临的反对势力就会越大，即便存在共同利益，但远远不够建立合作关系。而在成渝地区双城经济圈的协同发展现实中，多元多维区域协同发展政策机制的建立实现了核心城市与边缘城市之间的资源互动串联，填平了城市发展过程中的实力沟壑，为差异显著的城市间搭建起了平等交流合作的平台，从而组建了极具包容度与辐射力的区域公共服务协同网络。这意味着在区域合作战略的优先路径设计上可以更多地选择分步走实施方案，即率先实现区域一体化政策整合与政策协同，探索建立城市群公共服务跨域治理协同机制，再进一步驱动多层次、多领域公共服务合作的全面深化，持续放大区域合作的叠加效应。因此，要特别注意基于资源禀赋、区位经济能级和行政级别的障碍差异，易产生围绕某一中心的部分城市子群在经济结构和活动关系上的同构化，应避免本地区内生的同质性而导致的封锁性地方保护主义、行政区割据和地方恶性竞争。各城市主体需要进一步加强区域沟通与跨界合作，促进成渝双城经济圈区域内各类资源等要素自由流动，逐步形成多中心、网络化的协同发展格局。

第三节　公共服务协同供给网络结构特征

一　公共服务协同供给网络邻近效应

在一个网络中，当其中某些主体间具有相对较强、直接、紧密、经常的或者积极的关系，甚至足以形成一个次级小团体时，其形成的团体就被称为凝聚子群，因此凝聚子群分析也通常被称为“小团体分析”。凝聚子群可以分为不同的类型，其概念和分析方法各不相同，本书主要研究建立在互惠基础上的凝聚子群，即派系，用于揭示和刻画成渝地区双城经济圈内各城市公共服务协同的组成结构状态，找到成渝地区双城经济圈公共服务协同供给网络中凝聚子群的个数及凝聚子群中具体包含的成员，分析凝聚子群间的关系及互动方式，以便从不同维度了解成渝地区双城经济圈公共服务协同供给的发展状况，为成渝地区双城经济圈公共服务协同供给发展的未来蓝图提供科学依据。

根据图 5－6 中成渝双城经济圈公共服务协同供给网络的派系分析结果可知，当派系规模为 15 时，网络中一共有 3 个派系，派系 1 中包含了

31 个地方政府主体，只排除了开州区和四川省；而派系 2 中包含了 30 个地方政府主体，成都都市圈的所有城市都包括，而排除了重庆市下辖的开州区、涪陵区、綦江区；派系 3 中仅包含了 16 个地方政府主体，包括成都都市圈的达州市、广安市、绵阳市、南充市、内江市、四川省、遂宁市、宜宾市、资阳市、自贡市 10 个城市，以及重庆都市圈的大足区、开州区、荣昌区、潼南区、万州区、重庆市 6 个城市。

3 cliques found.
1：北碚区 成都市 达州市 大足区 德阳市 垫江县 涪陵区 广安市 合川区 江北区 江津区 九龙坡区 乐山市 泸州市 眉山市 绵阳市 南充市 内江市 綦江区 荣昌区 遂宁市 潼南区 万州区 雅安市 宜宾市 永川区 渝北区 渝中区 重庆市 资阳市 自贡市
2：北碚区 成都市 达州市 大足区 德阳市 垫江市 广安市 合川区 江北区 江津区 九龙坡区 乐山市 泸州市 眉山市 绵阳市 南充市 内江市 荣昌区 四川省 遂宁市 潼南区 万州区 雅安市 宜宾市 永川区 渝北区 渝中区 重庆市 资阳市 自贡市
3：达州市 大足区 广安市 开州区 绵阳市 南充市 内江市 荣昌区 四川省 遂宁市 潼南区 万州区 宜宾市 重庆市 资阳市 自贡市

图 5 -6 成渝双城经济圈公共服务协同供给网络派系分析结果

由此可以看出，3 个派系中成都都市圈的城市都占据了极其重要的地位，以全部或者极大部分的情况出现，而重庆都市圈的城市在 3 个派系中的数量相对较少，说明成都都市圈在成渝地区双城经济圈整体网络中占据核心位置，其内部公共服务协同联系较为紧密，且与重庆都市圈的部分主要城市建立了密切的交往互动关系。

而根据图 5 -7 的凝聚子群聚类分析结果可知，目前成渝双城经济圈公共服务协同供给网络大致可以分为 3 个凝聚子群：其一，由开州区和涪陵区与綦江区 3 个城市所构成的重庆都市圈部分边缘城市片区凝聚子群；其二，由北碚区、成都市、德阳市、垫江县、合川区、江北区、江津区、九龙坡区、乐山市、泸州市、眉山市、雅安市、永川区、渝北区、渝中区 15 个城市所构成的以重庆都市圈为主的凝聚子群，其中有 6 个城市隶属于成都都市圈，其余的 9 个城市全部隶属重庆都市圈；其三，由四川省和达州市、内江市、绵阳市、遂宁市、广安市、万州区、潼南区、

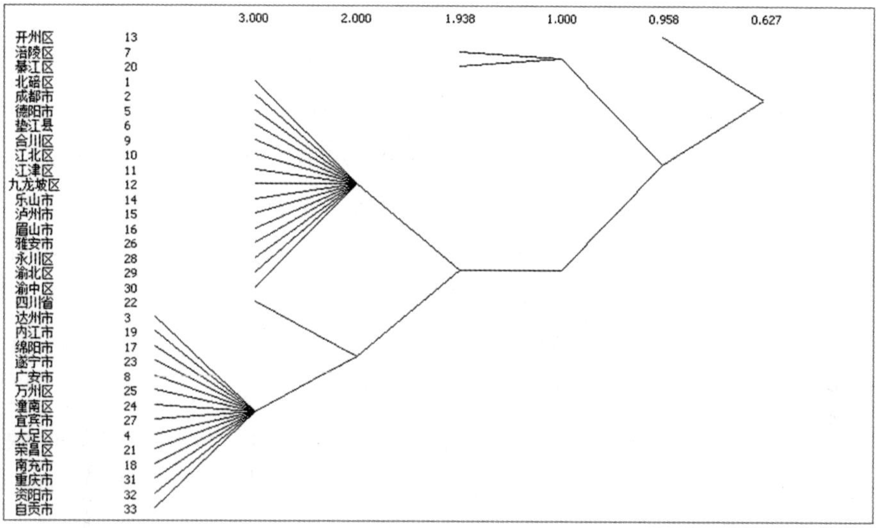

图5－7　成渝双城经济圈公共服务协同供给网络凝聚子群结构

宜宾市、大足区、荣昌区、南充市、重庆市、资阳市、自贡市15个城市所构成的以成都都市圈为主的凝聚子群，其中有4个城市隶属于重庆都市圈，其余的11个城市全部隶属于成都都市圈。

根据图5－7可以发现，三个凝聚子群当中，开州区和四川省均属于凝聚子群的游离边缘城市，说明其尚未与其他城市间建立紧密的互动关系，这样的分析结果和派系分析与接近中心度分析的结果保持一致；而涪陵区和綦江区这两个城市属于游离在成渝城市群互动网络之外自成一派的圈层，它们之间的公共服务协同供给互动更加紧密且具有极强的相似性，但是根据其地理位置与行政区划所限，困囿在重庆片区之内进行交流，缺乏与成都都市圈的公共服务供给合作，不利于成渝双城经济圈的建设；其余29个城市则可以细分为两个凝聚子群，分别以重庆都市圈和成都都市圈为主，各自包含着重庆都市圈的核心城市以及成都都市圈的主要城市，它们之间已经建立起了平衡稳定的互动关系，对于拉动成渝双城经济圈辖区城市的均衡发展是极其有利的。

由此可以看出，目前成渝双城经济圈公共服务协同供给网络子群分化层面还存在以上问题：一是与成渝同行政属地城市之内的协同行为相比，不同属行政区城市主体之间的协同行为也逐步增多，尤其凝聚子群2

和凝聚子群3当中成都都市圈和重庆都市圈的城市共同出现，相互交杂，充分说明两地共通互融特征明显，但仍存在以省（直辖市）为主体的协同活动过多的情况：正如图5－7所示，三个子群分组当中，凝聚子群1中的开州区、涪陵区和綦江区同属于重庆都市圈的城市为一组，它们游离在成渝双城经济圈的网络圈层之外，并未与成都都市圈形成有效的联动；二是协同网络的子群分化度还不够，在33个城市主体当中，按照近似特征与属性进行分组的原则之下，仅仅区分出3个凝聚子群，并且凝聚子群1仅包含重庆都市圈的3个城市，说明在当前成渝双城经济圈公共服务协同供给网络之中，协同互动的多样性缺乏，虽然凝聚子群2和凝聚子群3分别以重庆都市圈和成都都市圈为核心，但是城市归属地的数量区分度还不够明显，尤其成都都市圈的城市主要集中在子群3当中，因此由核心协作主体再根据自身辐射范围去形成分化协作网络机制还没有形成，整体协作网络的效率和多元性受到了影响，间接抑制了整体协作网络的活跃性和创造性。

综合来看，目前成渝双城经济圈公共服务协同供给网络的多中心凝聚子群样态还未形成，部分城市仍呈现出依据行政规划和地理区域进行群落分布的特征，跨省（直辖市）城市主体之间的协同活动相似性较低；同时在成都都市圈内部的公共服务协同尤其活跃，反观重庆都市圈城市之间的协同积极性则较弱，甚至有部分地区自成一派，不仅不与重庆本片区的城市互动交流，更不与成都都市圈的城市进行互动，严重阻碍了成渝双城经济圈公共服务协同供给整体网络的形成。在成渝双城经济圈公共服务一体化进程中，不同城市主体通过相应的关系链实现人、流、物、场等资源要素的交互贯通，城市群表现为网状结构的多维嵌套模式。因此，要特别注意基于资源禀赋、区位经济能级和行政级别的障碍差异，易产生围绕某一中心的部分城市子群在经济结构和活动关系上的同构化，应避免本地区内生的同质性而导致的封锁性地方保护主义、行政区割据和地方恶性竞争。各城市主体需要进一步加强区域沟通与跨界合作，促进成渝双城经济圈区域内各类资源等要素自由流动，逐步形成多中心、网络化的协同发展格局。①

① 李响：《基于社会网络分析的长三角城市群网络结构研究》，《城市发展研究》2011年第12期。

二　公共服务协同供给网络“核心—边缘”结构

社会网络分析也从模型的角度研究了网络的核心—边缘结构，基于网络中不同节点间关系的紧密程度差异，将网络中的所有节点分类为核心区域和边缘区域，相应地，将网络中的所有主体均划分为核心行动者和边缘行动者一类。位居整体网络的核心位置的主体之间相互关系非常密切，所以才能够构成凝聚子群，从而在网络中占据相当重要的地位；对于网络中处于边缘地位的行动者而言，通常其彼此之间联系较少甚至不存在联系，所以无法构成凝聚子群，但这些边缘行动者与核心行动者还是存在一定联系。总体而言，核心—边缘结构通常在网络图中会呈现出内紧外松的明显特征。对成渝双城经济圈公共服务协同供给网络进行核心—边缘结构分析，可以清楚把握哪些城市处于协同网络的中心位置，哪些城市处于边缘地位。

鉴于本书所构建的关系矩阵中为多值定类数据，因此选用离散模型进行核心—边缘结构分析，并且先在 Ucinet 中选用 Dichotomize 功能进行二值化处理，将多值矩阵转换为二值矩阵，其次通过 Core/Periphery 功能中的 Categorical 命令进行分析，由此可以得到成渝双城经济圈公共服务协同供给网络的核心—边缘结构分析结果如图 5－8 所示，可以看出，明显形成了以成都都市圈为核心、重庆都市圈为边缘的网络格局。

Starting fitness:0.061
Final fitness:0.816
Gore/Per iphery Class Memberships:

1:　北碚区 成都市 达州市 大足区 德阳市 垫江县 涪陵区 广安市 合川区 江北区 江津区 九龙坡区 乐山市 泸州市 眉山市 绵阳市 南充市 内江市 荣昌区 遂宁市 潼南区 万州区 雅安市 宜宾市 永川区 渝北区 渝中区 重庆市 资阳市 自贡市
2:　开州区 綦江区 四川省

Density matrix

	1	2
1	1.000	0.811
2	0.811	0.333

图 5－8　成渝双城经济圈公共服务协同供给网络核心—边缘结构分析结果

在成渝双城经济圈公共服务协同供给网络的 33 个城市之中，除开州区、綦江区和四川省之外的30个城市在公共服务领域的协同供给合作关系紧密，在网络中占据着核心地位，扮演着重要角色；而开州区、綦江区和四川省在公共服务领域与其他城市开展的协同合作行为相对较少，部分城市之间甚至不存在任何关系，因此是处在边缘位置较为松散的群体。而同时可以看出，Final fitness 指代经过矩阵置换之后的矩阵与理想矩阵之间的皮尔森等级相关系数，其数值为0.816，说明这一核心—边缘结构分组与理想矩阵之间的关系十分紧密，相关度达到较高值。同时从图5－8中密度矩阵可以看出，核心城市之间的关系密度为1，说明核心城市之间在公共服务领域的协同合作关系非常密切；而边缘城市之间的关系密度为0.333，表示边缘城市之间的公共服务协同合作关系较为松散；边缘—核心之间的关系密度为0.811，说明核心城市与边缘城市之间仍旧存在较为明显的互动往来。

总体而言，通过社会网络分析可以明显看出，目前成渝地区双城经济圈地方政府合作关系强弱呈现出主轴城市间强而其他城市间弱的特点，网络权力高低呈现出成都都市圈居于核心而重庆都市圈处于边缘的特质。

第一，成渝双城经济圈公共服务协同供给网络形成了鲜明的核心—边缘结构特征，两个中心城市在公共服务协同供给过程中的辐射能力进一步扩大。成渝地区双城经济圈的突出特点就是要充分发挥重庆市和成都市两个中心城市的辐射带动功能。重庆市是直辖市，成都市是副省级城市，高行政等级意味着更好的资源配置能力和机制创新空间，市场要素资源和优质公共服务资源空间集聚显著优于其他城市，因此重庆和成都在成渝双城经济圈公共服务协同供给过程中的互动参与水平较高，竞争能力较强，在成渝双城经济圈公共服务协同供给过程中始终发挥着“领头羊”的主导作用，对成渝区域的影响力极强，而其他城市处于明显弱势地位。因此，在两极领先发展的同时，在公共服务协同供给网络建设中如何突破行政性障碍，适应区域资源流动趋势和资源配置规律，提供能有效回应治理需求的高效率公共服务，推动核心—边缘结构向中心—外围结构转变。

第二，成渝地区双城经济圈在区域公共服务府际合作伙伴选择策略上具有显著的低风险偏好特征。一方面，从地理空间角度说明城际合作依赖于以长期互信与信息对称为前提的保守型伙伴选择方式；另一方面，从公共产品和服务特征角度反映出城市间合作是基于对现实服务需求、合作成本收益与潜在风险充分考量的稳健决策过程。综合整体网络结构与微观主体对称性双重维度，可知当前的成渝地区双城经济圈公共服务府际协同供给网络仍呈现出成渝双圈层分异、枢纽型城市突出、整体网络密度较小的特征，成渝协同中传统的“低聚集度＋差异化”伙伴选择策略仍然存在，只是“高聚集度＋趋同化”合作策略在成都与重庆两个都市圈内部逐渐凸显，由此呈现出圈层内“高聚集度＋趋同化”与网络整体“低聚集度＋差异化”并存的趋势。在区域利益关系的动态博弈演变中，嵌入密集结构网络并选择高对称性、低风险的同质伙伴应当是未来成渝地区双城经济圈城市主体间采用的最优策略组合，考量如何推进由当前“低聚集度—差异化”的网络关系向“高聚集度＋趋同化”的合作策略转变，仍是当前成渝地区双城经济圈协同面临的主要问题。因此，应通过还原成渝区域一体化合作的现实场景，找寻能够更好匹配城市个性特征与行为偏好的多元合作策略组合模式，主动评判不同类型公共服务的需求状况和不同主体的实际供给能力，聚焦前期基础好、功能互补的合作领域率先开展精准融合。

第三，成渝地区双城经济圈公共服务府际协同供给网络总体呈现出同长三角城市群相似的“扩散—桥接”型（李响、陈斌，2020）开放结构演进路径。地方政府为了获取稀缺资源和创新信息，不得不对接数量不多且价值较大的高层次核心主体，通过其他中介角色获得有用资源和创新信息。当涉及需要提供公共服务和产品具有高度专业性时，地方政府倾向于依赖“桥梁”节点寻求高效的信息转移，形成稀疏网络关系，因此整体网络的动态演化过程具有合作主体受益最大化行为与群体稀疏结构趋向的互动耦合关系。区域内依靠枢纽城市建立稀疏网络关系的合作趋势验证了成渝地区双城经济圈之间通过发展区域中心城市和互动交流机制，减少信息沟通的损耗，规避城市交流壁垒风险的动机与行为逻辑。成渝地区双城经济圈呈现出成都与重庆“双核心”辐射带动绵阳、宜宾、德阳、南充、泸州、达州等周边十多个区域中心城市的发展特征，城市府际公共服务合作也由单线层级化对接向多城市中心水平聚合的高阶形态转变，基于成本收益与高效公共产品供给的“扩散—桥接”型合作模式是当前影响成渝地区双城经济圈公共服务府际协同供给网络形成的核心机制。识别这一“扩散—桥接”型协同模式的现实意义在于：深刻理解成渝地区双城经济圈各城市在区域公共服务供给合作中的诉求动机和行为模式等“主体性格”，才能对症下药。由于当前的协同模式仍处于“核心—边缘”分化显著且协同密度较小的阶段，迈向合作主体信任承诺、风险规避行为与群体紧密结构趋向的“聚集—信任”型协同模式仍有很长的路要走，在成渝地区双城经济圈公共服务府际协同合作机制设计中，应注意打破城市主体间地缘及政治、经济背景的限制，构建层级联动、空间联通、议事协调、政策协同的信息沟通机制；同时应完善权责主体清晰、效力明确与监督有力的府际协议机制，规避地方间契约执行不力或无法履约的政治风险，推动优质公共资源要素在多中心空间结构中梯度扩散，加快区域公共服务均等化进程。

第六章

城市群公共服务协同供给网络差异

城市群是城镇化发展到了高级阶段，在城市区域化和区域城市化过程中，随着城市的高度集聚发展，城市的功能影响范围超过行政边界，城市区域的经济社会联系与协作出现并逐步加强而出现的一种社会空间组织形式。我国城市群是特定地域范围内，以经济联系为核心纽带，以行政区划为边界的城市群体，地方政府间是典型的合作—竞争的关系模式。府际合作旨在突破行政边界，促进区域内资源的优化配置和经济繁荣，被视为解决地方治理碎片化问题的有力工具（Chen、Feiock & Hsieh，2016；Hawkins、Hu & Feiock，2016）。一是合作动机研究。根据理性选择的制度主义，地方政府是否采纳某一决策取决于政策效率的理性计算，权威规划的约束往往是政府间进行合作的重要动力之一（Feiock，2013）；组织制度主义认为，与其说是“理性选择”不如说是一种“理性神话”，地方政府是否采纳某一决策更可能是基于合法性的制度压力所导致的结果（Meyer & Rowan，1977；Scott，2008；Lee，2017），上级政府的介入通过行政权力和权威压力的方式增强了地方政府之间合作的合法性；制度性集体行动（ICA）框架认为，基于有限理性，地方政府借助之前构建起的正式和非正式的沟通渠道，能够增加彼此之间有效信息的流动，促进信任的建立，进而原有的合作能够促进新合作的开展（Feiock，2010；锁利铭，2018；王路昊等，2019）。二是合作绩效影响因素研究。网络治理研究（Network Governance）指出地方政府会基于自身的各种动机去领导促进区域的合作治理，进而实现其经济规模效益、节约交易成本和降低经济风险等政策目标（Shrestha & Feiock，2011；Scot & Thomas，2017），并找到了经济合作网络影响合作治理成效的证据（Lee Y.、Lee I. W. &

Feiock，2012）；已有研究发现的另一种影响府际合作的因素是有关邻近性和交易成本的，一方面邻近的政府可能面对相似的问题，另一方面亦是因双方进行协商的交易成本更低（Miller，1992）；此外，央地关系的变化和城市自组织机制的构建也是影响因素（锁利铭等，2019）。三是中国治理体系下的府际关系。我国府际治理行为在每一个阶段均没有突破中国治理体系的一个基本框架，就是城市的行政级别的政治属性（锁利鸣等，2019）。多层级决策执行与“逐级发包”是我国行政体制的重要特点，我国区域协调发展的过程，往往也离不开自上而下的政策执行。尤其在“向上负责”的行政链条下（折晓叶、陈婴婴，2011；周雪光，2012），地方政府能够受到上级政府的诱导，并在经济事务上接受上级尤其是省级政府的介入、规划和协调（麻宝斌、李辉，2010；Mah & Hill，2014），府际合作中的上级建构色彩突出（王路昊等，2019）。刘君德等（1996）较早对这个问题进行了深入思考，并从建立高度集权的城市群政府、松散的城市协调机构、具有一定行政职能的城市联合政府三个方面提出了可能的方案。四是公共服务供给体系中的府际关系。主要表现为两方面，其一是经济分权与政治集权形成了地方政府之间竞争性的府际关系，地方政府公共服务动力不足。地方政府出于竞争需要，会积极推动地方经济的发展，展开的GDP“锦标赛”（周黎安，2017），希望有更多的劳动力进入本地，同时又不愿为之提供公共服务和社会福利（侯祥鹏，2019；吕芳，2019）；其二是财政体制集权化与公共服务供给主体地方化之间存在冲突，地方政府公共服务能力差距大。在中国当前的央地财政配置机制下，城市政府实际承担90%以上的教育、社会保障、就业、医疗卫生、住房保障、治安等各项公共服务支出（辜胜阻等，2014），城镇化进程的推进对城市公共服务支出能力提出更高的要求。地方政府扮演着“谋利型政权经营者”（杨善华等，2002）和“地方发展型政府”（郁建兴等，2012）的角色，而往往选择性（曾凡军，2013）、策略性（欧阳静，2011）或共谋性（周雪光，2008）地履行公共服务职能。

我国城镇化已进入城市群阶段。全国第七次人口普查数据显示，2020年我国流动人口达3.76亿人，10年间增长了将近70%，且主要流向长三角、珠三角、成渝地区双城经济圈等主要城市群。[①] 人口流动目的也由找到就业岗位提高收入，转变为提高收入与子女教育、宜居等公共服务便利性相结合，人口流动的这一趋势对城市群公共服务均衡供给和有效供给提出了巨大挑战，跨区域跨行政区划的公共服务回应性需求越来越迫切，城市群政府间公共服务合作也越来越频繁。不同于西方城市群人口聚集主要是产业链接和“用脚投票”的公共产品偏好选择（Tiebout，1956），我国城市群建设在遵循产业发展规律的同时，宏观区域协调发展目标指导下的战略规划、制度设计和政策推动也很重要。特别是在公共服务领域，由于财政体制集权化与公共服务供给地方化之间的张力，地方政府希望有更多的劳动力进入本地，同时又不愿为之提供公共服务和社会福利（侯祥鹏，2019；吕芳，2019），以及对跨区域公共物品供给的漠视（倪咸林、杨志云，2019），这种“零和博弈”思维模式使得地方政府公共服务合作动力不足。在此情境下，上级政府会通过行政权力和权威压力更多地介入公共服务领域的地方政府合作。因此，在我国城市群公共服务有效供给中，地方政府合作不仅仅受横向组织集体行动的交易成本约束考量，还有来自组织外部的纵向权威规划压力（Feiock，2013）的制度理性考量。但这些因素如何影响地方政府合作行为尚未有系统的实证研究。因此，本章拟重新审视纵向权威在城市群地方政府合作行为解释框架中的作用及影响路径。具体研究遵循“逻辑—机制—制度—行为”的分析思路，以成渝地区双城经济圈为实证案例，通过构建负二项回归计量模型，尝试回答以下两个问题：第一，我国城市群公共服务府际合作差异的主要影响因素是什么？第二，我国城市群公共服务府际合作差异的形成机制是什么？

第一节　公共服务协同供给网络差异理论假设

一　交易成本对城市群公共服务协同供给的影响

合作是组织间通过共同工作谋求积极结果的效率选择（Straus，2002），即增加组织收益或节约组织成本。地方政府意识到通过横向地方政府主体

① 数据来源：第七次全国人口普查公报。

间的互动与合作来实现和拓展公共利益（张紧跟，2013），城市资源和财政约束驱动地方政府寻求合作伙伴分担成本（Lee Y.，Lee I. W. & Feiock，2012）。基于这一解释逻辑，地方政府间合作不管是为了交换资源还是合法性考虑，都将追求交易成本最小化。信任是合作的关键要素（Bardach，1998），确定信赖的伙伴可以降低与合作相关的监测成本，降低机会主义的威胁。根据哈特（1995）的不完全契约理论，在合同执行过程中，为保证执行结果与合作目标不发生大的偏离，需要进行监督和控制，这方面的成本有追踪效果、监督检查以及违约成本。信息的成本是交易成本的关键（North，1990），当信息不完善且资源有限时，组织间有共同价值和利益，先前有合作经历，都有助于降低信息搜索成本。地方政府的经济规模、财政状况、居民服务需求偏好变化以及辖区人口特征变化等有助于从多个方面确定信息成本（Andrew，2007；Feiock & Scholz，2010）。地方政府借助之前构建起的正式和非正式的沟通渠道，能够增加彼此之间有效信息的流动，促进信任的建立，进而原有的合作能够促进新合作的开展（Feiock，2010；锁利铭，2018；王路昊等，2019）。谈判的成本是合作形成的阶段性成本。文化认同将缩小地区间的心理距离和社会距离，降低协同风险和沟通成本，夯实区域政府间合作的社会基础（杨志云、纪姗姗，2021）。因此，合作更易发生在城镇化水平相当、经济实力平均、地理邻近的城市之间，以实现其经济规模效益、节约交易成本和降低经济风险等政策目标（Shrestha & Feiock，2011；Scott & Thomas，2017）。基于此地方政府间合作的效率逻辑，提出如下研究假说。

我国城市群公共服务供给协同差异形成是效率逻辑下的行为选择。

如果城市群地方政府间合作遵循效率逻辑，那具体的成本收益衡量机制又是什么？本书依据交易成本理论，结合我国地方政府关系的历史演进和制度空间，将城市群地方政府间合作的成本作用机制分解为信任成本、信息成本和谈判成本。

假设 H1a：信任成本是我国城市群公共服务供给协同差异形成的解释因素。

假设 H1b：信息成本是我国城市群公共服务供给协同差异形成的解释因素。

假设 H1c：谈判成本是我国城市群公共服务供给协同差异形成的解释

因素。

二　纵向权力对城市群公共服务协同供给的影响

组织制度理论指出组织是嵌植于社会和政治环境中（Scott，2010），组织行为不仅受技术要求、资源依赖等“约束机制”影响，而且会受到更为广泛的制度环境和组织场域等驱动机制影响。具体到我国城市群地方政府合作行为中，在中央政府实施区域发展战略的背景之下，明确强调要提倡和鼓励地方政府合作协调发展，以推动区域一体化、市场一体化，地方政府合作体现了行政逐级发包制的强烈特征（周黎安，2014），将地方政府合作行为转化为科层制的任务分配和考核达标。城市群地方政府合作中的权威服从逻辑突出。基于此，本研究提出如下研究假说。

我国城市群地方政府间合作形成是权威服从逻辑下的行为选择。

现实政治过程中，在行政发包制之下，治理能否进行，下级对上级的配合意愿变得相当紧要（张静，2014）。地方政府合作行政发包中往往包含数量庞大的诸多任务，上级政府对其所认为的非常重要的个别问题，会采取纳入重点工作、任务分解，明确职责和目标绩效考核等多种方式向地方政府传递高强度的压力。同时在“向上负责”的行政链条下（折晓叶、陈婴婴，2011；周雪光，2012），地方政府能够受到上级政府的诱导，接受上级政府的介入、规划和协调（麻宝斌、李辉，2010；Mah & Hill，2014），出于迎合上级政府政策偏好、赢得上级政府对其工作表现认可的需要，地方政府将对上级政府的压力强度作出识别，将上级政府更为关注的问题摆在合作政策制定的优先位置，尽可能地投入资源制造更佳的政绩表现，既完成达标考核任务，又增加上级政府对自身的满意程度。在此过程中发挥作用的主要是纵向压力机制。在此，具体表述为如下研究假设：

假设 H2a：纵向压力推动我国城市群公共服务供给协同差异形成。

三　纵向权力对城市群公共服务协同供给的影响路径

现有研究主要认为纵向权威干预对地方政府横向合作产生了补充性作用（Kim et al.，2020）。一是降低了地方政府合作形成中的协调、分配和背信等交易成本（周凌一，2020；Rodriguez，2007）；二是减少了合同执行过程中可能产生的机会主义成本（Kwon & Feiock，2010）；三是增进了横向地方政府间的信任和共同价值（邢华、邢普耀，2021）。但是在内生动力较弱、涉及部门数量众多的公共治理领域，由于财政体制集权化与公共服务供给地方化之间的张力（侯祥鹏，2019；吕芳，2019）及对跨区域公共物品供给的漠视（倪咸林、杨志云，2019），上级政府会通过行政权力和权威压力更多地介入公共服务领域的地方政府合作。上述研究成果认为纵向权威通过干预地方政府合作，降低横向合作成本而推动集体性共识形成，最终达成合作行为，纵向权威在地方政府合作中发挥的是调节作用。在我国城市群治理实践中，经济行动牵引的区域城市网和地方政府双边关系生成的基本解释逻辑是效率机制，是地方政府在成本和收益测算中的自利性选择，国家层面规划的区域合作范围对关系形成有一定的干预和影响。而对于流域环保、生态补偿、区域应急、公共服务等公共治理领域而言，自上而下权威推动的权力机制运行逻辑明显，地方政府合作行为更多是完成工作任务达标绩效考核的服从性选择。

地方政府作为地方利益代理人的自利性和作为中央政策执行人的服从性，在合作行为生成过程中相互如何发生作用是更值得关注的议题。在区域一体化中，市场是促成合作的主导力量，而随着分权化和区域管治发展，地方政府作为地方利益代理人，可以通过在经济、社会等公共治理领域的短期或长期合作（Xu，2013），调整地方政府之间交流互动关系，或建立相互协商平台和内部互动规则，平衡、协调或者分割城市之间关系，可以降低共同发展的交易成本（孙亚忠，2011）。“选择性激励”（Olson，1995）下集体共同利益和行为成本是政府间合作和竞争的约束条件，这是利益共同体的认同准则。我国的城市群建设是国家区域协调发展战略，地方政府积极融入既能为城市发展获得竞争力，也利于获取中央的政策支持和财政拨款，从而在纵向的权力体系中，将上级政府公共政策目标的制定契合地方政府间合作的内在机理，增强合作政策制定的针对性，推动区域一体化进程。地方之间的合作行为可以看成是一种权利交换，需要支付合作成本①，要解释城市政府合作是否成功的内在机理

① Feiock，R. C.，*Metropolitan Governance：Conflict，Competition，and Cooperation*，Washington DC：Georgetown University Press，2004：45－102.

以及合作政策制定的针对性，需要成本—利益构成的驱动分析框架。基于此，提出假说：

交易成本作为主要外在情境变量，能够对纵向压力对城市群地方政府间合作形成的路径产生显著调节效应。

根据前文对我国城市群地方政府公共服务合作中交易成本的具体界定，表述为如下研究假设：

假设 H3a：信任成本作为主要外在情境变量，能够对纵向压力对城市群公共服务供给协同差异形成的路径产生显著调节效应。

假设 H3b：信息成本作为主要外在情境变量，能够对纵向压力对城市群公共服务供给协同差异形成的路径产生显著调节效应。

假设 H3c：谈判成本作为主要外在情境变量，能够对纵向压力对城市群公共服务供给协同差异形成的路径产生显著调节效应。

现有解释框架对公共治理领域城市群地方政府间合作治理路径的解释力较弱，实证研究以案例分析为主，对地方政府合作生成机制的规律性认识和逻辑解释不够。随着我国区域协调发展的推进和城市群功能的演进，亟须构建符合中国城市群演进规律的综合组织内部和组织外部影响因素的解释模型，对城市群地方政府合作机制运行情况及面临的困境进行详细梳理和深入剖析，并将研究方法由“案例描述”拓展为“模型验证”，科学描述城市群地方政府合作生成机制。在上述理论假设基础上，结合我国城市群公共服务地方政府间合作现实特征，本章构建了“逻辑起点—运行机制—制度安排—行为策略”的分析框架。

就地方政府之间公共服务供给协同而言，交易成本理论基于效率考量的解释具有普遍性，认为地方政府合作行为是横向组织之间的理性计算。在我国城市群治理实践中，经济行动牵引的区域城市网和地方政府双边关系生成的基本解释逻辑是效率机制，是地方政府在成本和收益测算中的自利性选择，国家层面规划的区域合作范围对关系形成有一定的干预和影响。效率考量逻辑下，地方政府间是契约关系，按照合同形成、约束和推进合作，并测度合作结果。相应的制度安排重点在于合作成本和收益的测度，具体体现在是否合作，与谁合作，如何合作等决策制定的信任成本和信息成本，合作中组织间沟通协调的谈判成本，合作达成后的执行成本控制等。地方政府合作行为策略在自利性偏好和横向竞争激励下，会更看重合作效果评价（见图 6-1）。

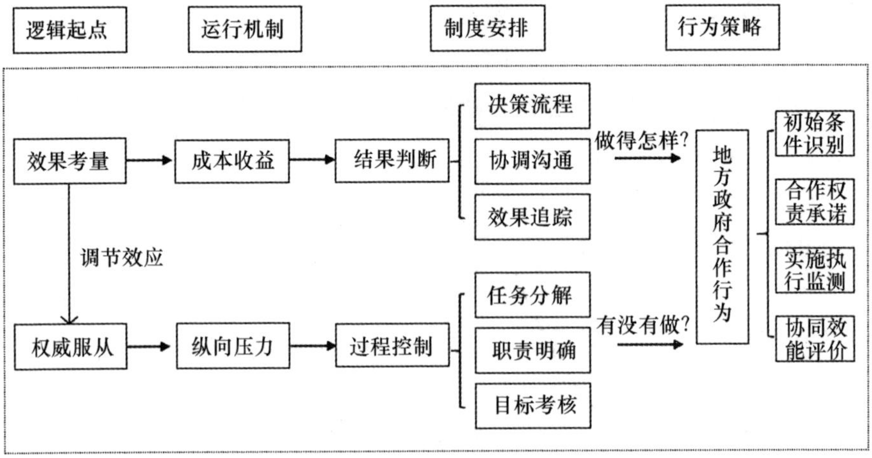

图 6-1　分析框架

在我国体制框架下，纵向权威在推动地方政府合作中发挥的重要作用已有众多学者从规范研究角度进行了阐释（张紧跟、唐玉亮，2007；锁利铭，2016），特别是对于医疗、教育、社会保障、环境保护、食品安全、区域合作、安全监督这类低晋升激励领域（周黎安，2014），中央政府通过战略规划自上而下权威推动城市群地方政府间公共服务领域合作，权力机制运行逻辑明显。在这一过程中，地方政府合作行为更多是完成工作任务达标绩效考核的服从性选择。在权威服从逻辑下，地方政府合作是等级制权力关系下的工作推进，在层级政府控制权差异化配置现状下（周雪光、练宏，2012），在城市群地方政府公共服务合作中，上级政府（省级）的制度安排重点在于工作过程控制，设定任务目标，明确职能部门责任，并设置考核激励措施，地方政府则主要是实施合作行为执行，达标考核目标，这使得地方政府合作行为策略在目标考核制和纵向控制下，会更看重是否有合作行为。

从城市群地方政府公共服务供给协同来看，效率逻辑下的地方政府自利性合作达成无法支撑中央宏观区域发展战略规划的顺利实施和绩效保障，而权威服从治理逻辑下的地方政府合作行为重过程轻结果，对合作达成后的合作效果跟踪和合作绩效反馈动力不足，也就是说，存在热热闹闹合作但不能扎扎实实推进的现实困境，会使得合作无效或低效。因此，在纵向权力机制运行中考虑地方政府自利性的效率机制，推动地方政府在完成自上而下工作任务考核时，考虑交易成本因素，从而推动城市群地方政府改变公共服务合作行为策略，真正实现重点工作重点抓。

第二节　公共服务协同供给网络差异影响因素

一　变量选择与指标选取

（一）被解释变量

本书的被解释变量公共服务协同度指的是样本城市间在公共服务领域的协同差异度，通过两城市间在公共服务领域联合发文或开展合作行动来表征。以成渝地区双城经济圈内的所有地级市为样本，在变量赋值与数据收集的具体过程中参考孙涛（2018）等的做法，采用基于文件资料和网络信息相结合、技术抓取和人工筛选相结合的方法。具体而言，首先以北大法宝数据库和成渝地区双城经济圈各城市政府门户网站为政策文件数据来源，以人民网、新华社等官方新闻媒体网站和腾讯新闻、网易新闻等网络新闻门户网站为新闻信息数据来源，以四川省人民政府官网和重庆市人民政府官网为新闻信息数据抓取入口，以“成渝”“川渝”“合作”“公共服务”为关键词，以 2021 年 7 月 1 日为截止时间，通过使用 Python 技术抓取成渝地区双城经济圈各城市之间就公共服务领域联合发文或开展公共服务合作行动的信息，对部分无法使用 Python 技术抓取信息的网站进行人工采集数据，并对初步获取的数据进行人工筛选以得到最终使用数据，通过计数并编码的方式形成被解释变量。两城市间就公共服务领域内容每有一次联合发文或合作行动则计为 1 次合作关系，通过频率累加表现不同城市间的公共服务协同度差异，以此形成所有样本城市的合作关系矩阵，将该无向矩阵转换为各城市间一一对应的合作关系数据后纳入回归模型进行进一步估计，结果显示成渝地区双城经济圈各城市有资料可查的最早合作关系发生于 2010 年，并呈现出逐年明显增长趋势（见图 6 –2）。

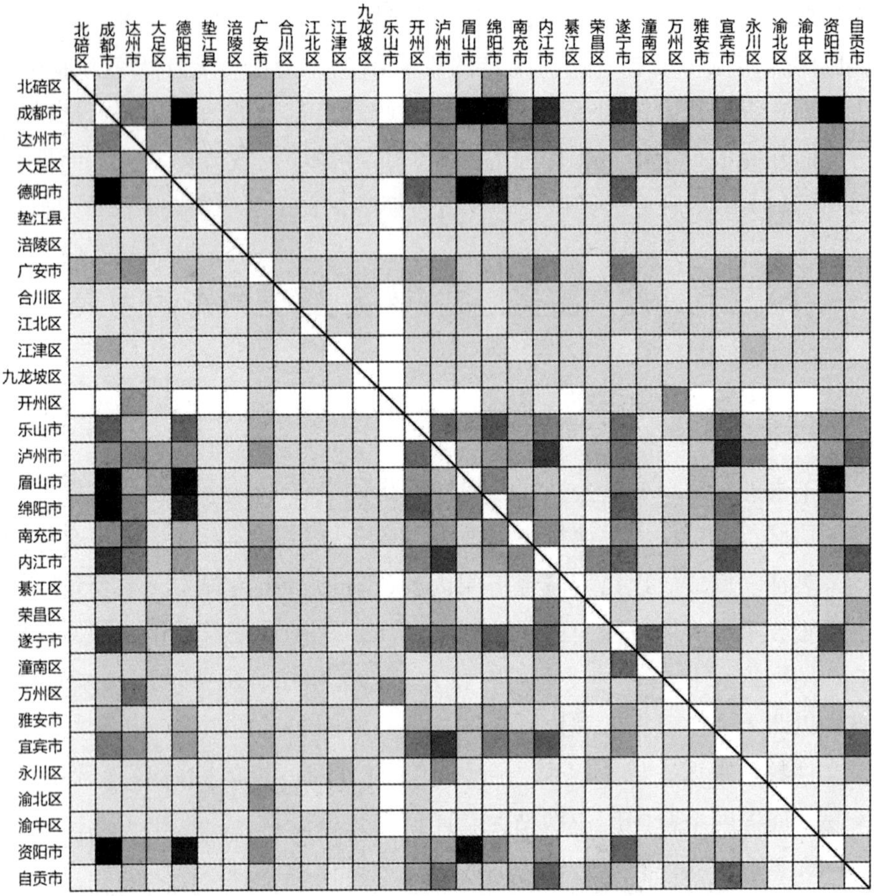

图 6－2　成渝地区双城经济圈地方政府公共服务协同差异度①

从成渝地区双城经济圈的 31 个城市间合作行为来看，合作频次最高的是四川省内的区域发展战略重点“成德眉资”四个城市；传统的成都平原经济区主要城市成都市、绵阳市和德阳市合作交流依旧频繁；四川省内部以成都市为中心的城市间合作开展得也较多，如内江市、遂宁市、泸州市、宜宾市与成都市的联系都很紧密；重庆市开州区与四川省的成都市、德阳市、泸州市、绵阳市、遂宁市、眉山市、内江市、南充市、宜宾市、资阳市和自贡市合作均较密切，合作频次远高于重庆市内部城

① 地方政府间交叉处方块颜色越深，表示合作频次越高，合作强度越大。

市；此外，四川省的达州市、泸州市、南充市、内江市、遂宁市、宜宾市、自贡市和广安市均表现出合作城市数量多、合作网络广的特点；相比较而言，重庆市辖地方政府在合作网络中的强度较弱。

（二）解释变量

在地方政府合作开展的过程中，影响合作成效并导致合作差异形成的因素众多，除交易成本（张紧跟，2006）外，纵向压力的作用既是组织制度理论的重要解释，也是我国城市群发展的现实情境。本书重点探讨纵向压力对城市群城市间公共服务合作差异形成的影响，以及纵向压力如何作用于城市间公共服务合作。具体而言，纵向压力则是行政发包制（周黎安，2014）在地方政府合作中表现的制度特征，即从中央政府开始向下逐级传递行政任务，同时伴随着考核和问责压力的下沉，从而对地方政府之间开展合作的政治选择形成直接影响。本书将纵向压力作为核心解释变量，交易成本作为控制变量，尝试对我国城市群城市间公共服务合作行为进行逻辑起点和运行机制上的解释和分析。

纵向压力变量也采用二值变量形式，以四川省的“五大经济区”和重庆市的“一区两群”为省级政府提出的城市合作规划，从而形成纵向压力作用。

四川省“五大经济区”最早在2010年由四川省提出，先后经过2016年四川省发布《成都平原经济区“十三五”发展规划》等五大经济区“十三五”发展规划，2021年6月9日四川省发布《成都平原经济区“十四五”一体化发展规划》等五大经济区“十四五”发展规划得到逐步落实。按照2021年发布的五大经济区“十四五”发展规划最新要求，四川省“五大经济区”主要包括：成都平原经济区，由成都市、德阳市、绵阳市、眉山市、乐山市、资阳市、遂宁市、雅安市组成；川南经济区，由自贡市、泸州市、内江市和宜宾市组成；川东北经济区，由南充市、达州市、广安市、广元市、巴中市组成；攀西经济区，由攀枝花市和凉山州组成；川西北生态示范区，由阿坝州和甘孜州组成。四川省年度市（州）政务目标考评指标体系中的指标权重设置就是区分以上五大区域分别设置，比如：2021年度二级指标“地区生产总值增长率”，川西北生态示范区所辖地方政府该项指标权重为0，其余四个地区所辖地方政府该项指标权重为4%（攀西经济区的凉山州为2%）；2021年度二级指标“全面完成林长制年度任务”，川西北生态示范区所辖地方政府该项指标权重为4%，攀西经济区所辖地方政府该项指标权重为3%（凉山州为4%），成都平原经济区、川南经济区和川东北经济区所辖地方政府该项指标权重均为2%；但纳入2021年度重点工作的二级指标“推动成渝地区双城经济圈建设”五大区域该项指标权重一致，均为2%。

重庆市“一区两群”源于2014年9月2日，重庆市规划局举行了“重庆市城乡总体规划（2007—2020年）2014年深化成果新闻发布会”，会上提出构建“一区两群”城镇空间格局。以下划分是来源于重庆市2021年5月发布的《重庆市国土空间总体规划（2021—2035年）》，其中关于“一区两群”的最新表述为：主城都市区，由渝中区、大渡口区、江北区、南岸区、沙坪坝区、九龙坡区、北碚区、渝北区、巴南区、涪陵区、长寿区、江津区、合川区、永川区、南川区、綦江区、大足区、璧山区、铜梁区、潼南区和荣昌区组成；渝东北三峡库区城镇群，由万州区、梁平区、开州区、城口县、丰都县、垫江县、忠县、云阳县、奉节县、巫山县和巫溪县组成；渝东南武陵山区城镇群，由黔江区、武隆区、石柱县、秀山县、酉阳县和彭水县组成。重庆市人民政府办公厅2021年发布的“十四五”时期重点工作中，也对“一区两群”三大区域如何优化空间布局，推动成渝地区双城经济圈建设做了具体任务分解，明确表述为：着力提升主城都市区发展能级和综合竞争力，梯次推动主城新区和中心城区功能互补和同城化发展；扎实推进渝东北三峡库区城镇群生态优先绿色发展、渝东南武陵山区城镇群文旅融合发展，加快形成优势互补、高质量发展的区域经济布局。

基于以上参考标准和数据来源，确认城市间是否存在上级政府要求的合作关系决定该变量取值，地理位置处于上级政府规划的同一合作区域内的城市间赋值为1，否则为0。以成都市为例，按照四川省发布的《成都平原经济区“十三五”发展规划》，成都平原经济区包含成都市、德阳市、绵阳市、眉山市、乐山市、资阳市、遂宁市和雅安市8个地级市，以上8个城市两两之间纵向压力变量均赋值为1，以此类推形成变量数值矩阵。

（三）控制变量

交易成本理论是组织间合作行为策略的主要解释框架，相关研究已证实对城市群城市间公共服务合作的影响因素有行政壁垒、经济发展水平、政府规模、城市化水平、地理空间距离等。可以归纳为信任成本、信息成本和谈判成本三类。本书根据已有研究和现有统计指标，具体选择主官任职经历测度信任成本，地理邻近指标测度谈判成本，行政级别、行政区划、人均地区生产总值、城镇常住居民人均可支配收入、一般公共预算支出、地区生产总值、人口密度和城镇化率等测度信息成本。具体指标选取和指标描述如下：

任职经历：变量采用二值变量形式，以人民网为主要数据来源，查询地方官员任职履历，由于成渝地区双城经济圈各城市最早有资料可查的公共服务合作源于2010年，以2010年为起点，将各城市2010年至今的主要党政领导（书记和市长）是否存在其他城市的任职经历确认该变量取值，若存在城市间的交叉任职经历则赋值为1，否则为0。以内江市为例，现任内江市市长2010年至今曾在自贡市和资阳市先后任职过，因此将内江市与自贡市、内江市与资阳市之间的交易成本变量赋值为1，以此类推形成变量数值矩阵，该变量含义及描述性统计结果见表6－1。

城市空间地理距离：地理位置是社群特征属性中影响合作最重要的因素之一，相邻地方间由于地理位置相近，在资源信息的交互过程中将消耗更少的时间和成本，协同往来扩散更为方便，会推动共享边界的城市间合作（王佃利，2009）。因此，地理位置也是公共服务关联的重要因素，区域公共服务协同联系往往表现出“距离衰减”的特征，即两城市之间公共服务层面的联系往往会随着距离的增加而减弱，两城市在地理位置上相邻或靠近就越可能发生公共服务协同行为；反之，则不易或无法产生公共服务领域联系。因此，本书利用城市间地理位置是否相邻作为衡量城市空间地理距离的标准。

一般公共预算支出：公共财政支出是政府运用财政资金，为公众提供公共产品和公共服务的经济活动，也是实现基本公共服务均等化的主要途径。本书认为，一般公共预算支出水平综合反映了地方经济发展水平和地方政府公共服务供给能力，一般公共预算支出较多的地区其公共服务领域资金投入量相对较多，公共资源的供给力度和服务设施的建设力度比较大，在协同供给中获取资源和信息以扩大公共服务优势的能力较强但意愿较弱，因此在公共服务府际协同供给过程中表现为积极性

表6-1　变量赋值及数据来源

变量类型	变量名称	变量符号	赋值说明	数据来源
被解释变量	公共服务协同差异度	*coo*	城市间存在1次合作协议或合作行动计数为1，可累加，否则为0	四川省人民政府网站和重庆市人民政府网站入口的爬虫数据
解释变量	纵向压力	*pre*	参照上级政府规划要求，属于同一合作区域的城市之间赋值为1，否则为0	四川省政府发布的政策文件和重庆市政府发布的政策文件
控制变量	任职经历	*emp*	城市间党政主要领导存在交叉任职经历赋值为1，否则为0	人民网、各地方政府门户网站、北大法宝数据库
	空间距离	*dis*	城市间地理位置直接相邻赋值为1，否则为0	中国地图
	行政区划	*reg*	两城市隶属同一省级行政区划赋值为1，否则为0	2010年至2020年《四川统计年鉴》和《重庆统计年鉴》
	一般公共预算支出	ln*exp*	城市间一般公共预算支出差值，取对数	
	人口密度	ln*den*	城市间人口密度差值，取对数	
	地区生产总值	ln*gdp*	城市间地区生产总值差值，取对数	
	城镇常住居民人均可支配收入	ln*inc*	城市间城镇常住居民人均可支配收入差值，取对数	
	城镇化率	*urb*	城市间城镇化率差值	
	每万人普通小学数	*pri*	城市间每万人普通小学数差值	
	每万人普通中学数	*mid*	城市间每万人普通中学数差值	
	每百人公共藏书量	ln*book*	城市间每百人公共藏书量差值，取对数	
	每万人卫生机构数	*hos*	城市间每万人卫生机构数差值	

不高；反之一般公共预算支出较少的城市因财政能力弱，公共服务水平相对偏低，公共服务回应性压力大，参与城市群公共服务协同供给的意愿较为强烈。同质性影响着城市间集体行动的交易成本，特征相似、类型相同的主体间博弈收益和成本分配更加接近，相互之间的参考和比较更合理，不容易产生不确定的变化因素（孟庆国、罗杭，2017），选择与公共服务发展水平相似的城市建立合作更有利于提升公共服务供给的效率和稳定性。因此高低壁垒明显将产生同层协同倾向：一般公共预算支出能力的同质性会增加城市间公共服务合作的概率，即城市间的一般公共预算支出差异越小，越容易发生公共服务合作行为。本书用 2018 年成渝地区双城经济圈相关城市的一般公共预算支出和人均一般公共预算支出作为衡量其城市公共预算支出的指标。

城市行政区划：中国地方政府是高度同质化的个体，对自身所掌控的资源大体上具有同等的控制和使用能力，但是由于资源主要是靠行政力量而非市场分配，城市地方政府所处的行政区划不同，中央资源倾斜及组织内部能力等均亦有不同，对资源的分配和使用控制程度也存在差异，这就导致了不同行政区划城市地方政府间权力的不对等和依赖关系的不对称，城市间公共服务发展的差距愈加扩大。相似的政治、经济和社会背景导致了相似的政策偏好，更少的交易成本有助于合作形成；与此相反的是，主体间因为各方所拥有资源、行政级别不一样，即在博弈过程中地位不对等而有碍于合作机制的建立（王佃利、任宇波，2009）。因此，行政区划相同的城市公共服务供给能力差距较小，越容易发生平等的公共服务协同关系；反之行政区划差异越大的城市间越不容易产生公共服务协同联系。因此，本书利用城市行政区划是否一致作为衡量城市行政等级差异的标准。

城市人口密度：新型城镇化突出强调实现“人的城镇化”，摸清流动人口的特征与格局是促进人的城镇化的重要前提，也是新型城镇化的核心议题之一（陈明星，2018）。人口规模和人口分布特征是城市群发展与城市群内部合作的重要参考指标，人口密度能够直接体现城市群中各城市的人口部分特征和流动变迁过程，同时也能侧面反映城市公共服务供给质量，因此城市人口密度可以间接体现城市的公共服务供给能力，而人口密度相近的城市可能表现出相近的公共服务供给能力，从而更可能发生平等的公共服务协同合作关系。

城市经济发展：经济发展与公共服务之间的关系是密不可分的（杨颖、穆荣平，2012）。城市经济发展水平不仅是衡量城市综合发展质量的重要标准，也是决定城市公共服务供给水平的关键要素，同时也是影响与其他城市交流合作的一项主要因素，城市间的公共服务协同供给也受此影响。由于不同城市间的经济发展水平差异较大，因此基于经济发展水平影响下的城市公共服务协同供给主要从互惠互利、平等合作的思路出发，即经济发展水平相近的城市间更容易建立公共服务协同供给关系。通常地区生产总值（GDP）和人均地区生产总值（人均 GDP）是体现城市经济发展水平的主要指标。

城市居民收入水平：收入水平对公共服务供给质量的影响是显著而复杂的（李振等，2020）。人均可支配收入是反映城市发展质量的一项主要指标，其以城市整体经济发展为基础，同时也受到对城市发展起作用的其他因素的影响。城镇居民人均可支配收入水平是城市整体发展质量的直观表现，同时与城市公共服务供给能力和质量也存在密不可分的关系，居民收入水平决定公共服务消费水平，而公共服务消费水平推动公共服务供给的发展，二者之间形成互相促进的循环关系，城市群内部的城市公共服务协同供给同样受不同城市的居民收入水平影响。由于居民收入水平与公共服务供给能力和质量的相关关系，居民收入水平相近的城市公共服务供给能力和质量相近，具备更契合的公共服务协同供给需求和能力，在公共服务供给方面合作的可能性更高。

城市城镇化发展：公共服务供给长期以来与城镇化发展紧密相关，这一特征在新型城镇化背景下表现得更加显著（尹鹏等，2015）。城镇化率是衡量城镇化发展的关键度量指标，也是体现城市之所以成为城市的主要标准，能够客观反映城市综合发展水平和繁荣度。在长期以来的城乡二元发展格局下，城镇化率更高的城市区域公共服务供给能力和质量都明显更强，其不仅能够间接体现城市的公共服务供给效能，也能进一步呈现城市间的公共服务基础差异和合作需求。基于平等相近的交流和互惠互利的合作，城镇化率接近的城市之间形成合作关系的可能性和强度更大。

此外，考虑到本书以公共服务领域为地方政府合作主要考察内容，将地方政府公共服务能力也纳入控制变量，具体通过每万人普通小学数、每万人普通中学数、每百人公共藏书量和每万人卫生机构数等几项重要的基本公共服务指标加以表征。

在数据采集与处理上，考虑到被解释变量数据涉及时间跨度为2010年至今，控制变量则相应使用《四川统计年鉴》和《重庆统计年鉴》2010年至2020年10年的统计数据取均值。相关变量的具体说明和数据来源见表6－1。

二　数据描述与数据处理

（一）数据描述

描述性统计结果显示，公共服务协同差异度（*coo*）均值为3.677，表示成渝地区双城经济圈中所有城市之间平均存在3.677次公共服务合作，标准差为5.469，明显高于均值，说明不同城市之间的公共服务合作频率存在较大差异。最小值为0.000，最大值为43.000，中位数为1.000，说明在数据分布上存在非0值较多、大数值较少的特征，即只有少数城市之间从未开展过公共服务合作（统计表明0值样本数量为17个，占比3.66%），而多数城市间都存在不同强度的公共服务合作关系，同时对于存在公共服务合作关系的城市而言，多数城市彼此间开展合作的频率较低、程度较弱，只有极少数城市间存在较强的合作关系（城市间开展过1次到3次公共服务合作的样本数量为325个，占比69.89%）。

纵向压力（*pre*），均值0.249，标准差为0.433，城市之间存在纵向压力的样本量偏少，纵向压力的分布频率略高于交易成本，但不同城市间同样存在明显的分布差异。

空间距离（*dis*）变量均值和标准差分别为0.129和0.336，说明平均仅有12.9%的城市之间彼此相邻，且不同城市之间存在的相邻城市数量有明显差异。

任职经历（*emp*），均值为0.166，标准差为0.372，城市之间存在交易成本的样本量偏少，且标准差明显高于均值。从行政区划（*reg*）来看，主要是省级行政区划差异，即四川省和重庆市，因此该变量表示在同一个省域内的城市间行政区域差异为0，分别在四川省和重庆市则为1，该变量均值为0.484，标准差为0.500，表示在成渝地区双城经济圈中四川省和重庆市的城市分布较为均衡。

表征城市财政能力、经济规模、人口规模、居民收入水平和城镇化水平的变量总体上标准差远高于均值，表现出城市间数值差异较大的特征。具体而言，一般公共预算支出（*exp*）地方政府间差异均值为259.08万元，标准差424.60万元，标准差远高于均值，差异最小值为0.90万元，差异最大值达1939.77万元，最高成都市为2006.95万元，最低为重庆市北碚区67.19万元；人口密度（*den*）地方政府间差异均值为2364人/km^2，标准差为6714人/km^2，差异最小值为0.88，差异最大值为28278人/km^2，人口密度最高的城市是重庆市渝中区，为28380人/km^2，最低为四川省雅安市，仅为102人/km^2；地区生产总值（*gdp*）地方政府间差异均值为1726亿元，标准差为3719亿元，差异最小值为4.81亿元，差异最大值达16595亿元，实际观测值最高成都市为17013亿元，最低为重庆市垫江县417亿元；城镇化率（*urb*）城市间差异均值为17.5%，标准差为14.4%，差异最小值为0，差异最大值达到57%，实际观测值最高为重庆市渝中区的100%，最低为四川省广安市的43.26%；城镇常住居民人均可支配收入（*inc*）地方政府间差异均值为3714元，标准差为2844元，差异最小值为12.19元，差异最大值达12666元，实际观测值最高成都市为45878元，最低为重庆市綦江县33212元。

地方政府公共服务能力变量的具体情况为，每万人普通小学数（*pri*）城市间差异均值为0.379所，标准差为0.388年，差异最小值为0.000，差异最大值为1.750，实际观测值最高为重庆市大足区的2.12所/万人，最低为四川省成都市的0.37所/万人；每万人普通中学数（*mid*）城市间差异均值为0.210所，标准差为0.150所，差异最小值为0.000，差异最大值为0.610，实际观测值最高为四川省广安市的0.85所/万人，最低为重庆市合川区的0.24所/万人；每百人公共藏书量（*book*）城市间差异均值为41.107册，标准差为57.040册，差异最小值为0.06，差异最大值为116，实际观测值最高为重庆市渝中区的118册/百人，最低为四川省资阳市、自贡市、内江市和眉山市的2册/百人；每万人卫生机构数（*hos*）城市间差异均值为2.892个，标准差为2.194个，差异最小值为0.010，差异最大值为9.540，实际观测值最高为四川省南充市的13个/万人，最低为重庆市大足区的5个/万人（见表6-2）。

表 6-2 变量描述性统计

	变量	均值	标准差	最小值	中位数	最大值	样本量
公共服务协同差异度	*coo*	3.677	5.469	0.000	1.000	43.000	465
纵向压力	*pre*	0.249	0.433	0.000	0.000	1.000	465
任职经历	*emp*	0.166	0.372	0.000	0.000	1.000	465
空间距离	*dis*	0.129	0.336	0.000	0.000	1.000	465
行政区划差异值	*reg*	0.484	0.500	0.000	0.000	1.000	465
一般公共预算支出差异值（万元）	*exp*	259.08	424.60	0.90	152.91	1939.77	465
人口密度差异值（人/km^2）	*den*	2364	6714	0.88	261.72	28278	465
地区生产总值差异值（亿元）	*gdp*	1726	3719	4.81	697.47	16595	465
城镇常住居民人均可支配收入差异值（元）	*inc*	3714	2844	12.19	2994	12666	465
城镇化率差异值（%）	*urb*	17.5	14.4	0	14	57	465
每万人普通小学数差异值（所/万人）	*pri*	0.379	0.388	0.000	0.240	1.750	465
每万人普通中学数差异值（所/万人）	*mid*	0.210	0.150	0.000	0.180	0.610	465
每百人公共藏书量差异值（册/百人）	*book*	41.107	57.040	0.06	24.750	116	465
每万人卫生机构数差异值（个/万人）	*hos*	2.892	2.194	0.010	2.340	9.540	465

（二）数据处理

本书被解释变量的基础数据来源于网络爬虫数据，即以“成渝”“川渝”“公共服务”为关键词，选择四川省人民政府网站和重庆市人民政府网站两个窗口，采用爬虫软件进行检索，甄选出截至 2021 年 7 月 30 日官方网站发布的相关新闻报道、公开信息和政策文件等资料共计 1204 份，在对采集资料进行交叉去核和去重后，按照相关性原则和独立性原则，通过逐份阅读对文本资料进行筛选和梳理，最终选出 346 份相关文本资料作为成渝双城经济圈公共服务协同供给状况的典型样本与分析资料。在此基础上，通过计数并编码的方式，将城市间合作频率进行累加计数，得到被解释变量具体赋值在 0 至 43 之间。

本书解释变量交易成本的基础数据来源于人民网的地方官员任职履

历，若存在成渝地区双城经济圈各城市间的交叉任职经历则赋值为1，否则为0。另一个解释变量纵向压力的基础数据来源于四川省政府发布的政策文件和重庆市政府发布的政策文件，确认城市间是否存在上级政府要求的合作关系来决定该变量取值，地理位置处于上级政府规划的同一合作区域内的城市间赋值为1，否则为0。

地理空间距离变量的基础数据来源于中国地图，城市间地理位置相邻赋值为1，否则为0。其余变量基础数据来源为2010年至2020年《四川统计年鉴》和《重庆统计年鉴》。

由于被解释变量即成渝地区双城经济圈公共服务府际协同供给网络是由关系矩阵转化形成的数据组，因此要求解释变量必须以相同路径进行数据处理。考虑到变量数据的量级与量纲的不同，为了消除量纲对回归结果的影响，本书以33个城市人均一般公共预算支出数值作为基础数据，然后利用各城市间的绝对差异建立差异矩阵，再者对矩阵数值进行极差标准化处理，使数值范围控制在［0，1］区间之内，最终利用标准化处理后的矩阵转化为数据组，进一步进行分析检验不同影响因素对成渝地区双城经济圈公共服务协同供给网络的影响程度。具体进入模型数据如表6－3所示。

表6－3　　模型使用数据

	变量	均值	标准差	最小值	中位数	最大值	样本量
被解释变量	*coo*	4.624	6.028	0.000	2.000	43.000	465
解释变量	*pre*	0.211	0.408	0.000	0.000	1.000	465
控制变量	*emp*	0.182	0.387	0.000	0.000	1.000	465
	dis	0.157	0.364	0.000	0.000	1.000	465
	reg	0.858	0.350	0.000	1.000	1.000	465
	ln*exp*	14.064	1.368	9.110	14.300	16.780	465
	ln*den*	5.312	1.661	－0.130	5.190	9.810	465
	ln*gdp*	6.732	1.477	1.570	6.720	9.720	465
	ln*inc*	7.527	1.205	2.500	7.830	9.450	465
	ln*urb*	－2.590	1.206	－9.210	－2.330	－0.730	465
	ln*pri*	－1.480	1.165	－5.770	－1.390	0.560	465
	ln*mid*	－1.963	1.002	－6.570	－1.740	－0.490	465
	ln*book*	2.372	1.738	－2.840	2.860	4.760	465
	ln*hos*	0.573	1.189	－4.060	0.840	2.140	465

三　模型构建

（一）模型选择

由于本书中的被解释变量公共服务协同度的数据类型属于计数数据，其数据来源于政府合作协议和合作行动频次，数值为非负整数，不服从正态分布。因此，通过参考使用计数数据的相关研究（Hausman，Hall & Griliches，1984），本书采用计数模型进行估计。常用的计数模型包括泊松回归和负二项回归两种（Crépon & Duguet，1997；Hall & Ziedoni，2001），其中泊松回归模型如下：

$$f(y_i \mid x_i) = \frac{e^{-\mu_i}\mu_i^{y_i}}{y_i!}$$

该式中，μ_i为泊松到达率，其取决于自变量 x_i且数值始终大于0。泊松回归模型的运用存在均值和方差相等这一内在假设前提，即符合 $E[y_i|x_i] = i = exp(x_i'\beta) = Var[y_i|x_i]$ 这一约束条件，以此判断该模型内在假设同方差性。然而在实际应用中，通常会出现 $E[y_i|x_i] < Var[y_i|x_i]$ 的情况，方差明显大于均值，即存在“过度分散”问题，导致泊松回归出现较大误差。

为了应对数据“过度分散”的情况，通常使用负二项回归模型进行估计（Cameron & Trivedi，2007）。负二项回归模型在泊松回归模型的基础上进行改进，在其条件均值 μ_i 中引入一个随机效应 $E[y_i|x_i,\alpha] = \mu_i$ ，并且假设其方差 $Var[y_i|x_i,\alpha] = \mu_i(1 + \alpha\mu_i)$ ，在实际应用中可以有效解决计数数据的“过度分散”问题，提高估计效率。此外，泊松回归和负二项回归在实际应用过程中还可能出现被解释变量含有较多数值为0的数据的情况，在这种情境下则需要进一步使用零膨胀泊松回归或零膨胀负二项回归模型（王存同，2010）。

因此，在计数模型的考虑上，本书需要通过数值检验在泊松回归模型、负二项回归模型、零膨胀泊松回归模型和零膨胀负二项回归模型之间进行选择。首先，通过对被解释变量的均值与方差比较，由表6－4可知，城市公共服务供给协同度的方差明显大于均值，不符合使用泊松回归的前提条件。进一步地，通过进行过度分散的LR检验，对于原假设

$\alpha=0$表示“不存在过度分散，应该使用泊松回归”。检验结果表明，α 的95% 置信区间为（0.16，0.28），因此在5% 的显著性水平上拒绝原假设，应该使用负二项回归。

其次，由于不同城市间的公共服务合作协议和合作行动频次差异较大，且较多城市之间尚未形成合作协议或合作行动，因此被解释变量可能包含大量的0值，存在数据“过度分散”的可能性。因此需要在负二项回归和零膨胀负二项回归之间选择，通常通过 Vuong 统计量检验来实现（Vuong，1989）。基于 Vuong 统计量检验的结果，若该统计量较大（为正数），则应该使用零膨胀负二项回归。若该统计量较小（为负数），则应该使用标准负二项回归。基于本书数据的 Vuong 统计量检验结果表明，样本 Vuong 统计量为 -6.54，在1% 的显著性水平上拒绝零膨胀负二项回归，认为应该使用标准负二项回归。

综上，建立以下负二项回归计量模型求解待估计参数：

$$coo_i = \beta_0 + \beta_1 cos_i + \beta_2 pre_i + \beta_3 Control_i + \varepsilon_i$$

（二）主效应分析

1. 分组均值检验

通过对解释变量和部分控制变量进行分组均值检验，可以在进行回归之前对被解释变量的影响因素进行初步了解，本节就不同城市间合作的关键差异特征进行了分组均值检验，分组变量包括纵向压力（*pre*）、空间距离（*dis*）、任职经历（*emp*）、行政区划（*reg*）变量，检验结果见表6-4。

表6-4 分组均值检验结果

分组变量			样本数量（份）	均值	标准差	方差 p 值	均值之差	t 值
纵向压力	*pre*	0	349	2.894	3.349	0.001	-3.140***	-3.713
		1	116	6.034	8.903			
空间距离	*dis*	0	405	2.758	3.865	0.000	-7.125***	-5.813
		1	69	9.883	9.377			
任职经历	*emp*	0	388	2.918	4.390	0.018	-4.588***	-4.797
		1	77	7.506	8.164			

续表

分组变量			样本数量（份）	均值	标准差	方差 p 值	均值之差	t 值
行政区划	*reg*	0	240	1.796	1.905	0.035	-3.888***	-7.964
		1	225	5.684	7.088			

注：* 表示 $P<0.10$，** 表示 $P<0.05$，*** 表示 $P<0.01$。

在进行均值检验之前需要通过对各变量进行 F 检验以判断其方差齐性，表 6-4 中的方差 p 值一列的结果表明，所有分组检验变量的方差 p 值均小于 0.05，即表现出方差不齐的特征，因此以上变量的分组均值检验均采取基于方差不齐的 T 检验实现。

基于以上分组检验结果，能够初步验证被解释变量和解释变量的理论假设关系，同时也对部分关键控制变量的影响有了初步的判断。通过基于纵向压力（*pre*）变量进行的分组均值检验，发现存在纵向压力的城市之间开展公共服务合作平均频率为 6.034 次，不存在纵向压力的城市之间开展公共服务合作的频率为 2.894 次，二者存在 3.140 个单位的显著均值差异，说明纵向压力的作用能够明显促进城市公共服务合作的开展；基于空间距离（*dis*）变量进行的分组均值检验结果表明，相邻城市之间开展公共服务合作平均频率为 9.883 次，不相邻的城市之间开展公共服务合作的频率为 2.758 次，二者存在 7.125 个单位的显著均值差异，表明相邻城市之间开展公共服务合作的可能性和强度会明显提高；基于任职经历（*emp*）变量进行的分组均值检验结果表明，交易成本较低的城市之间开展公共服务合作的平均频率为 7.506 次，而交易成本较高的城市之间开展公共服务合作的平均频率为 2.918 次，二者存在 4.588 个单位的显著均值差异，能够初步验证交易成本对城市公共服务协同度的正向影响关系；基于行政区划（*reg*）变量进行的分组均值检验结果表明，隶属于不同省级行政区划下的城市之间开展公共服务合作平均频率为 1.796 次，隶属于同一省级行政区划下的城市之间开展公共服务合作的频率为 5.684 次，二者存在 3.888 个单位的显著均值差异，表明同一省内的城市之间更容易开展公共服务合作。

2. 基准回归模型构建

在进行回归分析之前，为了确保基准回归的有效性，需要考虑变量之间的多重共线性问题，因此有必要对各变量进行多重共线性检验，检验结果如表6－5所示。结果表明，所有变量的方差膨胀因子（*VIF*）均明显小于10，其中*VIF*值最大的变量是行政区划（*reg*），该值为4.15，*VIF*值最小的变量是每万人普通小学数（ln*pri*），该值为1.11，从所有变量的*VIF*值分布总体情况来看，其平均方差膨胀因子为2.21，表明变量间不存在严重的多重共线性问题。

表6－5　　多重共线性检验

变量	变量名	*VIF*值
纵向压力	*pre*	1.95
空间距离	*dis*	1.24
任职经历	*emp*	1.33
行政区划	*reg*	4.15
一般公共预算支出	ln*exp*	3.42
人口密度	ln*den*	2.09
地区生产总值	ln*gdp*	2.17
城镇常住居民人均可支配收入	ln*inc*	1.92
城镇化率	ln*urb*	3.44
每万人普通小学数	ln*pri*	1.11
每万人普通中学数	ln*mid*	1.70
每百人公共藏书量	ln*book*	2.43
每万人卫生机构数	ln*hos*	1.78
均值		2.21

在多重共线性检验的基础上，进一步进行基于负二项回归模型的基准回归，回归结果如表6－6所示。首先综合模型1到模型6的所有结果来看，其LR检验结果均表明拒绝采用泊松回归的假设，即负二项回归是适合该样本的回归模型，保证了回归模型选取的科学性和有效性。

模型1为只纳入核心解释变量纵向压力（*pre*）的回归结果，纵向压力对城市群公共服务协同差异度（*coo*）有正向影响，回归系数为0.735，且在1%的显著性水平上方程成立。模型2为纳入信任成本和纵向压力的回归结果，在控制了信任成本后，纵向压力对城市群城市政府公共服务协同强度的影响系数降低到了 0.539，略低于任职经历 0.791 的解释力，但系数方向保持不变且依然显著，模型 2 在 1% 的显著性水平上表现出正相关关系，说明结果相对稳健。模型 3 为纳入谈判成本和纵向压力的回归结果，在控制了谈判成本后，纵向压力对城市群城市政府公共服务协同差异度（*coo*）的影响系数降低到了 0.192，低于任空间距离 0.734 的解释系数，但系数方向保持不变且依然显著，说明结果相对稳健。模型 4 为纳入信息成本和纵向压力的回归结果，在控制了信息成本后，纵向压力对城市群城市政府公共服务协同强度的影响系数降低到了 0.177，在信息成本的测度指标中，具有显著性的指标有行政区划（*reg*）、一般公共预算支出（ln*exp*）、人口密度（ln*den*）、城镇常住居民人均可支配收入（ln*inc*）、每万人普通中学数（ln*mid*）和每百人公共藏书量（ln*book*），其中系数方向与纵向压力相同的有行政级别（*lev*）、行政区划（*reg*）、一般公共预算支出（ln*exp*）和每万人普通中学数（ln*mid*），每万人普通中学数系数最大为 0.766，未进入模型的指标有地区生产总值（ln*gdp*）、城镇化率（ln*urb*）、每万人普通小学数（ln*pri*）和每万人卫生机构数（ln*hos*），模型 4 在 1% 的显著性水平上表现出正相关关系，说明结果相对稳健。在三个模型的比较上，发现假如控制变量后回归结果发生了一定变化，回归系数的变化尤为明显。回归模型加入控制变量后纵向压力变量系数依然保持正向，但系数出现了明显下降。总体而言，纵向压力对公共服务协同度存在显著的正向促进作用。

除了纵向压力这项主要解释变量对被解释变量的影响之外，模型 5 回归结果也可以看出一些具体指标对被解释变量有显著影响。具体而言，空间距离（*dis*）和公共服务协同差异度（*coo*）存在正向显著相关关系，行政区划（*reg*）和公共服务协同度（*coo*）存在正向显著相关，即空间距离邻近、隶属于同一省级行政区划的城市之间更容易开展公共服务合作；在经济发展水平对公共服务协同度的影响上，城镇常住居民人均可支配收入（ln*inc*）在模型 4 和模型 5 中系数均为负数，但显著性不高且不稳定，因此可以判断其对公共服务协同度（*coo*）的影响较小；在政府规模对公共服务协同度的影响上，主要通过一般公共预算支出（ln*exp*）来体现，从模型 4 和模型 5 的回归结果来看，一般公共预算支出（ln*exp*）表现出对被解释变量十分显著且稳健的正相关关系，即一般公共预算规模差异越大的城市之间发生公共服务合作的可能性更大；在城镇化水平对公共服务协同度的影响上，人口密度（ln*den*）与被解释变量在5%的显著性水平上存在负相关关系，即人口密度差异越小的城市之间更容易发生公共服务合作；在公共服务能力对公共服务协同度的影响上，主要通过反映教育、文化、医疗等方面的基础公共服务供给质量的差异来表现，回归结果说明每万人普通中学数（ln*mid*）与被解释变量存在显著的正相关关系，每百人公共藏书量（ln*book*）则与被解释变量存在显著且稳健的负相关关系。总体而言，在公共服务能力对城市间公共服务合作开展的影响上，教育和文化公共服务影响作用更明显。地区生产总值（ln*gdp*）、城镇化率（ln*urb*）、每万人普通小学数（ln*pri*）和每万人卫生机构数（ln*hos*）因为与被解释变量不存在显著相关关系，在模型中予以删除。

表6-6　　基准回归结果

变量		模型1	模型2	模型3	模型4	模型5
纵向压力	*pre*	0.735*** (0.111)	0.539*** (0.110)	0.192* (0.103)	0.177* (0.098)	0.190* (0.103)
任职经历	*emp*		0.791*** (0.125)			0.174* (0.097)
空间距离	*dis*			0.734*** (0.098)		0.721*** (0.097)
行政区划	*reg*				0.524*** (0.139)	0.431*** (0.147)
一般公共预算支出	ln*exp*				0.127*** (0.047)	0.140*** (0.047)
人口密度	ln*den*				-0.064** (0.030)	-0.069** (0.030)
城镇常住居民人均可支配收入	ln*inc*				-0.066* (0.039)	-0.069* (0.039)
每万人普通中学数	ln*mid*				0.766** (0.322)	0.840*** (0.321)
每百人公共藏书量	ln*book*				-0.254*** (0.033)	-0.263*** (0.033)

续表

变量	模型 1	模型 2	模型 3	模型 4	模型 5
_cons	1.063 ***	1.071 ***	0.930 ***	0.448	0.392
	(0.059)	(0.055)	(0.060)	(0.831)	(0.824)
对数似然参数值	-1106.261	-1097.916	-1085.370	-897.153	-895.482
$LR\chi^2$	1093.52 ***	1018.85 ***	946.34 ***	194.58 ***	167.90 ***
观测值	465	465	465	465	465

注：* *P* 表示 <0.10，** *P* 表示 <0.05，*** *P* 表示 <0.01。

3. 分组回归分析

不同城市间的个体异质性是普遍存在的，制度安排需要考虑到城市个体异质性的影响（胡彬、余子然，2021）。城市之间开展公共服务合作本质上是一种政治决策，各城市作为独立的决策主体需要考虑决策的成本和预期收益，而不同城市间的个体异质性是判断是否与其他城市开展合作以及开展合作的方式和程度的重要标准，本节内容主要就城市的不同异质性特征进行分组回归分析，以探讨城市异质性特征对两项主要解释变量的影响机制。在解释变量和被解释变量的作用机制上，纵向压力也主要通过行政体系逐级传递，因此城市的行政属性在公共服务合作关系中起到重要影响；信任成本以主要领导交叉任职经历衡量，而领导干部任职调动由党政系统管理和执行；信息成本中的行政壁垒也是地方政府决策的主要影响因素，成渝地区双城经济圈行政分隔突出，省级行政区域和直辖市行政区域的行政体制差异也带来了合作决策的成本增加；谈判成本考虑到以城市为主体供给的公共服务通常基于一定的地域空间条件，不同城市的空间距离也会对城市间公共服务合作决策产生影响；因此本节采用空间距离、行政级别和行政区划三个变量作为分组变量进行回归，结果如表 6 - 7 所示。

基于空间距离分组的回归结果表明，对于相邻城市而言，纵向压力对公共服务协同度的影响不显著，而不相邻的城市之间纵向压力对城市间公共服务合作的影响则较为显著。与信任成本因素相比较，与任职经历相比，纵向压力与相邻城市间开展公共服务合作正向相关系数更大，且显著性水平更高，即纵向压力的促进效果更明显，进一步比较全样本回归结果发现系数和显著性水平有所提高，即在邻近城市之间纵向压力的正相关关系更加显著。

表 6－7　　分组回归结果

变量		空间距离		行政级别		行政区划	
		dis = 1	*dis* = 0	*lev* = 1	*lev* = 0	*reg* = 1	*reg* = 0
纵向压力	*pre*	0.311 (0.291)	0.224** (0.111)	0.151 (0.105)	0.571 (0.215)	0.339*** (0.105)	omitted
任职经历	*emp*	0.233 (0.197)	0.179* (0.108)	0.092 (0.100)	0.206 (0.193)	0.154 (0.095)	1.284* (0.604)
空间距离	*dis*			0.720*** (0.097)	0.489 (0.235)	0.382*** (0.111)	1.427*** (0.134)
行政区划	*reg*	−0.603 (0.489)	0.514*** (0.151)	0.250* (0.151)	2.253 (0.632)		
一般公共预算支出	ln*exp*	0.174 (0.142)	0.135*** (0.049)	0.100** (0.046)	2.152 (4.407)	0.055 (0.051)	0.034 (0.109)
人口密度	ln*den*	−0.057 (0.071)	−0.069** (0.033)	−0.060 (0.030)	−0.050 (0.100)	−0.058 (0.037)	−0.093** (0.040)
城镇常住居民人均可支配收入	ln*inc*	0.058 (0.082)	−0.126*** (0.044)	−0.063* (0.037)	0.180 (0.419)	−0.077* (0.045)	0.025 (0.063)
每万人普通中学数	ln*mid*	−0.318 (0.880)	0.810** (0.349)	0.904*** (0.320)	−0.649 (1.269)	0.519 (0.441)	−0.159 (0.406)
每百人公共藏书量	ln*book*	−0.282 (0.080)	−0.271*** (0.036)	−0.285*** (0.033)	0.384 (0.125)	−0.268*** (0.036)	0.081 (0.079)
_cons		1.003 (2.507)	1.052 (0.864)	0.480 (0.669)	47.161 (25.589)	2.743*** (0.855)	−0.743 (1.590)
对数似然参数值		−172.027	−708.964	−804.078	−67.758	−488.671	−346.605
LRχ^2		64.71***	66.26***	91.13***	0	90.34***	0.32
观测值		60	405	435	30	225	240

注：* 表示 $P<0.10$，** 表示 $P<0.05$，*** 表示 $P<0.01$。

基于行政区划分组的回归结果表明，对于隶属于同一省级行政区划的城市而言，纵向压力对公共服务协同度能够在1%的显著性水平上呈正相关关系，且相关系数达到0.339，且在与信任成本、谈判成本和信息成本的比较中作用更加明显，在与上文的全样本基准回归分析结果的比较中也可以发现其显著性水平明显更高、相关系数明显更大，即同一省级行政区划内的城市之间纵向压力对促进公共服务合作的作用十分显著。而对于不属于同一省级行政区划的城市之间而言，纵向压力变量则由于其取值规则导致数据取值全部为0，因此该项变量无回归结果。

总体而言，基于空间距离、行政级别和行政区划三项分组变量进行的回归分析结果表明，不同方面的城市个体异质性特征会对城市间的纵向压力对公共服务协同度的作用机制产生影响，且在与信任成本、信息成本和谈判成本相比较，在不同情境下纵向压力对公共服务协同度的促进效果相对更显著，这也充分证实了学界关于行政区划设置对城市公共服务合作存在抑制作用的观点（许珂、周伟，2020）。

4. 稳健性检验

为了确保估计结果的稳健性，有必要进一步进行相应检验，本书通过替换回归模型的方法对纵向压力对公共服务协同度的回归结果进行稳健性检验。考虑到被解释变量作为计数变量的特殊性，采用其他计数模型进行替换，即使用泊松回归模型进行回归，从而检验前文分析结果的稳健性，稳健性检验结果如表6－8所示。

表6－8　　稳健性检验结果

变量		负二项回归	泊松回归
纵向压力	*pre*	0.190* (0.103)	0.376*** (0.140)
任职经历	*emp*	0.174* (0.097)	0.193* (0.112)
空间距离	*dis*	0.721*** (0.097)	0.572*** (0.143)
行政级别	*lev*	－0.560*** (0.199)	－0.584*** (0.214)
行政区划	*reg*	0.431*** (0.147)	0.454*** (0.147)

续表

变量		负二项回归	泊松回归
一般公共预算支出	ln*exp*	0.140*** (0.047)	0.143** (0.060)
人口密度	ln*den*	-0.069** (0.030)	-0.077*** (0.030)
城镇常住居民人均可支配收入	ln*inc*	-0.069* (0.039)	-0.050 (0.038)
每万人普通中学数	ln*mid*	0.840*** (0.321)	0.869** (0.399)
每百人公共藏书量	ln*book*	-0.263*** (0.033)	-0.215*** (0.038)
_cons		0.392 (0.824)	0.203 (1.035)
对数似然参数值		-895.482	-979.431
Wald Chi^2			844.32***
LRχ^2		167.90***	
观测值		465	465

注：* 表示 $P<0.10$，** 表示 $P<0.05$，*** 表示 $P<0.01$。

稳健性检验结果表明，无论采用泊松回归模型还是负二项回归模型构建的纵向压力对城市群公共服务协同度的解释性模型均在1%的显著性水平下成立，且回归系数均为正，表明作用方向也是一致的。除城镇常住居民人均可支配收入（ln*inc*）的显著性发生改变外，其他变量都表现出明显的稳定性。城镇常住居民人均可支配收入（ln*inc*）结果不稳定的原因与该变量对被解释变量的弱显著性有关，但其影响方向没变。因此，本书认为就平均而言，成渝地区双城经济圈地方政府间合作中受纵向压力影响，且即使在控制交易成本考量时，纵向压力仍发挥着显著的正向影响作用，即纵向干预越多，地方政府感受到的压力越大任务越重，越倾向于将横向组织间的自利性合作转化为纵向科层间的任务完成性合作。

（三）调节效应分析

前文分析结果表明，纵向压力会对公共服务协同度产生显著影响，并且特定的城市个体异质性会改变其作用的大小和显著性。从综合交易成本考量和纵向压力服从两个逻辑的解释变量影响来看，就促进城市间公共服务合作的作用而言，纵向压力变量在更普遍的条件下表现出更高的显著性水平和更大的相关系数。然而，上文分析表明交易成本的各项测度指标和纵向压力的测度指标在回归模型中也不存在多重共线性问题，在这种情况下以上分析都是基于各变量单独作用的条件下进行分析，那么不同变量在共同作用时会如何相互影响？以及会对被解释变量产生什么样的作用？为了进一步探讨这个问题，本节构建了交易成本各项指标变量和核心解释变量纵向压力的交互项作为新的解释变量，将其纳入回归模型，就不同变量的交互作用进行回归分析。

1. 调节效应模型构建

如果变量 Y 与变量 X 的关系是变量 M 的函数，称 M 为调节变量。国内研究调节效应较为权威的学者是温忠麟，据他所述，自变量 X 和因变量 Y 之间关系的方向和强弱如果受到第三个变量 M 的影响，则 M 就是调节变量（温忠麟，2005）。其模型示意图如图 6－3 所示：

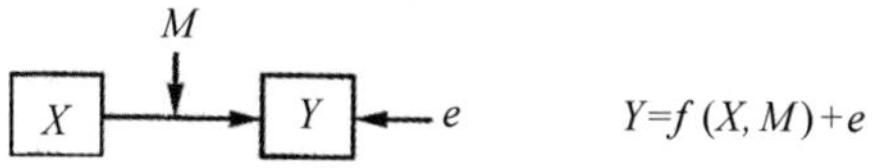

图 6－3　调节变量示意图

关于调节效应的检验程序，温忠麟等（2005）通过对国内外学者的研究成果进行总结，提出了一个较为实用的检验程序。具体做法即先分别考察自变量和调节变量对因变量的主效应大小，然后将“自变量 × 调节变量”乘积项纳入回归方程，若该项系数显著，则表明调节效应显著（卢谢峰、韩立敏，2007）。

对调节变量的检验方法的选择，以往文献指出，对于显变量而言，当解释变量是类别变量、调节变量是连续变量时，不能用分组回归分析方法，而是将自变量重新编码转换成伪变量，然后将带有乘积项的变量引入回归模型，做层次回归分析（温忠麟等，2005）。此外，线性回归模型，可以在很多变量之中挑选比较明显的变量，所以说可以利用模型进行控制。因此，本书采取层次线性回归分析来建立模型。本书首先对自变量进行中心化处理，以减少自变量和乘积项之间、调节变量和乘积项之间存在共线性的情况（温忠麟等，2012）。对变量的中心化处理步骤为：“数据—描述统计”，计算各变量的均值，然后“转换—计算变量”用原值减去变量的均值即可得到自变量的中心化后的值。最后，在模型中依次引入控制变量、自变量、调节变量、自变量与调节变量的交互乘积项（本研究不讨论更为复杂的三阶交互项），从而得到最终的调节效应模型，其中的调节系数可以解释为：在调节变量不变的情况下，自变量每增加或减少一个标准差，因变量就随之变动多少标准差（阳毅、罗紫嫣，2017）。

上文基于负二项回归模型的基准回归主要分析了纵向压力与城市公共服务协同度的主效应，此分析部分将在基准回归的基础上将表征交易成本的各项测度指标变量与核心解释变量做交互项并引入模型。其中，模型 1 是基准回归分析，模型 2 到模型 9 分别是将表征交易成本的任职经历（*emp*）、空间距离（*dis*）、行政区划（*reg*）、一般公共预算支出（ln*exp*）、人口密度（ln*den*）、城镇常住居民人均可支配收入（ln*inc*）、每万人普通中学数（ln*mid*）和每百人公共藏书量（ln*book*）8 个变量分别与核心解释变量纵向压力交互，将形成的交互项分别纳入负二项回归模型中检验其调节效应是否存在及其大小，结果如表 6－9 所示。

2. 调节效应检验

从模型 2 到模型 9 可以看出，在引入任职经历（*emp*）、空间距离（*dis*）、人口密度（ln*den*）、城镇常住居民人均可支配收入（ln*inc*）、每万人普通中学数（ln*mid*）等作为调节变量与纵向压力（*pre*）的交互项后，虽然二者都对被解释变量有正向或负向影响，但在统计学上都不具有显著的含义，因此可以认为任职经历（*emp*）、空间距离（*dis*）、人口密度（ln*den*）、城镇常住居民人均可支配收入（ln*inc*）、每万人普通中学数（ln*mid*）5 项变量在纵向压力（*pre*）对公共服务协同差异度（*coo*）的影响上不存在调节效应。

行政区划（*reg*）、一般公共预算支出（ln*exp*）和每百人公共藏书量（ln*book*）与核心解释变量纵向压力（*pre*）交互并引入模型后，其交互项系数较大且显著性较高，即存在明显的调节效应。具体而言，行政区划（*reg*）的调节效应主要表现为，在不同行政区划的城市之间纵向压力

（*pre*）对公共服务协同差异度（*coo*）的正相关关系得到进一步强化，而相同行政区划的城市之间这种正相关关系则被削弱，这种作用在1%水平上显著；在一般公共预算支出（ln*exp*）的调节作用主要表现在公共财政支出规模差异不同的城市之间，对于一般公共预算支出差异较大的城市之间，纵向压力（*pre*）对公共服务协同差异度（*coo*）的促进作用得到增强，而一般公共预算支出水平相近的城市之间其表现的纵向压力对公共服务协同度的促进作用则减弱，这种调节效应表现出1%的显著性水平；每百人公共藏书量（ln*book*）是表征交易成本中体现信息成本的部分，即城市之间的公共文化服务供给水平差异，结果表明公共文化服务供给水平差异更大的城市之间受到纵向压力（*pre*）对公共服务协同差异度（*coo*）的正向作用更明显，而公共文化服务供给水平相近的城市之间受到纵向压力（*pre*）与公共服务协同差异度（*coo*）的正相关关系则会减弱。

表6-9　　交易成本对纵向压力调节作用的回归分析

变量		模型1	模型2	模型3	模型4
纵向压力	*pre*	0.190*	0.151	0.224**	0.156
		(-0.103)	(0.109)	(0.105)	(0.102)
任职经历	*emp*	0.174*	0.130	0.193**	0.191**
		(-0.097)	(0.107)	(0.097)	(0.096)
空间距离	*dis*	0.721***	0.729***	0.800***	0.713***
		(-0.097)	(0.097)	(0.109)	(0.097)
行政区划	*reg*	0.431***	0.445***	0.409***	0.387***
		(-0.147)	(0.145)	(0.141)	(0.139)
一般公共预算支出	ln*exp*	0.140***	0.162***	0.169***	0.146***
		(-0.047)	(0.041)	(0.041)	(0.041)
人口密度	ln*den*	-0.069**	-0.076***	-0.078***	-0.076***
		(-0.030)	(0.026)	(0.026)	(0.026)
城镇常住居民人均可支配收入	ln*inc*	-0.069*	-0.077**	-0.075**	-0.086**
		(-0.039)	(0.035)	(0.035)	(0.035)

续表

变量		模型 1	模型 2	模型 3	模型 4
每万人普通中学数	ln*mid*	0. 840 ***	0. 124	0. 110 ***	0. 111 ***
		(−0. 321)	(0. 041)	(0. 041)	(0. 040)
每百人公共藏书量	ln*book*	−0. 263 ***	−0. 269 ***	−0. 269 ***	−0. 266 ***
		(−0. 033)	(0. 031)	(0. 031)	(0. 030)
emp × *pre*			0. 211		
			(0. 188)		
dis × *pre*				−0. 242	
				(0. 193)	
reg × *pre*					−0. 789 ***
					(0. 255)
_cons		0. 392	0. 869 ***	0. 886 ***	0. 878 ***
		(−0. 824)	(0. 041)	(0. 041)	(0. 040)
对数似然参数值		−895. 482	−895. 579	−895. 415	−895. 251
LRχ^2		167. 90 ***	177. 87 ***	181. 91 ***	173. 87 ***
观测值		465	465	465	465

变量		模型 5	模型 6	模型 7	模型 8	模型 9
纵向压力	*pre*	0. 268 ***	0. 197 *	0. 163	0. 212 **	−0. 164
		(0. 102)	(0. 104)	(0. 106)	(0. 104)	(0. 131)
任职经历	*emp*	0. 182 *	0. 183 *	0. 181 *	0. 192 **	0. 163 *
		(0. 095)	(0. 097)	(0. 097)	(0. 097)	(0. 095)
空间距离	*dis*	0. 687 ***	0. 742 ***	0. 740 ***	0. 759 ***	0. 735 ***
		(0. 097)	(0. 097)	(0. 097)	(0. 099)	(0. 095)
行政区划	*reg*	0. 325 **	0. 402 ***	0. 426 ***	0. 395 ***	0. 654 ***
		(0. 138)	(0. 141)	(0. 142)	(0. 141)	(0. 148)
一般公共预算支出	ln*exp*	0. 124 ***	0. 162 ***	0. 160 ***	0. 162 ***	0. 156 ***
		(0. 041)	(0. 041)	(0. 041)	(0. 041)	(0. 040)
人口密度	ln*den*	−0. 073 ***	−0. 076 ***	−0. 076 ***	−0. 074 ***	−0. 069 ***
		(0. 026)	(0. 026)	(0. 026)	(0. 026)	(0. 026)
城镇常住居民人均可支配收入	ln*inc*	−0. 076 **	−0. 077 **	−0. 076 **	−0. 076 **	−0. 069 **
		(0. 034)	(0. 035)	(0. 035)	(0. 035)	(0. 034)

续表

变量		模型 5	模型 6	模型 7	模型 8	模型 9
每万人普通中学数	ln*mid*	0.110***	0.120***	0.122***	0.110***	0.101**
		(0.040)	(0.041)	(0.041)	(0.042)	(0.040)
每百人公共藏书量	ln*book*	-0.265***	-0.270***	-0.266***	-0.267***	-0.235***
		(0.030)	(0.031)	(0.031)	(0.031)	(0.031)
ln*exp* × *pre*		0.210***				
		(0.054)				
ln*den* × *pre*			0.009			
			(0.048)			
ln*inc* × *pre*				-0.074		
				(0.064)		
ln*mid* × *pre*					0.073	
					(0.085)	
ln*book* × *pre*						-0.222***
						(0.053)
_*cons*		0.934***	0.878***	0.877***	0.890***	0.855***
		(0.042)	(0.041)	(0.040)	(0.042)	(0.040)
对数似然参数值		-888.780	-896.188	-895.937	-895.835	-887.455
LRχ^2		165.87***	181.90***	181.96***	181.69***	165.94***
观测值		465	465	465	465	465

注：*** 为 $P<0.01$，** 为 $P<0.05$，* 为 $P<0.1$。

四　模型结果分析

通过将城市公共服务供给协同度作为被解释变量，构建负二项回归模型，从核心解释变量到控制变量依次纳入构建不同回归模型，以考察模型解释力和解释变量的变化。结果显示：

（一）中国城市群地方政府间公共服务合作形成是效率逻辑下的行为选择，交易成本依然是协同形成的主要解释因素

地方政府官员任职经历测度的信任成本在城市群地方政府合作行为形成中的影响作用非常显著。信任成本以主要领导交叉任职经历衡量，而领导干部任职调动由党政系统管理和执行。与纵向压力相比较，纵向

压力比任职经历对相邻城市间开展公共服务合作正向相关系数更大，且显著性水平更高，即纵向压力的促进效果更明显，进一步比较全样本回归结果发现系数和显著性水平有所提高，即在邻近城市之间纵向压力的正相关关系更加显著。

用城市地理空间距离差值来测量谈判成本因素对城市间公共服务协同供给关系的影响，模型 1 能够解释 14.14% 的公共服务供给协同度变异，城市地理空间距离的影响是显著的，即城市间地理位置是否邻近对城市间建立公共服务供给协同关系有着显著正向影响，即公共服务协同更容易发生在周边城市。随着更多变量的引入，可以考察模型的解释力变化，结果显示加入模型的变量越多，模型的解释效果越好，R^2 从 0.1414 稳定上升到 0.3361。而城市地理空间距离差值对被解释变量的影响依然显著且系数方向不变、大小相对稳定，证实了谈判成本在地方政府公共服务合作行为中的重要影响，验证了假设 H1b。由于城市间地缘关系，跨域公共服务协同需求大而协同成本较低。在空间结构上，成都都市圈内部、重庆都市圈内部以及成渝交界接壤的区域三个次级集群都是由相互毗邻且共享地理边界的城市联动产生，显示出地理邻接因素对合作伙伴选择的影响作用。

“信息成本是交易成本的关键，交易成本包括衡量合作价值的成本，以及保护合作各方权利、监管和执行合作协议的成本”（North，1990）。由于跨域合作存在的制度复杂性增加了信息搜索成本，难以收集潜在合作对象行为偏好和资源占有的可靠信息。因此，信息成本阻碍了政府认识和实现联合行动的潜在收益，特别是当服务的交易特征使得结果和回报难以衡量或衡量成本昂贵时（Williamson，1985）。信息成本的测度指标行政区划变量则在模型中表现出显著且稳定的正相关关系，即处于同一省级行政区划内的城市间更容易形成公共服务协同供给合作关系；一般公共预算支出这一变量表现出显著而稳定的正向相关关系，并且其系数明显大于其他所有变量的系数，结合该变量操作化过程可知，城市群内部的城市一般公共预算支出规模是影响城市间公共服务协同供给关系的重要因素，具体表现为一般公共预算支出规模差异越大的城市间越可能形成更强的公共服务协同供给合作关系。说明在成渝地区双城经济圈，公共财政规模差异越大的城市间越容易搭建起公共服务领域的协同关系，行政权力和行政资源对成渝城市之间公共服务协同网络形成的作用不明显，仍然是按照宏观区域发展规划指导下的，以协调发展均衡配置为导向的公共服务协同供给关系，具有资源“虹吸效应”的成都、重庆等高行政等级城市开始反哺较低行政等级城市，形成跨层级、跨规模的公共服务协同供给网络；城镇居民人均可支配收入这一变量在加入控制变量后表现出与被解释变量的显著负相关关系，该变量在模型中未表现出显著关系，因此其稳健性有待进一步考察。但其在纳入所有变量的回归分析结果中呈现出显著相关关系，可以认为其结果具有较高的可信性，即城镇居民人均可支配收入水平相近的城市之间会倾向于形成公共服务协同供给合作关系。因此结果支持假设 H1c。

（二）中国城市群地方政府间公共服务合作行为遵从权威服从逻辑，纵向压力显著正向影响着协同形成

纵向压力对城市群公共服务协同度有正向影响，在控制了信任成本、谈判成本和信息成本后，纵向压力对城市群城市政府公共服务协同强度的影响系数略有降低，但依然保持正向显著方向。不同方面的城市个体异质性特征会对城市间的纵向压力对公共服务协同度的作用机制产生影响，且在与信任成本、信息成本和谈判成本相比较，在不同情境下纵向压力对公共服务协同度的促进效果相对更显著。总体而言，基于成渝地区双城经济圈地方政府公共服务合作的实证检验，表明纵向压力对地方政府合作存在显著的正向促进作用。

（三）中国城市群地方政府间公共服务协同形成遵循的是权力服从逻辑下的信息成本正向调节路径

城市群地方政府间合作信息成本的主要测度指标对纵向压力在解释地方政府公共服务协同度时，存在明显的调节效应。具体而言，不同行政区划的城市之间，纵向压力对公共服务协同度的正相关关系得到进一步强化，而相同行政区划的城市之间这种正相关关系则被削弱；公共财政支出规模差异较大的城市之间，纵向压力对公共服务协同度的促进作用得到增强，而公共财政支出水平相近的城市之间其表现的纵向压力对公共服务协同度的促进作用则减弱；城市之间的公共服务供给水平差异更大的城市之间受到纵向压力对公共服务协同度的正向作用更明显，而公共服务供给水平相近的城市之间受到纵向压力与公共服务协同度的正

相关关系则会减弱。

综合上述实证分析过程，本书研究假设证实情况如表 6 - 10 所示。

表 6 - 10　　研究假设证实情况

假设序号	假设内容	证实情况
假设 H1a	信任成本是我国城市群公共服务供给协同差异形成的解释因素。	证实
假设 H1b	信息成本是我国城市群公共服务供给协同差异形成的解释因素。	证实
假设 H1c	谈判成本是我国城市群公共服务供给协同差异形成的解释因素。	证实
假设 H2a	纵向压力推动我国城市群公共服务供给协同差异形成。	证实
假设 H3a	信任成本作为主要外在情境变量，能够对纵向压力对城市群地方政府间公共服务供给协同差异形成的路径产生显著调节效应。	未证实
假设 H3b	信息成本作为主要外在情境变量，能够对纵向压力对城市群地方政府间公共服务供给协同差异形成的路径产生显著调节效应。	证实
假设 H3c	谈判成本作为主要外在情境变量，能够对纵向压力对城市群地方政府间公共服务供给协同差异形成的路径产生显著调节效应。	未证实

第三节　公共服务协同供给网络差异作用机制

城市群公共服务协同供给经历合作达成、形成和执行的时间历程，权威服从和效率考量的逻辑关系差异意味着运行机制和制度安排差异，最终体现在不同阶段的地方政府行为策略选择。基于前文实证分析结果，从初始条件识别机制、合作权责承诺机制、实施执行监测机制和协同效能评价机制四个方面进行详细分析。

一　初始条件识别机制：权威服从主导的效率考量

地方政府进行合作的目的是共同提供服务，地方政府开启合作的第一个阶段首先是基于合作的需求，也就是合作初始条件的识别。杨龙（2008）提出，地方政府开展合作一是有共同面临的问题亟须跨域协同解决，二是跨地区共同建设或开发的需要。地方政府在进行是否需要为合作提供服务的决策过程中，需要综合考虑需求因素以及测度合作潜在收益或服务改进的信息和机构成本（Sung & Feiock，2010）。

在我国城市群治理实践中，对于流域环保、生态补偿、区域应急、公共服务等公共治理领域而言，地方政府开展合作主要是跨域解决共同面临的突出矛盾或现实问题的被动回应（李辉等，2020）问题，合作各方具有高度的资源依赖性、风险共享性或资源互补性（Wood & Gray，1991）。但在我国公共服务领域，由于财政体制集权化与公共服务供给地方化之间的张力，地方政府希望有更多的劳动力进入本地，同时又不愿为之提供公共服务和社会福利（侯祥鹏，2019；吕芳，2019），以及对跨区域公共物品供给的漠视（倪咸林、杨志云，2019），这种“零和博弈”思维模式使得地方政府公共服务虽有现实“回应性”的治理需求但缺乏主动承担治理成本的合作动力。在此情境下，地方政府公共服务协同供给的初始条件识别机制不再仅仅是基于现实治理需求的成本收益测算效率机制，上级政府会通过行政权力和权威压力更多地介入公共服务领域的地方政府合作，自上而下宏观区域协调发展目标指导下的战略规划、制度设计和政策推动的权威服从机制驱动尤为必要也更为有效。

在我国城市群公共服务领域地方政府合作的初始识别过程中，遵循宏观区域战略规划服从和微观地方治理效率考量的双重逻辑，且自上而下权威推动的权力机制运行逻辑明显，地方政府合作行为既是各级地方政府对上级政府（中央和省）宏观区域发展战略的积极回应，更多是完成工作任务达标绩效考核的服从性选择。

二 合作权责承诺机制：纵向压力下的合同弱约束

地方政府间合作的主要形式是签订服务合作协议，主要表现为召开联席会议、签订战略协议、共建重点项目、互认资质标准、共享资源信息、联合跨域行动等。这些合作行为既是各级地方政府对上级政府（中央和省）宏观区域发展战略的积极行动，也是完成上级政府“重点工作”目标考核工作的理性选择。

从地方政府间合作关系而言，这一阶段是协商谈判的过程，需要围绕各地方政府从合作中能获得多少收益，如何保障各方利益的获得而寻找降低交易成本的制度措施。各地方政府在协商平台和协议谈判中，表达自身的诉求和利益，提出自身的要求和约束，商议合作成本的分摊、合作职责的分工、合作内容的目标和合作利益的分享等，并通过合同或各种形式的契约将行动目标、行动规则以及各自的权利和义务进行明确。自此，即形成地方政府间的合作共识。而在我国宏观区域发展战略推动下，地方政府将合作的预期收益从简单的区域治理“回应性”收益衡量扩展到区域治理“回应性”和上级任务“服从性”的双重收益，地方政府间合作关系也由横向组织间“平等契约”关系扩展到“互助达标”关系，谈判成本也不再是地方政府间协议形成的主要障碍，合作达成优先于合作执行和合作效果，地方政府间合作的权责承诺机制也表现为纵向压力下的弱合同约束。

成渝地区双城经济圈地方政府公共服务合作协议呈现出了鲜明的纵向干预特征。2012 年“成渝经济区”的概念由地方课题成为国家课题，并被纳入具有法律效力的《西部大开发“十二五”规划》之中。在 2012 年及之前，成渝地区双城经济圈合作的文本资料共有 39 份。2016 年 4 月，国家发展改革委、住房和城乡建设部联合印发《成渝城市群发展规划》，成渝之间的合作关系愈加紧密，2016 年统计到的描述成渝城市群合作的相关文本资料有 2 份。2020 年 1 月 3 日，中央财经委员会第六次会议首次提出了成渝地区双城经济圈建设问题，将成渝合作提升到一个前所未有的新高度。与此相对应的是，2020 年统计到的成渝双城经济圈协同合作文本资料数量陡增，共有 109 份之多，占总数的 31.5%，截至 2021 年 7 月 30 日，成渝双城经济圈相关合作的文本资料数量也比 2020 年全年多出了 22 份，达到了曲线峰值，预计年底总数将是 2020 年的 2 倍左右。

三　实施执行监测机制：目标考核下的任务分解

合作协议达成后的地方政府行为主要是形成义务和履行责任的实施执行过程，确定目标、分配任务、指标约束、监督考核等是惯常使用的治理工具，目的是降低监测成本，避免道德风险和逆向选择问题。

随着总体性支配权力向技术化治理权力的转变，自上而下的公共政策的推进和实施，主要通过三种机制发挥作用：一是对政策目标进行量化分解，明确权责部门推进政策执行；二是对政策目标进行指标化测度，控制政策规范化标准化执行；三是对政策目标进行绩效考核管理，通过"选择性激励"驱动政策执行。

在成渝地区双城经济圈地方政府公共服务合作目标执行中，四川省与重庆市作为行政等级相当的两个最高行政组织，首先均"官方表态"将其纳入年度重点工作，并通过"年度目标考核"机制大力推进任务完成和激励创新探索。具体而言，四川省政府是将工作打包下发到"块"的各级地方政府，四川省人民政府办下发的《2021 年度市（州）政务目标考评指标》和《2021 年度省政府系统部门（单位）绩效考评指标》文件中，"推动成渝地区双城经济圈建设"作为年度重点工作指标权重为2%，四川省所辖21 个地（市、州）均相应按2%的权重，将"推动成渝地区双城经济圈建设"作为2021 年度重点工作。由于各层级政府关注各自利益，统筹辖区内的经济社会发展，地方政府间合作表现为更积极的城市间互动；而重庆市政府则是将"任务"分解到"条"的各类职能部门，重庆市在《2021 年市政府工作报告目标任务分解方案》中，将"成渝协同"作为"十四五"时期重点工作和2021 年重点工作，并分解为建设成渝综合性科学中心、推动成渝基础设施互联互通、产业发展协作协同、生态环保联建联治、改革开放共促共进、城乡建设走深走实、公共服务共建共享、提升主城都市区发展能级和综合竞争力、加快形成优势互补高质量发展的区域经济布局等具体任务，并明确责任部门。如"深入推动公共服务共建共享。责任单位：市发展改革委、市教委、市科技局、市文化旅游委、市卫生健康委、市体育局等，各区县政府"。在这一机制下，各职能部门承担专业领域的管理职能，合作更多表现为行政区域内部职能部门间的协调共建等。

四　协同效能评价机制：完成任务导向的过程表现

合作效果评价是组织间依据合同协议衡量契约关系和测度合作成本收益的重要环节，也是组织间合作高效管理的重要工具。在权威服从逻辑下，城市群公共服务领域的地方政府合作关系已转变为目标责任制下的部门协同关系为主，横向组织间平等合同关系为辅。在目标责任制的运行逻辑下，上下级政府之间的委托代理关系以及以目标完成为主的基准水平激励一定程度上规避了地方政府之间的直接竞争，基层共谋（周雪光，2008）和形式主义的行为策略偏好取代了合作效果的科学评估、积极反馈和未来合作选择的信息积累。

目前城市群地方政府间合作主要表现为召开联席会议、签订战略协议、共建重点项目、互认资质标准、共享资源信息、联合跨域行动等一系列策略行为。这些合作行为既是各级地方政府对上级政府（中央和省）宏观区域发展战略的积极回应，也是完成上级政府“重点工作”目标考核工作的理性选择。但合作达成后的合作效果跟踪和合作绩效反馈却信息寥寥，也就是说，在合作达成即考核完成的制度安排下，当前地方政府合作推进重点尚未能着力于合作效能评估。

参考文献

中文专著

［德］赫尔曼·哈肯，2005，《协同学：大自然构成的奥秘》，凌复华译，上海译文出版社。

［美］詹姆斯·M. 布坎南，2009，《公共物品的需求与供给》，马珺译，上海人民出版社。

曾凡军，2013，《基于整体性治理的政府组织协调机制研究》，武汉大学出版社。

中文论文

曹海军、刘少博，2015，《京津冀城市群治理中的协调机制与服务体系构建的关系研究》，《中国行政管理》第9期。

常莉、胡晨寒，2020，《公共价值与公共服务：逻辑内化与现实偏离》，《行政论坛》第5期。

陈奇星、胡德平，2009，《我国特大城市政府公共服务制度供给的模式构建》，《国家行政学院学报》第3期。

陈晓运，2019，《跨域治理何以可能：焦点事件、注意力分配与超常规执行》，《深圳大学学报》（人文社会科学版）第3期。

陈振明、耿旭，2016，《中国公共服务质量改进的理论与实践进展》，《厦门大学学报》（哲学社会科学版）第1期。

储德银、韩一多、张同斌等，2018，《中国式分权与公共服务供给效率：线性抑或倒“U”》，《经济学》（季刊）第3期。

崔晶，2015，《京津冀都市圈地方政府协作治理的社会网络分析》，《公共管理与政策评论》第 3 期。
丁辉侠，2012，《财政分权、制度安排与公共服务供给——基于中国省级面板数据的实证分析》，《当代经济科学》第 5 期。
方创琳、宋吉涛、张蔷等，2005，《中国城市群结构体系的组成与空间分异格局》，《地理学报》第 5 期。
付文林，2012，《人口流动、增量预算与地方公共品的拥挤效应》，《中国经济问题》第 1 期。
高海虹，2017，《地方政府公共服务供给侧改革研究》，《理论探讨》第 6 期。
龚胜生、张涛、丁明磊、梅琳、吴清、葛履龙、储环，2014，《长江中游城市群合作机制研究》，《中国软科学》第 1 期。
郭道久，2016，《协作治理是适合中国现实需求的治理模式》，《政治学研究》第 1 期。
何艳玲、钱蕾，2018，《部门代表性竞争：对公共服务供给碎片化的一种解释》，《中国行政管理》第 10 期。
侯慧丽，2016，《城市公共服务的供给差异及其对人口流动的影响》，《中国人口科学》第 1 期。
黄燕芬、张超，2018，《城市行政层级视角的人口流动影响机理研究》，《中国人口科学》第 1 期。
敬乂嘉，2014，《从购买服务到合作治理——政社合作的形态与发展》，《中国行政管理》第 7 期。
李磊、顾辰影、郑依琳，2018，《城市群公共服务供给如何创新？——善治视域下的协同路径探析》，《江苏行政学院学报》第 6 期。
李磊、马韶君、代亚轩，2020，《从数据融合走向智慧协同：城市群公共服务治理困境与回应》，《上海行政学院学报》第 4 期。
李拓、李斌，2015，《中国跨地区人口流动的影响因素——基于 286 个城市面板数据的空间计量检验》，《中国人口科学》第 2 期。
李伟军，2019，《住房负担、公共服务与人口集聚——基于中国三大城市群 48 个城市的实证检验》，《经济经纬》第 5 期。
李响、陈斌，2020，《“聚集信任”还是“扩散桥接”？——基于长三角城际公共服务供给合作网络动态演进影响因素的实证研究》，《公共行政评论》第 4 期。

李小奕、谢舜，2019，《社会组织、地方财政能力与公共服务供给质量》，《财经问题研究》第 4 期。

林民望，2016，《国外公共服务府际协作供给研究——基于地方府际协议的视角》，《北京社会科学》第 7 期。

刘飞、杨盼琳、王欣亮，2020，《财政分权、地方政府行为偏向与公共服务效率损失——来自文化服务供给的证据》，《东南大学学报》（哲学社会科学版）第 6 期。

刘金凤、魏后凯，2019，《城市公共服务对流动人口永久迁移意愿的影响》，《经济管理》第 11 期。

刘敏，2019，《人口流动新形势下的公共服务问题识别与对策研究》，《宏观经济研究》第 5 期。

卢洪友、卢盛峰、陈思霞，2011，《中国地方政府供给公共服务匹配程度评估》，《财经问题研究》第 3 期。

吕炜、王伟同，2008，《发展失衡、公共服务与政府责任——基于政府偏好和政府效率视角的分析》，《中国社会科学》第 4 期。

马光荣、杨恩艳，2010，《打到底线的竞争——财政分权、政府目标与公共品的提供》，《经济评论》第 6 期。

倪咸林、杨志云，2019，《跨区域公共服务探源：理论脉络与政策演化》，《天津行政学院学报》第 2 期。

钱海梅，2009，《“合作共赢”与“集体行动逻辑”——关于区域公共服务“猎鹿困境”的探讨》，《学术界》第 2 期。

石敏俊，2017，《京津冀建设世界级城市群的现状、问题和方向》，《中共中央党校学报》第 4 期。

锁利铭、张朱峰，2016，《科技创新、府际协议与合作区地方政府间合作——基于成都平原经济区的案例研究》，《上海交通大学学报（哲学社会科学版）》第 4 期。

唐任伍、赵国钦，2012，《公共服务跨界合作：碎片化服务的整合》，《中国行政管理》第 8 期。

汪锦军，2015，《合作治理的构建：政府与社会良性互动的生成机制》，《政治学研究》第 4 期。

王德祥、李建军，2008，《人口规模、“省直管县”对地方公共品供给的影响——来自湖北省市、县两级数据的经验证据》，《统计研究》第12期。

王佃利、王玉龙、苟晓曼，2015，《区域公共物品视角下的城市群合作治理机制研究》，《中国行政管理》第9期。

王欢明、诸大建，2015，《城市定点类公共服务供给模式及其治理机制研究》，《东北大学学报》（社会科学版）第3期。

王小鲁，2010，《中国城市化路径与城市规模的经济学分析》，《经济研究》第10期。

王永钦、张晏、章元等，2007，《中国的大国发展道路——论分权式改革的得失》，《经济研究》第1期。

王郁、赵一航，2020，《区域协同发展政策能否提高公共服务供给效率？——以京津冀地区为例的研究》，《中国人口·资源与环境》第8期。

王再文、田祥宇，2010，《区域性公共产品的内涵及其供给不足的影响》，《西北农林科技大学学报》（社会科学版）第2期。

夏怡然、陆铭，2015，《城市间的“孟母三迁”——公共服务影响劳动力流向的经验研究》，《管理世界》第10期。

夏志强、付亚南，2013，《公共服务多元主体合作供给模式的缺陷与治理》，《上海行政学院学报》第4期。

谢庆奎，2000，《中国政府的府际关系研究》，《北京大学学报》（哲学社会科学版）第1期。

徐超、庞雨蒙、刘迪，2020，《地方财政压力与政府支出效率——基于所得税分享改革的准自然实验分析》，《经济研究》第6期。

许恒周、赵一航、田浩辰，2018，《京津冀城市圈公共服务资源配置与人口城镇化协调效率研究》，《中国人口·资源与环境》第3期。

许莉、万春，2020，《京津冀城市圈公共服务供给水平测度及其区域差异分析》，《调研世界》第5期。

杨刚、孟霞、孙元元、范斐，2016，《家庭决策、公共服务差异与劳动力转移》，《宏观经济研究》第6期。

杨刚强、李梦琴、孟霞，2017，《人口流动规模、财政分权与基本公共服务资源配置研究——基于 286 个城市面板数据空间计量检验》，《中国软科学》第 6 期。

杨龙、米鹏举，2020，《城市群何以成为国家治理单元》，《行政论坛》第 1 期。

杨晓军，2020，《城市差异化公共服务对人口空间集聚的影响——基于我国地级市动态空间杜宾模型的分析》，《城市问题》第 6 期。

于迎，2017，《从经济优先型到整体性规划：中国城市群发展新型动力建构战略及其实现路径》，《行政论坛》第 5 期。

于迎、唐亚林，2018，《长三角区域公共服务一体化的实践探索与创新模式建构》，《改革》第 12 期。

允春喜、上官仕青，2013，《公共服务供给中的地方政府合作——以山东半岛城市群为例》，《东北大学学报》（社会科学版）第 5 期。

臧雷振、翟晓荣，2018，《区域协同治理壁垒的类型学分析及其影响——以京津冀为例》，《天津行政学院学报》第 5 期。

张紧跟，2018，《治理视阈中的基本公共服务供给侧改革》，《探索》第 2 期。

张树剑、黄卫平，2020，《新区域主义理论下粤港澳大湾区公共品供给的协同治理路径》，《深圳大学学报》（人文社会科学版）第 1 期。

张菀洺，2008，《政府公共服务供给的责任边界与制度安排》，《学术研究》第 5 期。

张新文、李文军，2010，《论我国地方政府公共服务的“趋中”供给及治理取向》，《上海交通大学学报》（哲学社会科学版）第 6 期。

赵农、刘小鲁，2008，《区位性因素与公共品的最优供给》，《经济研究》第 10 期。

郑恒峰，2009，《协同治理视野下我国政府公共服务供给机制创新研究》，《理论研究》第 4 期。

郑磊，2008，《财政分权、政府竞争与公共支出结构——政府教育支出比重的影响因素分析》，《经济科学》第 1 期。

周京奎、白极星，2017，《京津冀公共服务一体化机制设计框架》，《河北学刊》第 1 期。

周黎安，2007，《中国地方官员的晋升锦标赛模式研究》，《经济研究》第

7 期。

周黎安、刘冲、厉行等，2015，《“层层加码”与官员激励》，《世界经济文汇》第 1 期。

踪家峰，2007，《区域治理结构优化研究》，《华中科技大学学报》第 3 期。

邹蓉，2013，《地方政府财政竞争与公共服务供给：1999—2011》，《湖南社会科学》第 3 期。

外文专著

Anheier H. K. 2002, *Towards Holistic Governance—The New Reform Agenda*, New York: Palgrave, p. 151.

Hall P. and Pain K. 2006, *The Polycentric Metropolis: Learning from Mega-city Regions in Europe*, London: Earthscan.

John S. Dryzek. , *Foundations and Frontiers and Frontier of Deliberative Governance*, Oxford: Oxford University Press.

Oates W. E. , 1972, *Fiscal Federalism*, New York: Harcourt Brace Jovanovich, pp. 35 – 36.

The Commission on Global Governance, 1995, *Our Global Neighbourhood*, Oxford: Oxford University Press.

外文论文

Andrea Di Maio, 2004, “Move ‘Foined-up Government’ from Theory to Reality”, *Industry Research*, No. 20, Oct. , pp. 2 – 4.

Andrew Dunsire, 1990, “Holistic Governance”, P*ublic Policy and Administration*, Vol. 5, No. 1, Mar, pp. 4 – 19.

Charles M. Tiebout, 1956, “A Pure Theory of Local Expenditure”, *The American Economic Review*, Vol. 64, No. 5, Oct. pp. 416 – 424.

Christopher Pollit, 2003, “Joined-up Government: A survey”, *Political Studies Review*, Vol. 1, No. 1, Feb. , pp. 34 – 49.

Cristian F. Sepulveda and Jorge Martinez-Vazquez, 2010, “The Consequence of Fiscal Decentralization on Poverty and Income Inequality”, *Environment &*

Planning C: Government & Policy, Vol. 29, No. 2, Feb., pp. 321 – 343.

Dagobert L. Brito and William H. Oakland, 1980, "On the Monopolistic Provision of Excludable Public Goods", *American Economic Review*, Vol. 70, No. 4, Sept., pp. 691 – 704.

Dahlberg, Matz, et al., 2012, "Estimating Preferences for Local Public Services Using Migration Data", *Urban Studies*, Vol. 49, No. 2, Feb., pp. 319 – 336.

Friedrich A. Hayek, 1945, "The Use of Knowledge in Society", *The American Economic Review*, Vol. 35, No. 4, Sept., pp. 519 – 530.

Geoffrey K. Turnbull, Salpie S. Djoundourian, 1994, "The Median Voter Hypothesis: Evidence from General Purpose Local Governments", *Public Choice*, Vol. 81, No. 3, Nov., pp. 223 – 240.

Gonzalo E. Fernάndez, 2005, "A Note on Tax Competition in the Presence of Agglomeration Economies", *Regional Science and Urban Economics*, Vol. 35, No. 6, Nov., pp. 837 – 847.

Gwyndaf Williams, 1999, "Institutional Capacity and Metropolitan Governance", *The Greater Toronto Area*, Vol. 16, No. 1, June, pp. 171 – 180.

James M. Buchanan, 1950, "Federalism and Fiscal Equity", *The American Economic Review*, Vol. 40, No. 4, Sept., pp. 83 – 599.

Jeffrey L. Brudney, Robert E., 1984, "Toward a Definition of the Coproduction Concept", *Public Administration Review*, Vol. 43, No. 1, June, pp. 59 – 65.

Kathleen M. Day, 1992, "Interprovincial Migration and Local Public Goods", *Canadian Journal of Economics Revue Canadienne Déconomique*, Vol. 25, No. 1, Feb., pp. 123 – 144.

Li Han, James Kai Sing Kung, 2015, "Fiscal Incentives and Policy Choices of Local Governments, Evidence from China", *Social Science Electronic Publishing*, No. 116, Sept., pp. 89 – 104.

Marie-EstelleBinet, 2003, "Testing for Fiscal Competition among French Municipalities: Granger Causality Evidence in a Dynamic Panel Data Model", *Papers in Regional Science*, Vol. 82, No. 2, May, pp. 277 – 289.

Micheal Keen and Maurice Marchard, 1997, "Fiscal Competition and the Pattern of Public Spending ", *Journal of Public Economics*, Vol. 66, No. 1, Oct. , pp. 33 –53.

Olivier Blanchard, Anderi Shleifer, 2000, "Federalism with and without Political Centralization: China versus Russia", *Imf Staff Papers*, Vol. 48, No. 1, March, pp. 171 –179.

Richard J. Arnott, Mark Gersovitz, 1986, "Social Welfare Underpinnings of Urban Biasand Unemployment", *Economic Journal*, Vol. 96, No. 382, June, pp. 413 –424.

Tina Nabatchi, Alessandro Sancino, Mariafrancesca Sicilia, 2017, "Varieties of Participation in Public Services: The Who, When, and What of Coproduction", *Public Administration Review*, Vol. 77, No. 5, Mar. , pp. 766 –776.

Tom S. Means and Stephen l. Mehay, 1995, "Estimating the Publicness of Local Government Services: Alternative Congestion Function Specification", *Southern Economic Journal*, Vol. 61, No. 3, Jan. , pp. 614 –627.

Wallace E. Oates, 1969, "The Effects of Property Taxes and Local Public Spending on Property Values: An Empirical Study of Tax Capitalization and the Tiebout Hypothesis", *Journal of Political Economy*, Vol. 77, No. 6, Nov. pp. 957 –971.

William H. Voorberg, Viktor Bekkers, Lars G. Tummers, 2015, "A Systematic Review of Co –Creation and Co –Production: Embarking on the Social Innovation Journey", *Public Management Review*, Vol. 17, No. 9, June, pp. 1333 –1357.

后　记

2019 年 8 月，中央财经委员会第五次会议明确指出：“中心城市和城市群正在成为承载发展要素的主要空间形式。”第七次全国人口普查数据显示，2020 年我国 3.76 亿流动人口的主要流向是长三角、珠三角、成渝地区双城经济圈等主要城市群城市，城市群已成为中国经济发展的主要引擎、要素资源的主要承载和社会治理的重点单元。因此，城市群公共服务领域的回应性满足迫切需要地方政府协同整合和治理创新。2021 年 10 月 20 日，中共中央、国务院印发的《成渝地区双城经济圈建设规划纲要》发布。该纲要提出成渝地区双城经济圈在国家发展大局中具有独特而重要的战略地位，要推动成渝地区形成有实力、有特色的双城经济圈，打造带动全国高质量发展的重要增长极和新的动力源。其中，建设成渝地区双城经济圈的主要原则就包括“共享包容，改善民生”，规划要求明确增加优质公共产品和服务供给，扩大民生保障覆盖面，强化两地公共服务共建共享，就是要更好满足人民群众对美好生活的追求。本书就是在这一背景下，以成渝地区双城经济圈为案例，对城市群公共服务协同供给问题的研究和探讨。

本书是“四川大学一流学科建设‘管理科学与国家治理’学科群”资助出版的《国家治理现代化丛书》成果之一，主编是四川大学公共管理学院姜晓萍教授，正是她的积极推动和鼎力支持，才有此书稿的出版。四川大学公共管理学院范逢春教授为本书的写作思路和章节安排贡献了真知灼见。在此表示最衷心的感谢！

本书写作过程中，四川大学公共管理学院行政管理专业多位硕士研究生做了大量基础性工作。青鑫同学完成了政策文本资料核对、筛选和初次编码，以及第四章和第五章部分内容的写作；杨曾同学完成了国内外城市群治理特征变迁和相关研究文献资料的收集整理；郑冰鑫同学完成了统计数据收集、描述分析和统计模型构建，以及第三章和第六章部分内容的写作；杨晓玉同学完成了我国城镇化演进和城市群公共服务合作模式资料收集整理，以及部分图表的制作；韩佩玲同学、王飞腾同学和刘婷同学完成了书稿的校对。特予以说明，并对他们的辛勤工作表示深深的感谢！

最后，本书出版得到了中国社会科学出版社副总编辑王茵女士和编辑李凯凯先生的大力帮助及细致修改，在此致以诚挚的谢意！

本书在写作过程中，参考借鉴了众多国内外专家、学者的研究成果，在此致以深深的谢意，书中虽尽力以脚注或参考文献的形式列出，但难免有诸多遗漏，敬请指出，本人定会认真回复并做补充说明。

因作者研究水平与知识结构的局限，书中肯定还存在诸多不足和缺憾，希望得到诸位专家学者和读者的批评指正。

李晓梅
2021 年 11 月